高等职业教育道路运输类专业新形态教材

# 公路施工安全管理

主　编　王　丽
副主编　赵同峰　徐义洪　解敬伟
　　　　徐　刚　王加弟
参　编　王光远　李梓华　王　蕊
　　　　张悦新　程有亚　朱红斌
　　　　孟祥竹　董丽艳　马　乐
　　　　王海兴　窦玉荣　王立争
主　审　顾　威

北京理工大学出版社
BEIJING INSTITUTE OF TECHNOLOGY PRESS

## 内 容 提 要

本书根据公路施工企业安全生产管理岗位职责、现行安全生产管理法规标准的要求及高等职业教育教学成果编写而成。本书首先对安全管理基础知识和公路工程基础知识进行简单介绍。其次，对公路工程施工安全管理从管理和技术层面进行详细探讨。在安全管理方面，详细介绍了公路工程安全管理相关的现行的法律、法规，主要的安全管理制度、施工现场安全管理制度；在安全技术层面，依托《公路工程施工安全技术规范》（JTG F90—2015）展开，对公路工程施工准备、通用作业、路基路面工程、桥涵工程、隧道工程、交通安全设施、特殊季节与特殊环境施工等安全技术要求进行介绍。最后，针对生产安全事故发生后的事故应急救援、事故报告与调查处理、职业健康安全管理与安全防护等内容进行分析说明。

本书可作为高等职业教育院校公路工程、道路与桥梁工程类专业的专业课教材，也可作为公路工程建设安全管理相关人员的参考用书。

**版权专有　侵权必究**

### 图书在版编目（CIP）数据

公路施工安全管理 / 王丽主编. -- 北京：北京理工大学出版社，2024.3（2024.4 重印）
　　ISBN 978-7-5763-2751-9

Ⅰ.①公… Ⅱ.①王… Ⅲ.①道路施工—安全管理—高等学校—教材 Ⅳ.①U415.12

中国国家版本馆CIP数据核字（2023）第155636号

---

**责任编辑：** 阎少华　　　　　**文案编辑：** 阎少华
**责任校对：** 刘亚男　　　　　**责任印制：** 王美丽

| | |
|---|---|
| 出版发行 / | 北京理工大学出版社有限责任公司 |
| 社　　址 / | 北京市丰台区四合庄路6号 |
| 邮　　编 / | 100070 |
| 电　　话 / | （010）68914026（教材售后服务热线） |
| | （010）68944437（课件资源服务热线） |
| 网　　址 / | http://www.bitpress.com.cn |
| 版 印 次 / | 2024年4月第1版第2次印刷 |
| 印　　刷 / | 河北鑫彩博图印刷有限公司 |
| 开　　本 / | 787 mm×1092 mm　1/16 |
| 印　　张 / | 17.5 |
| 字　　数 / | 332千字 |
| 定　　价 / | 49.00元 |

图书出现印装质量问题，请拨打售后服务热线，负责调换

# 前 言

党的二十大报告指出："国家安全是民族复兴的根基，社会稳定是国家强盛的前提。必须坚定不移贯彻总体国家安全观，把维护国家安全贯穿党和国家工作各方面全过程，确保国家安全和社会稳定。""坚持安全第一、预防为主，建立大安全大应急框架，完善公共安全体系，推动公共安全治理模式向事前预防转型。推进安全生产风险专项整治，加强重点行业、重点领域安全监管。提高防灾减灾救灾和重大突发公共事件处置保障能力，加强国家区域应急力量建设。"

"安全第一，预防为主，综合治理"是我国安全生产工作的基本方针。我国各级政府、各个生产建设部门在生产设计过程中都要把安全放在第一位，坚持安全生产，生产必须安全。针对生产过程中可能出现的不安全因素，要预先采取措施，消除和控制安全隐患，做到防微杜渐。这就要求多管齐下，采取政治、立法、经济、技术、管理等多种手段，以实现安全生产的目标。

本书针对目前公路工程施工的安全形势和特点，从公路工程施工单位安全生产管理岗位的要求出发，以现行的法律法规为依据，阐述了公路施工的安全管理和安全技术要求。具体内容包括安全管理基础知识、公路工程基础知识、公路工程安全生产法律法规、公路工程安全生产管理制度、公路工程施工安全技术管理、生产安全事故应急救援、生产安全事故报告与调查处理、职业健康安全管理与安全防护等。

本书共分为8个项目，其中项目1、项目3、项目4、项目6、项目7由辽宁省交通高等专科学校王丽、王光远、张悦新、朱红斌，辽宁省交通运输事业发展中心李梓华编写；项目2由辽宁省交通高等专科学校徐刚、孟祥竹编写；项目5由中国航发沈阳黎明航空发动机有限责任公司解敬伟，辽宁省交通高等专科学校赵同峰、徐义洪，董丽艳、马乐、王海兴、窦玉荣、王立争，沈阳市政集团有限公司王蕊编写；项目8由辽宁省交通高等专科学校王加弟，施泓图设计院有限公司程有亚编写。全书由王丽担任主编并统稿，赵同峰、徐义洪、解敬伟、徐刚、王加弟担任副主编，辽宁省交通高等专科学校顾威审校。

本书在编写过程中参考并吸取了很多专家、学者的研究成果，参阅了很多参考文献，在此表示由衷的感谢。

由于编者水平所限，书中难免存在不妥之处，敬请各位读者批评指正。

编　者

# 目 录

项目1　安全管理基础知识 ···································································· 1
　任务1.1　安全管理概述 ···································································· 2
　任务1.2　事故及其相关知识 ······························································ 9
　任务1.3　事故致因理论 ···································································· 18

项目2　公路工程基础知识 ···································································· 25
　任务2.1　公路工程建设项目 ······························································ 25
　任务2.2　公路工程施工概述 ······························································ 31

项目3　公路工程安全生产法律法规 ······················································· 36
　任务3.1　公路工程安全生产法律制度 ·················································· 37
　任务3.2　公路工程安全生产相关法律 ·················································· 41
　任务3.3　公路工程安全生产相关行政法规 ············································ 57
　任务3.4　公路工程安全生产相关部门规章 ············································ 65
　任务3.5　公路工程安全生产相关标准与规范 ········································· 71
　任务3.6　安全生产法律责任 ······························································ 76

项目4　公路工程安全生产管理制度 ······················································· 83
　任务4.1　安全生产责任制度 ······························································ 84
　任务4.2　安全生产教育培训制度 ························································ 90
　任务4.3　安全技术交底制度 ······························································ 98
　任务4.4　安全生产费用管理制度 ························································ 101
　任务4.5　特种设备及作业人员安全管理制度 ········································· 104
　任务4.6　安全生产检查制度 ······························································ 111

任务 4.7　安全风险评估制度 119

   任务 4.8　其他管理制度 124

**项目 5　公路工程施工安全技术管理** 133

   任务 5.1　施工准备 134

   任务 5.2　通用作业 151

   任务 5.3　路基路面工程 171

   任务 5.4　桥涵工程 179

   任务 5.5　隧道工程 207

   任务 5.6　交通安全设施 222

   任务 5.7　特殊季节与特殊环境施工 226

**项目 6　生产安全事故应急救援** 231

   任务 6.1　生产安全事故应急救援体系 232

   任务 6.2　生产安全事故应急救援预案 238

**项目 7　生产安全事故报告与调查处理** 248

   任务 7.1　生产安全事故报告 249

   任务 7.2　生产安全事故调查与处理 252

**项目 8　职业健康安全管理与安全防护** 258

   任务 8.1　职业健康安全管理 259

   任务 8.2　安全防护 264

**参考文献** 273

# 项目 1　安全管理基础知识

## 项目描述

本项目主要讲解安全管理的基础知识,包括安全管理概述、事故及其相关知识、事故致因理论等。

## 学习目标

**【知识目标】**

1. 掌握安全管理的概念、对象和任务。
2. 掌握事故的概念、分类和原因。
3. 理解事故致因理论的含义与启示。

**【技能目标】**

1. 会判断事故类别。
2. 会判断造成事故的原因。
3. 会应用事故致因理论指导安全管理工作。

**【素质目标】**

1. 树立安全意识。
2. 养成认真严谨、实事求是的优良作风。

# 任务 1.1  安全管理概述

## 任务描述

生产活动是人类认识自然、改造自然过程中最基本的实践活动，它为人类创造了巨大的社会财富，是人类赖以生存和发展的必要条件。生产活动过程中总是伴随着各种各样的危险有害因素，如果不能采取有效的预防措施和保护措施，就可能造成严重的甚至灾难性的后果。

为了保证人类的生产、生活顺利进行，安全管理应运而生，为此，我们需要首先了解管理和安全管理的基本知识。

## 任务目标

1. 掌握管理和安全管理的基本概念。
2. 理解安全管理与企业管理的关系。
3. 掌握安全管理的对象与任务。

## 任务工作页

| 课程名称 | 公路施工安全管理 | 任务名称 | 安全管理概述 | 班级 | | 姓名 | |
|---|---|---|---|---|---|---|---|
| | | | | 日期 | | 成绩 | |

一、任务布置
1.检索管理的概念，进而理解安全管理的定义。
2.掌握安全生产五要素的内容。
3.理解安全生产五要素的关系。
4.掌握安全管理的对象和任务

二、任务实施
引导问题1：科学管理学派的泰罗、法约尔等人认为，管理就是为了实现某种目的而进行的_____、_____、_____、_____和_____等职能活动。

引导问题2：安全生产"五要素"是指_____、_____、_____、_____、_____和_____。

引导问题3：利用网络检索我国安全生产相关信息，说一说我国当前的安全生产形势是怎样的。

续表

> 引导问题4：安全管理的对象包括_____、_____、_____和_____。
> 引导问题5：请尝试解释一切危害产生的根本动力在于能量而不在于运载体的含义。

## 评价反馈

**学生自评**

| 班级： | | 姓名： | | 学号： | |
|---|---|---|---|---|---|
| 任务1.1 | | | 安全管理概述 | | |
| 评价项目 | | 评价标准 | | 分值 | 得分 |
| 安全管理的定义 | | 掌握安全管理的概念 | | 20 | |
| 安全管理与企业管理 | | 理解安全管理与企业管理的关系 | | 20 | |
| 安全管理的对象与任务 | | 掌握安全管理的对象及任务 | | 20 | |
| 工作态度 | | 态度端正，无无故缺勤、迟到、早退现象 | | 10 | |
| 工作质量 | | 能按时完成工作任务 | | 10 | |
| 职业素质 | | 认真严谨、实事求是，具有安全意识 | | 10 | |
| 创新意识 | | 能够通过任务拓展知识体系，乐于思考 | | 10 | |
| 合计 | | | | 100 | |

## 强化训练

1. 试论述安全生产"五要素"之间的关系。
2. 安全管理的核心是什么？如何理解？

## 相关知识点

### 1.1.1 安全管理的定义

安全管理是在人类社会的生产实践中产生的，并伴随着生产技术水平和企业管理水平的发展，特别是安全科学技术及管理学的发展而不断发展。安全管理是以保证劳动者的安全健康和生产的顺利进行为目的，运用管理学、行为科学等相关科学的知识和理论进行的安全生产管理。因此，有必要首先了解管理学、行为科学等相关科学的基本观点。

科学管理学派的泰罗、法约尔等人认为，管理就是计划、组织、指挥、协调和控制等职能活动。

行为科学学派的梅奥等人认为，管理就是做人的工作，是以研究人的心理、生理、社会环境影响为中心，研究制定激励人的行为动机、调动人的积极性的过程。

现代管理学派的西蒙等人认为，管理的重点是决策，决策贯穿管理的全过程。

目前，管理学者比较一致地认为，管理就是为实现预定目标而组织和使用人力、物力、财力等各种物质资源的过程。

安全管理作为企业管理的组成部分，体现了管理的职能，其主要控制的内容是人的不安全行为和物的不安全状态，并以预防伤亡事故的发生、保证生产顺利进行、使劳动者处于安全的工作状态为主要目标。

综上所述，安全管理是为实现安全生产而组织和使用人力、物力和财力等各种物质资源的过程。利用计划、组织、指挥、协调、控制等管理机能，控制各种物的不安全因素和人的不安全行为，避免发生伤亡事故，保证劳动者的人身安全和健康，保证生产顺利进行。

安全管理主要包括对人的安全管理和对物的安全管理两个主要方面。

### 1. 安全管理的产生与发展

安全管理随着安全科学技术和管理科学的发展而发展。系统安全工程原理和方法的出现使安全管理的内容、方法、原理都有了很大程度的拓展。

认识自然、改造自然，通过生产活动和科学研究，掌握自然变化规律是人类生存和发展的必要活动。科学技术的进步、生产力的发展，在使人类生活越来越丰富的同时，也产生了威胁人类安全与健康的问题。

人类"钻木取火"的目的是利用火，如果不对火进行管理，火就会给使用的人带来灾难。在古希腊和古罗马时代，维护社会治安和救火的工作由值班团和禁卫军承担。到公元12世纪，英国颁布了《防火法令》，17世纪颁布了《人身保护法》。

我国早在公元前8世纪，西周时期的《周易》一书中就有"水火相忌"的记载，说明了用水灭火的道理。自秦人开始兴修水利以来，其后几乎我国历朝历代都设有专门管理水利的机构。到北宋时代，消防组织已相当严密。据《东京梦华录》一书记载，当时首都汴京的消防组织相当完善，消防管理机构不仅有地方政府，而且有军队担负值勤任务。

18世纪中叶，蒸汽机的发明引起了工业革命，大规模的机器化生产开始出现，工人们在极其恶劣的作业环境中从事每天超过 10 h 的劳动，工人的安全和健康时刻受到机器的威胁，伤亡事故和职业病不断出现。为了确保生产过程中工人的安全与健康，人们采用了多种手段改善作业环境，一些学者也开始研究劳动安全卫生问题。安全管理的内容和范畴有了很大发展。

20世纪初，现代工业兴起并快速发展，重大生产事故和环境污染相继发生，造成了大量的人员伤亡和巨大的财产损失，给社会带来了极大危害，使人们不得不在一些企业设置专职安全人员从事安全管理工作，有些企业不得不花费一定的资金和时间对工人进行安全教育。到了20世纪30年代，很多国家设立了安全生产管理的政府机构，发布了劳动安全卫生的法律、法规，逐步建立了较完善的安全教育、管理、技术体系，现代安全生产管理初具雏形。

进入20世纪50年代，经济的快速增长，使人们的生活水平迅速提高，创造就业机会、改进工作条件、公平分配国民生产总值等问题，引起了越来越多经济学家、管理学家、安全工程专家和政治家的注意。工人强烈要求不仅要有工作机会，还要有安全与健康的工作环境。一些工业化国家进一步加强了安全生产法律、法规体系建设，在安全生产方面投入大量的资金进行科学研究，产生了一些安全生产管理原理、事故致因理论和事故预防原理等风险管理理论，以系统安全理论为核心的现代安全管理方法、模式、思想、理论基本形成。

到20世纪末，随着现代制造业和航空航天技术的飞速发展，人们对职业安全卫生问题的认识也发生了很大变化，安全生产成本、环境成本等成为产品成本的重要组成部分，职业安全卫生问题成为非官方贸易壁垒的利器。在此背景下，"持续改进""以人为本"的健康安全管理理念逐渐被企业接受。职业健康安全管理体系的诞生是现代化安全管理的重要标志。

现代安全管理理论、方法、模式是20世纪50年代进入我国的。在20世纪60—70年代，我国开始吸收并研究事故致因理论、事故预防理论和现代安全管理思想。20世纪80—90年代，我国开始研究企业安全生产风险评价、危险源辨识和监控，一些企业管理者开始尝试安全生产风险管理。20世纪末，我国几乎与世界工业化国家同步研究并推行了职业健康安全管理体系。进入21世纪，我国有些学者提出了系统化的企业安全生产风险管理理论雏形，认为企业安全生产管理是风险管理，管理的内容包括危险源辨识、风险评价、危险预警与监测管理、事故预防与风险控制管理及应急管理等。该理论将现代风险管理完全融入了安全管理之中。

### 2. 安全生产"五要素"及其关系

（1）安全生产"五要素"。安全生产"五要素"是指安全文化、安全法制、安全责任、安全科技和安全投入。

1）安全文化：是指存在于单位和个人中有关安全问题的种种特性和态度的总和。其核心为安全意识，存在于人们头脑中，支配人们有关安全问题的行为。对公民和职工，要加强宣传教育工作，普及安全常识，强化全社会的安全意识，强化公民的自我保护意识。对安全监管人员，要树立"以人为本"的执政理念，时刻把人民人身财产安全放在首位，切实落实"安全第一、预防为主、综合治理"的安全生产方针。对行业和企业，要确立具有自己特色的安全生产管理原则，落实各种事故防范预案，加强职工安全培训，确立"三不伤害"，即不伤害自己、不伤害别人、不被别人伤害的安全生产理念。

2）安全法制：是指建立健全安全生产法律法规和安全生产执法。首先，国家要严格执行和广泛宣传《中华人民共和国安全生产法》（以下简称《安全生产法》）及其配套法规和安全标准；其次，行业、企业要结合实际建立和完善安全生产规章制度，将已被实践证明切实可行的措施和办法上升为法规和规范。建立健全安全生产法律法规体系，用法律、法规来规范政府、企业、职工和公民的安全行为，使安全管理工作做到有法可依、有章可循、有法必依、违法必纠，体现安全管理的严肃性和权威性，使"安全第一"的思想观念真正落实到日常生产生活中。

3）安全责任：主要是指安全生产责任制度的建立和落实。各级政府是安全生产的监督管理主体，要切实落实地方政府、行业主管部门及出资人机构的监管责任，科学界定各级安全生产监督管理部门的综合监管职能，建立严格而科学合理的安全生产问责制，严格执行安全生产责任追究制度，深刻吸取事故教训。企业是安全管理的责任主体，企业法定代表人、企业"一把手"是安全生产的第一责任人。第一责任人要切实负起职责，要制定和完善企业安全生产方针和制度，层层落实安全生产责任制，完善企业规章制度，治理安全生产重大隐患，保障建设项目的安全设施"三同时"。

4）安全科技：是指安全生产科学与技术研究和应用。国家要积极组织重大安全技术攻关，研究制定行业安全技术标准、规范。积极开展国际安全技术交流，努力提高我国安全生产技术水平。采用更先进的安全装备及安全技术手段是实现对危险生产过程有效控制的不可或缺的技术措施。企业要采用先进、实用的生产技术，组织安全生产技术的研究开发。

5）安全投入：是指保证安全生产必需的资源投入，包括人力、物力、财力的投入。企业是安全投入的主体，应严格按照《企业安全生产费用提取和使用管理办法》（财资〔2022〕136号）执行，确保提取的安全费用专户核算，并按规定范围安排使用，不得挤占、挪用，建立企业安全生产投入长效机制。

（2）安全生产"五要素"之间的关系。安全生产"五要素"既相对独立又相辅相成，共同构成一个有机统一的整体。安全文化是安全生产工作基础中的基础，是安全生产工作的精神指向，其他的各个要素都应该在安全文化的指导下展开。安全文化又是其他各要素的目的和结晶，只有在其他要素健全成熟的前提下，才能培育出"以人为本"的安全文化。安全法制是安全生产工作进入规范化和制度化的必要条件，是开展其他各项工作的保障和约束。安全责任是安全法制进一步落实的手段，是安全法律、法规的具体化。安全科技是保证安全生产工作现代化的工具。安全投入为其他各个要素提供物质保障。

安全文化的最基本内涵就是人的安全意识。建设安全生产领域的安全文化，前提是要加强安全宣传教育工作，普及安全常识，强化全社会的安全意识，强化公民的自我保护意识。安全要真正做到警钟长鸣、居安思危、常抓不懈。

安全法制是保障安全生产的最有力武器，体现了安全管理的强制原理。因此，保障安全生产必须建立和完善安全生产法律体系，必须强化安全生产法治建设。安全生产法律健全、安全生产法律落实到位、安全生产标准执行达标，是保障企业安全生产的最基本的要求和前提条件。

安全生产责任制是安全生产制度体系中最基础、最重要的制度。安全责任的实质是"安全生产，人人有责"。建立和完善安全生产责任体系，不仅要强化行政责任问责制，严格执行安全生产行政责任追究制度，还要依法追究安全事故罪的刑事责任。

安全科技是实现安全生产的手段。"科技兴安"是现代社会工业化生产的要求，是实现安全生产的最基本出路。安全是企业管理、科技进步的综合反映，安全需要科技的支撑。安全科技水平决定安全生产的保障能力，只有充分依靠科学技术的手段，生产过程的安全才有根本的保障。

安全投入是安全生产的基本物质保障。提高安全生产的能力，需要为安全付出成本；安全生产的实现，需要安全投入的保障作为基础。没有安全投入的保障，其他四要素就很难充分发挥作用。

## 1.1.2 安全管理与企业管理

安全管理是企业管理的一个重要组成部分，而生产事故是人们在有目的的行动过程中，突然出现的违反人的意志的、致使原有行动暂时或永久停止的事件。生产过程中发生的伤亡事故一方面给受伤害者本人及其亲友带来痛苦，另一方面给生产单位带来巨大的损失。因此，安全与生产的关系可以表述为："安全寓于生产之中，安全与生产密不可分；安全促进生产，生产必须安全。"安全性是企业生产系统的主要特性之一。企业的安全管理与企业的生产管理、质量管理等各项管理工作密切关联、互相渗透。企业的安全状况是整个企业综合管理水平的反映。一般而言，在企业其他各项管理工作中行之有效的管理理论、原则、方法，也基本适用于企业安全管理工作。

然而，企业安全管理除具有企业其他各项管理的共同特征外，由它自身的目的决定了它还具有独有的特征，即安全管理的根本目的在于防止伤亡事故的发生。因此，它还必须遵从伤亡事故预防的基本原理和基本原则。

### 1.1.3 安全管理的对象与任务

#### 1. 安全管理的对象

（1）人的系统。人员管理是安全管理的核心。人是工业伤害事故的受害者，保护生产中的人是安全管理的主要目的；同时，人往往又是伤害事故的肇事者，在事故致因中，人的不安全行为占有很大比重，即使是来自物的方面的原因，在物的不安全状态的背后也隐藏着人的行为失误。因此，控制人的行为就成为安全管理的重要任务之一。在安全管理工作中，注重发挥人的安全生产的积极性、创造性，对于做好安全生产工作而言既是重要方法，又是重要保证。

（2）物质系统。物质系统包括生产作业环境中的机械设备、设施、工具、器件、构筑物、原材料、产品等一切物质实体和能量信息的载体。对物的安全管理就是不断改善劳动条件，不断提升生产装备的本质安全化水平，采取技术措施和管理措施，防止或控制物的不安全状态，及时排查并消除装备的生产安全事故隐患。

（3）能量系统。不同性质的能量具有不同的性质，通常能量必须通过运载体才能发挥作用。一切危害产生的根本动力在于能量，而不在于运载体，没有能量既不能做有用功，也不能做有害功。能量越大，一旦能量失控，所造成的后果也更严重。

（4）信息系统。信息是沟通各相关系统空间的媒介。从安全的观点看，信息也是一种特殊形态的能量，因为它具有引发、触动和诱导的作用，可以开发、驱动另一空间超过自身无数倍的能量，完成自身不能完成的任务。

#### 2. 安全管理的任务

安全管理的主要任务是发现、分析和消除生产过程中的各种危险，防止发生事故和职业病，避免各种损失，积极采取组织管理措施和工程技术措施，保护人员在生产中的安全健康，促进经济的发展。

# 任务 1.2　事故及其相关知识

## 任务描述

事故是发生于预期之外的造成人身伤害或财产损失或其他损失的事件。为了更好地完成安全管理的任务，实现安全目标，需要首先了解事故的相关知识。

## 任务目标

1. 掌握事故的概念。
2. 理解事故法则的含义。
3. 掌握事故的分类方法。
4. 掌握事故的直接原因和间接原因。

## 任务工作页

| 课程名称 | 公路施工安全管理 | 任务名称 | 事故及其相关知识 | 班级 | | 姓名 | |
|---|---|---|---|---|---|---|---|
| | | | | 日期 | | 成绩 | |

一、任务布置
1.掌握事故的概念及事故法则的含义。
2.掌握事故的分类方法，会判断事故的类型及等级。
3.会判断造成事故的直接原因

二、任务实施
引导问题1：什么是事故？

引导问题2：事故可以按照哪些标准进行分类？

引导问题3：事故分级的标准依据包括＿＿＿＿＿、＿＿＿＿＿和＿＿＿＿＿，事故的等级可分为＿＿＿＿＿事故、＿＿＿＿＿事故、＿＿＿＿＿事故和＿＿＿＿＿事故。

## 评价反馈

### 学生自评

| 班级: | | 姓名: | | 学号: | |
|---|---|---|---|---|---|
| 任务1.2 | | 事故及其相关知识 | | | |
| 评价项目 | 评价标准 | | | 分值 | 得分 |
| 相关概念 | 掌握事故、隐患、危险源的概念 | | | 15 | |
| 事故法则 | 理解事故法则的含义及启示 | | | 15 | |
| 事故分类 | 掌握事故的分类方法 | | | 15 | |
| 事故原因 | 会进行事故原因分析 | | | 15 | |
| 工作态度 | 态度端正，无无故缺勤、迟到、早退现象 | | | 10 | |
| 工作质量 | 能按时完成工作任务 | | | 10 | |
| 职业素质 | 认真严谨、实事求是，具有安全意识 | | | 10 | |
| 创新意识 | 能够通过任务拓展知识体系，乐于思考 | | | 10 | |
| 合计 | | | | 100 | |

## 强化训练

1. 某事故造成10人死亡，39人重伤，直接经济损失200万元，该事故等级属于（　　）。

    A. 特别重大事故　　B. 重大事故　　C. 较大事故　　D. 一般事故

2. 某化工企业发生一起爆炸事故，造成8人当场死亡。爆炸后泄漏的有毒气体致86人急性中毒，直接经济损失3 000万元。这起生产安全事故是（　　）。

    A. 一般事故　　　　　　　　　　B. 较大事故

    C. 重大事故　　　　　　　　　　D. 特别重大事故

3. 伤亡事故的原因可分为直接原因与间接原因。下列关于伤亡事故的原因中，属于直接原因的是（　　）。

    A. 物的不安全状态　　　　　　　B. 安全操作规程不健全

    C. 劳动组织不合理　　　　　　　D. 教育培训不够

4. 下列事故的直接原因中，不属于物的不安全状态的是（　　）。

    A. 设备、设施、工具附件有缺陷

    B. 防护、保险、信号等装置缺乏或有缺陷

    C. 物体存放不当

    D. 个人防护用品、用具缺少或有缺陷

5. 下列属于造成事故的间接原因的是（　　）。

　　A. 技术上和设计上有缺陷　　　　B. 教育培训不够

　　C. 管理上有缺陷　　　　　　　　D. 物体存放不当

6. 下列不属于造成事故的直接原因的是（　　）。

　　A. 物的不安全状态　　　　　　　B. 人的不安全行为

　　C. 技术上和设计上有缺陷　　　　D. 环境的不安全条件

## 相关知识点

### 1.2.1　事故及其相关概念

#### 1. 事故

事故是指造成人员死亡、伤害、职业病、财产损失或其他损失的意外事件。

从上述定义可以看出，事故是意外事件，是违反人的意志的、人们不希望发生的。事故通常会迫使活动暂时或永久停止，或迫使之前的存续状态发生暂时或永久性改变。

#### 2. 事故隐患

依据中华人民共和国《安全生产事故隐患排查治理暂行规定》（原安全生产监督管理总局令第16号），事故隐患是指生产经营单位违反安全生产法律、法规、规章、标准、规程和安全生产管理制度的规定，或者因其他因素在生产经营活动中存在可能导致事故发生的物的危险状态、人的不安全行为和管理上的缺陷。

事故隐患分为一般事故隐患和重大事故隐患。

（1）一般事故隐患：是指危害和整改难度较小，发现后能够立即整改排除的隐患。

（2）重大事故隐患：是指危害和整改难度较大，应当全部或者局部停产停业，并经过一定时间整改治理方能排除的隐患，或者因外部因素影响致使生产经营单位自身难以排除的隐患。

#### 3. 危险源

危险源是指可能造成人员伤害、疾病、财产损失、作业环境破坏或其他损失的根源或状态。危险源是隐患的母体，一般隐患来自危险源，隐患的风险程度明显高于一般意义上的危险源。界定一个危险源是否为隐患的标准应当是隐患是客观上已经存在的、违反有关法规标准的实际危险源，而不仅仅是潜在或未来可能的东西；应当将隐患看作较高风险值的危险源，是不可容许的临界状态，是必须采取措施进行整改和控制的危险源。

### 1.2.2 事故法则

事故法则是1941年美国的海因里希提出的,他统计了55万件机械事故,其中死亡、重伤事故1 666件,轻伤事故48 334件,其余则为无伤害事故,从而得出一个重要结论,即在机械事故中,死亡和重伤、轻伤、无伤害事故的比例为1∶29∶300。国际上把这一法则叫作事故法则。这个法则说明,在机械生产过程中,每发生330起意外事件,有300起未造成人员伤害,29起造成人员轻伤,1起导致重伤或死亡。因此,海因里希法则又可称为"1∶29∶300法则",如图1-1所示。

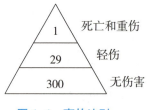

图1-1 事故法则

### 1.2.3 事故分类

依据不同的标准,事故的分类方法主要包括以下几种。

**1. 按事故属性**

按照事故属性划分,事故可分为自然事故和人为事故。

事故及事故分类

(1)自然事故。自然事故是指运用现代的科技手段和人类目前的力量难以预知或不可抗拒的自然因素所造成的事故,即人们常说的"天灾"。

(2)人为事故。人为事故是指由于人们违背自然规律、违反科学程序或违反法律(令)、法规、操作规程等不良行为而造成的事故,即人们所说的"人祸"。生产过程中发生的事故基本属于人为事故。

**2. 按危害后果**

按照事故造成的危害后果划分,事故可分为伤亡事故、物质损失事故和险肇事故。

(1)伤亡事故。伤亡事故是伤害与死亡事故的总称,是指个人(体)或集体在行动过程中接触或遇到了与周围条件有关的外来能量作用于人体,致使人体生理机能部分或全部丧失的事故。

(2)物质损失事故。物质损失事故是指在生产过程中发生的,只有物质、财产受到破坏,使其报废或需要修复的事故,如桥梁的倒塌、机械设备的损坏等。物质损失事故往往仅有财产损失,而没有人员伤亡。

（3）险肇事故。险肇事故是指虽然发生事故，但是没有造成人员伤亡和财产损失的事故，又称为未遂事故。

### 3. 按伤害程度

按照事故造成的伤害程度划分，事故可分为轻伤事故、重伤事故和死亡事故。

（1）轻伤事故。轻伤事故是指造成职工肢体伤残，或某器官功能性或器质性轻度损伤，表现为劳动能力轻度或暂时丧失的伤害。一般是指受伤职工歇工（治疗）在1个工作日以上，低于104个工作日的失能伤害，但够不上重伤者。

（2）重伤事故。重伤事故是指造成职工肢体残缺或视觉、听觉等器官受到严重损伤，一般能引起人体长期存在功能障碍的事故，或职工受伤后歇工（治疗）工作日等于和超过105日（不超过6 000日），劳动能力有重大损失的失能伤害。

（3）死亡事故。死亡事故是指事故发生后当即死亡（含急性中毒死亡）或负伤后在30日内死亡的事故。根据我国职工平均退休年龄和平均死亡年龄，计算得到死亡事故损失工作日为6 000日。

### 4. 按事故责任

按照事故的责任划分，事故可分为责任事故、非责任事故和破坏事故。

（1）责任事故。责任事故是指由于有关人员的过失所造成的事故，即人为事故。

（2）非责任事故。非责任事故是指由于自然界的因素或属于未知领域的原因所引起的、用当前的科技手段难以解决和不可抗拒的事故，即自然事故。

（3）破坏事故。破坏事故是指为了达到某种目的，而人为故意制造的事故。

### 5. 按事故类别

我国在工伤统计中，按照《企业职工伤亡事故分类》（GB 6441 1986）将企业工伤事故分为20类，分别为物体打击、车辆伤害、机械伤害、起重伤害、触电、淹溺、灼烫、火灾、高处坠落、坍塌、冒顶片帮、透水、放炮、瓦斯爆炸、火药爆炸、锅炉爆炸、容器爆炸、其他爆炸、中毒和窒息及其他伤害。

### 6. 按人员保险待遇

按照受伤害人员的保险待遇划分，事故可分为工伤事故、比照工伤事故和其他事故。

根据《工伤保险条例》的规定，工伤事故是指在生产过程中或与生产、工作有关而发生的人身伤亡事故和职业危害事故（急性中毒和职业病）。比照工伤事故是指与生产、工作有关，而因为特殊情况又难以完全满足《工伤保险条例》中关于工伤规定要求的人身伤亡事故和职业危害事故。其他事故是指与生产或工作无关，而发生的人身伤亡事故和职业危害事故。

#### 7. 按严重程度

根据国务院2007年6月1日起实施的《生产安全事故报告和调查处理条例》规定的生产安全事故（以下简称事故）造成的人员伤亡或者直接经济损失，事故一般分为以下等级：

（1）特别重大事故。特别重大事故是指造成30人以上死亡，或者100人以上重伤（包括急性工业中毒，下同），或者1亿元以上直接经济损失的事故。

（2）重大事故。重大事故是指造成10人以上30人以下死亡，或者50人以上、100人以下重伤，或者5 000万元以上、1亿元以下直接经济损失的事故。

（3）较大事故。较大事故是指造成3人以上、10人以下死亡，或者10人以上、50人以下重伤，或者1 000万元以上、5 000万元以下直接经济损失的事故。

（4）一般事故。一般事故是指造成3人以下死亡，或者10人以下重伤，或者1 000万元以下直接经济损失的事故。

所称的"以上"包括本数，所称的"以下"不包括本数。

### 1.2.4 事故原因分析

事故原因分为事故的直接原因和间接原因。直接原因是指直接导致事故发生的原因。间接原因是指使事故的直接原因得以产生和存在的原因。在事故分析中，将直接原因和间接原因中对事故的发生起主要作用的原因称为主要原因。

#### 1. 事故的直接原因

事故的直接原因包括两大类：人的不安全行为和物的不安全状态。《企业职工伤亡事故分类》（GB 6441—1986）对人的不安全行为和物的不安全状态做出了详细的说明。

事故的直接原因

（1）人的不安全行为。

1）操作错误、忽视安全、忽视警告。

①未经许可开动、关停、移动机器。

②开动、关停机器时未给信号。

③开关未锁紧，造成意外转动、通电或泄漏等。

④忘记关闭设备。

⑤忽视警告标志、警告信号。

⑥操作错误（指按钮、阀门、扳手、把柄等的操作）。

⑦跑动而不是走动。

⑧供料或送料速度过快。

⑨机器超速运转。

⑩违章驾驶机动车。

⑪酒后作业。

⑫客货混载。

⑬冲压机作业时，手伸进冲压模。

⑭工件紧固不牢。

⑮用压缩空气吹铁屑。

⑯其他。

2）造成安全装置失效。

①拆除了安全装置。

②安全装置堵塞、失去作用。

③因调整的错误造成安全装置失效。

④其他。

3）使用不安全设备。

①临时使用不牢固的设施。

②使用无安全装置的设备。

③其他。

4）手代替工具操作。

①用手代替手动工具。

②用手清除切屑。

③不用夹具固定，手持工件进行加工。

5）物体（指成品、半成品、材料、工具、切屑和生产用品等）存放不当。

6）冒险进入危险场所。

①冒险进入涵洞。

②接近漏料处（无安全设施）。

③采伐、集材、运材、装车时未离开危险区。

④未经安全监察人员允许进入油罐或井中。

⑤未做好准备工作就开始作业。

⑥冒进信号。

⑦调车场超速上下车。

⑧易燃、易爆场所有明火。

⑨私自搭乘矿车。

⑩在绞车道行走。

⑪未及时瞭望。

7）攀、坐不安全位置，如平台护栏、汽车挡板、起重机吊钩等。

8）在起吊物下作业、停留。

9）机器运转时加油、修理、检查、调整、焊接、清扫等。

10）有分散注意力的行为。

11）在必须使用个人防护用品用具的作业或场合中，忽视其使用。

①未戴护目镜或面罩。

②未戴防护手套。

③未穿安全鞋。

④未戴安全帽、呼吸帽。

⑤未佩戴呼吸护具。

⑥未佩戴安全带。

⑦未戴工作帽。

⑧其他。

12）不安全装束。

①在有旋转零部件的设备旁作业时穿肥大服装。

②操纵带有旋转零部件的设备时戴手套。

③其他。

13）对易燃、易爆危险品处置错误。

（2）物的不安全状态。

1）防护、保险、信号等装置缺乏或有缺陷。

①无防护。无防护具体包括：无防护罩；无安全保险装置；无报警装置；无安全标志；无护栏或护栏损坏；（电器）未接地；绝缘不良；局部通风机无消声系统，噪声大；危房内作业；未安装防止"跑车"的挡车器或挡车栏；其他。

②防护不当。防护不当具体包括：防护罩未在适应位置；防护装置调整不当；坑道掘进、隧道开凿支撑不当；防爆装置不当；采伐、集材作业安全距离不够；爆破作业隐蔽所有缺陷；电气装置带电部分裸露；其他。

2）设备、设施、工具附件有缺陷。

①设计不当，结构不符合安全要求。具体包括：通道门遮挡视线；制动装置有缺欠；

安全距离不够；拦网有缺欠；工件有锋利毛刺、毛边；设施上有锋利倒棱；其他。

②强度不够。强度不够包括：机械强度不够；绝缘强度不够；起吊重物的绳索不合安全要求；其他。

③设备在非正常状态下运行。包括：设备带"病"运转；超负荷运转；其他。

④维修、调整不良。包括：设备失修；地面不平；保养不当，设备失灵；其他。

3）个人防护用品、用具如防护服、手套、护目镜及面罩、呼吸器官护具、听力护具、安全带、安全帽、安全鞋等缺少或有缺陷。

①无个人防护用品、用具。

②所用防护用品、用具不符合安全要求。

4）生产（施工）场地环境不良。

①照明光线不良。包括：照度不足；作业场地烟雾、尘土弥漫，视物不清；光线过强。

②通风不良。包括：无通风；通风系统效率低；风流短路；停电、停风时进行爆破作业；瓦斯排放未达到安全浓度就爆破；瓦斯超限；其他。

③作业场所狭窄。

④作业场所杂乱。包括：工具、制品、材料堆放不安全；其他。

⑤交通线路的配置不安全。

⑥操作工序设计或配置不安全。

⑦地面滑。包括：地面有油或其他液体；冰雪覆盖；地面有其他易滑物。

⑧储存方法不安全。

⑨环境温度、湿度不当。

**2. 事故的间接原因**

一般情况下，下列情况为事故的间接原因。

（1）技术和设计上有缺陷：工业构件、建筑物、机械设备、仪器仪表、工艺过程、操作方法、维修检验等的设计、施工和材料使用存在问题。

（2）教育培训不够、未经培训、缺乏或不懂安全操作技术知识。

（3）劳动组织不合理。

（4）对现场工作缺乏检查或指导错误。

（5）没有安全操作规程或不健全。

（6）没有或不认真实施事故防范措施，对事故隐患整改不力。

（7）其他。

# 任务 1.3　事故致因理论

## 任务描述

事故的发生有其自身的发展规律和特点，了解事故的发生、发展和形成过程，对于辨识、评价和控制危险具有重要意义。只有掌握事故发生的规律，才能保证生产系统处于安全状态。事故致因理论即阐明事故发生的原因、过程及事故预防对策的理论，是帮助人们认识事故整个过程的重要理论依据。

## 任务目标

1. 理解事故频发倾向论，能够识别工作中有事故频发倾向的员工。
2. 掌握海因里希事故因果连锁论。
3. 理解能量意外释放论和轨迹交叉论。
4. 掌握两类危险源理论，能够识别工作场所的危险源。

## 任务工作页

| 课程名称 | 公路施工安全管理 | 任务名称 | 事故致因理论 | 班级 | | 姓名 | |
|---|---|---|---|---|---|---|---|
| | | | | 日期 | | 成绩 | |

一、任务布置
1. 识别身边朋友、亲人性格中不利于安全的因素。
2. 尝试搭建多米诺骨牌并观察其倒下的过程。
3. 能够判断生活中常见的能量类型，理解其造成伤害的原理。
4. 尝试举例说明轨迹交叉论造成事故的原理。
5. 能够识别工作场所的第一类危险源和第二类危险源

二、任务实施
引导问题1：海因里希事故因果连锁论将伤亡事故的连锁过程总结为5个方面，分别是_____、_____、_____、_____和_____。
引导问题2：轨迹交叉论认为，事故是由于_____和_____发生于同一时间、同一空间造成的。
引导问题3：能量意外释放论的内涵是什么？

续表

> 引导问题4：火灾事故中，造成人员烧伤的能量是_____；高处坠落事故中，造成人体受伤的能量是_____；物体打击事故中，造成人员砸伤的能量是_____；车辆伤害事故中，造成人员撞击伤害的能量是_____。
>
> 引导问题5：第一类危险源决定了事故后果的_____；第二类危险源决定了事故发生的_____。

## 评价反馈

### 学生自评

| 班级： | 姓名： | | 学号： |
|---|---|---|---|
| 任务1.3 | 事故致因理论 | | |
| 评价项目 | 评价标准 | 分值 | 得分 |
| 海因里希事故因果连锁论 | 掌握理论内涵及对安全管理工作的启示 | 15 | |
| 轨迹交叉论 | 掌握理论内涵及对安全管理工作的启示 | 15 | |
| 能量意外释放论 | 掌握理论内涵及对安全管理工作的启示 | 15 | |
| 两类危险源理论 | 掌握理论内涵及对安全管理工作的启示 | 15 | |
| 工作态度 | 态度端正，无无故缺勤、迟到、早退现象 | 10 | |
| 工作质量 | 能按时完成工作任务 | 10 | |
| 职业素质 | 认真严谨、实事求是，具有安全意识 | 10 | |
| 创新意识 | 能够通过任务拓展知识体系，乐于思考 | 10 | |
| 合计 | | 100 | |

## 强化训练

1. 试论述事故因果连锁论对安全管理工作的启示。
2. 试论述两类危险源理论对安全管理工作的启示。

## 相关知识点

### 1.3.1 事故频发倾向论

1919年，英国的格林伍德和伍兹对工厂中大量伤亡事故数据中的事故发生次数按照不同的统计分布进行了统计检验。结果发现，一些工人较其他工人更容易发生事故。随后，法默等人提出了事故频发倾向论的概念。事故频发倾向是指个别人容易发生事故的、稳定的、个人的内在倾向。

这种理论认为，工厂中少数工人具有事故频发倾向，是事故的频发倾向者，他们的存在是导致工业事故发生的主要原因。企业中若能减少事故频发倾向者，就可以减少事故的发生。这种理论把事故归因于人的天性，至今仍有部分人支持这一理论，但后来的诸多研究结果并没有证实该理论的正确性。

### 1.3.2 海因里希事故因果连锁论

1936年，美国安全工程师海因里希（W.H.Heinrich）提出了事故因果连锁论。该理论认为，伤亡事故的发生不是一个孤立的事件，尽管伤害可能在某一瞬间发生，却是一连串的事件按一定的因果关系依次发生的结果。

海因里希事故因果连锁论

**1. 伤亡事故的连锁构成**

海因里希把工业伤害事故的发生、发展过程描述为具有一定因果关系的事件的连锁发生过程，即

（1）人员伤亡的发生是事故的结果。

（2）事故发生的原因是人的不安全行为或物的不安全状态。

（3）人的不安全行为或物的不安全状态是由人的缺点造成的。

（4）人的缺点是由不良环境或先天遗传造成的。

**2. 事故连锁过程影响因素**

海因里希将事故连锁过程概括为以下五个因素。

（1）遗传因素及社会环境。遗传因素及社会环境是造成人的性格上存在缺点的原因。遗传因素可能造成鲁莽、固执和心胸狭窄等不良性格；社会环境可能妨碍教育，助长性格的缺点发展。

（2）人的缺点。人的缺点是使人产生不安全行为或造成机械、物质不安全状态的原因，包括鲁莽、固执、过激、神经质、轻率、不认真等性格上的先天缺点，以及缺乏安全知识和技术等后天缺点。

（3）人的不安全行为或物的不安全状态是指那些曾经引起过事故，或可能再次引起事故的人的行为或机械、物质的状态，它们是造成事故的直接原因。

（4）事故。事故是指由于物体、物质、人或放射性的作用或反作用，使人员受到伤害或可能受到伤害的、出乎意料的、失去控制的事件。

（5）伤害。由事故直接产生的人身伤害。

海因里希将这种因果关系用多米诺骨牌来进行形象的说明，即第一块骨牌倒下后，会引起后面的骨牌发生连锁反应而倒下，最后一块即为伤亡事故。这一理论也被称为"多米诺骨牌"理论，如图1-2所示。

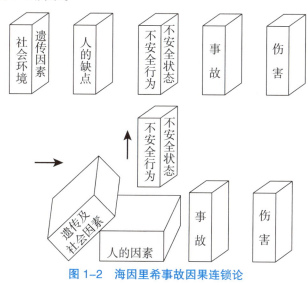

图1-2 海因里希事故因果连锁论

在多米诺骨牌系列中，一个骨牌被碰倒了，则将发生连锁反应，其余的几个骨牌相继被碰倒。如果移去或抽出连锁中的一个骨牌，则连锁被破坏，事故过程就被中止。

海因里希认为，企业安全工作的重心就是防止人的不安全行为，消除机械或物质的不安全状态，中断事故连锁的进程进而避免事故的发生。

### 1.3.3 轨迹交叉论

轨迹交叉论的主要观点是，在事故发展进程中，人的因素运动轨迹与物的因素运动轨迹的交点就是事故发生的时间和空间，即人的不安全行为和物的不安全状态发生在同一时间、同一空间，或者说人的不安全行为与物的不安全状态相遇，就在此时间、空间发生了事故。

轨迹交叉论作为一种事故致因理论，强调人的因素和物的因素在事故致因中占有同样重要的地位。按照该理论，可以通过避免人与物两种因素运动轨迹交叉，即避免人的不安全行为和物的不安全状态同时、同地出现，来预防事故的发生。

**1. 人的因素运动轨迹**

人的不安全行为基于以下几个方面而产生：

（1）生理、先天身心缺陷。

（2）社会环境、企业管理上的缺陷。

（3）后天的心理缺陷。

（4）视、听、嗅、味、触等感官能量分配上的差异。

（5）行为失误。

#### 2. 物的因素运动轨迹

在物的因素运动轨迹中，生产过程各阶段都可能产生不安全状态：

（1）设计上的缺陷，如用材不当、强度计算错误、结构完整性差等。

（2）制造、工艺流程上的缺陷。

（3）维修保养上的缺陷。

（4）使用上的缺陷。

（5）作业场所环境上的缺陷。

轨迹交叉论强调，安全管理的重点应放在控制物的不安全状态上，即消除"起因物"，就不会出现"施害物"，砍断物的因素运动轨迹，使人与物的轨迹不相交叉，事故即可避免。

### 1.3.4 能量意外释放论

1961年，布吉森提出了事故是一种不正常的或不希望的能量释放，各种形式的能量是造成伤害的直接原因。1966年，美国运输安全局局长哈登在此基础上完善了能量意外释放论，提出"人受伤害的原因是某种能量的转移"的观点。生产、生活活动中经常遇到各种形式的能量，如机械能、电能、热能、化学能、电离及非电离辐射、声能、生物能等，它们的意外释放都有可能造成对人和物的伤害或损坏。

#### 1. 机械能

（1）势能。位于高处的人体、物体、岩体或结构的一部分相对于低处的基准面有较高的势能。当人体具有的势能意外释放时，发生坠落或跌落事故；物体具有的势能意外释放时，物体自高处落下可能发生物体打击事故；岩体或结构的一部分具有的势能意外释放时，发生冒顶片帮、坍塌等事故。

（2）动能。运动着的物体都具有动能，如各种运动中的车辆、设备或机械的运动部件、被抛掷的物料等。它们具有的动能意外释放并作用于人体，则可能发生车辆伤害、机械伤害、物体打击等事故。

## 2. 电能

意外释放的电能可能使电气设备的金属外壳等导体带电而发生所谓"漏电"现象。当人体与带电体接触时会遭受电击；电火花会引燃易燃、易爆物质而发生火灾、爆炸事故；强烈的电弧可能灼伤人体等。

## 3. 热能

失去控制的热能可能灼烫人体、损坏财物、引起火灾。火灾是热能意外释放造成的最典型的事故。应该注意，在利用机械能、电能、化学能等其他形式的能量时也可能产生热能。

## 4. 化学能

有毒、有害的化学物质的化学能会导致人员急性、慢性中毒，致病、致畸、致癌；火灾中化学能转变为热能，爆炸中化学能转变为机械能和热能，从而造成人员伤亡。

## 5. 电离及非电离辐射

电离辐射主要指 α 射线（阿尔法射线）、β 射线（贝塔射线）和中子射线等射线辐射，这些射线会造成人体急性、慢性损伤。非电离辐射主要为 X 射线、γ 射线、紫外线、红外线和宇宙射线等射线辐射。工业生产中常见的电焊、熔炉等高温热源放出的紫外线、红外线等有害辐射会伤害人的视觉器官。

能量意外释放论阐明了伤害事故发生的物理本质，指明了防止伤害事故就是防止能量意外释放，防止人体接触能量。根据这种理论，人们要经常注意生产过程中能量的流动、转换，以及不同形式能量的相互作用，防止发生能量的意外释放或逸出。

从能量意外释放论出发，预防伤害事故就是防止能量或危险物质的意外释放，防止人体与过量的能量或危险物质接触。把约束、限制能量，防止人体与能量接触的措施叫作屏蔽。

因此，根据能量意外释放论，可以利用各种屏蔽来防止意外的能量转移，从而防止事故的发生。

### 1.3.5 两类危险源理论

危险源是指可能造成人员伤害、疾病、财产损失、作业环境破坏或其他损失的根源或状态（潜在的不安全因素）。按照危险源在事故发生、发展中的作用，把危险源划分为两大类，即第一类危险源和第二类危险源。能量意外释放论认为，能量或危险物质的意外释放是伤亡事故发生的物理本质。于是，把生产过程中存在的、可能发生意外释放的能量（能源或能量载体）或危险物质称为第一类危险源。在实际工作中往往把产生能量的能量源或拥有能量的能量载体看作第一类危险源。正常情况下,生产过程中的能量或危险物质受到约束或限制,不会发生意外释放,即不会发生事故。但是一旦这些约束或限制能量及危险物质的措施受到破坏或失效,则将发生事故。导致能量及危险物质的约束或限制措施失效的各种因素称为第二类危险源。

1995年,陈宝智教授在对系统安全理论进行系统研究的基础上,提出了事故致因的两类危险源理论。该理论认为,伤亡事故的发生往往是两类危险源共同作用的结果,第一类危险源是伤亡事故发生的能量主体,是第二类危险源出现的前提,并决定事故后果的严重程度;第二类危险源是第一类危险源造成事故的必要条件,决定事故发生的可能性。两类危险源相互关联、互相依存。

根据两类危险源理论,第一类危险源是一些物理实体,第二类危险源是围绕第一类危险源而出现的一些异常现象或状态。因此,危险源辨识的首要任务是辨识第一类危险源,然后围绕第一类危险源辨识第二类危险源。因此,由这一理论而产生的新的事故因果连锁模型如图1-3所示。

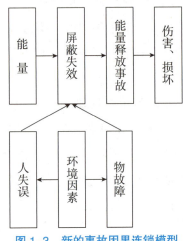

图1-3 新的事故因果连锁模型

# 项目 2 公路工程基础知识

## 项目描述

本项目主要讲解公路工程基础知识,包括公路工程建设项目的范围和项目划分、公路工程产品和施工的特点、公路工程施工的主要事故类型等内容。

## 学习目标

【知识目标】
1. 掌握公路工程项目划分方法。
2. 掌握公路工程产品和施工的特点。
3. 掌握公路工程施工过程中的主要事故类型。

【技能目标】
1. 会正确划分公路工程施工项目。
2. 会针对各类事故进行原因分析,并提出防范措施。

【素质目标】
1. 树立安全意识。
2. 养成认真严谨、实事求是的优良作风。

## 任务 2.1 公路工程建设项目

### 任务描述

建设项目是"基本建设项目"的简称,是指在一个或几个施工现场上,按照一个独立

· 25 ·

的"总体设计"进行施工的各单项工程的总体。根据建设项目的组成内容和层次不同，按照分解管理的需要从大至小依次可分为建设项目、单项工程、单位工程、分部工程和分项工程。

对建设项目的组成进行划分，既是工程施工与建造的基本要求，又是计算工程造价的基本单元，对于从事公路工程造价、施工和管理工作的人员，分清和掌握建设项目的组成十分重要。

## 任务目标

1. 掌握建设项目划分的层次。
2. 掌握道路工程建设项目划分方法。
3. 掌握桥梁工程建设项目划分方法。
4. 掌握隧道工程建设项目划分方法。

## 任务工作页

| 课程名称 | 公路工程安全管理 | 任务名称 | 公路工程建设项目 | 班级 | | 姓名 | |
|---|---|---|---|---|---|---|---|
| | | | | 日期 | | 成绩 | |
| 一、任务布置 <br> 1.掌握公路工程建设项目的范围。<br>2.掌握道路工程建设项目单位工程、分部工程、分项工程的划分方法。<br>3.掌握桥梁工程建设项目单位工程、分部工程、分项工程的划分方法。<br>4.掌握隧道工程建设项目单位工程、分部工程、分项工程的划分方法 ||||||||
| 二、任务实施 <br>引导问题1：建设项目通常可划分为_____、_____、_____、_____、_____。<br><br>引导问题2：公路工程一般建设项目的单位工程通常可划分为_____、_____、_____、_____、_____、_____、_____和_____。<br><br>引导问题3：桥梁工程的分部工程通常可划分为_____、_____、_____、_____、_____和_____。<br><br>引导问题4：隧道工程的分部工程通常可划分为_____、_____、_____、_____、_____和_____。<br><br>引导问题5：隧道工程洞身衬砌通常可划分为哪些分项工程？ ||||||||

## 评价反馈

### 学生自评

| 班级： | 姓名： | | 学号： |
|---|---|---|---|
| 任务2.1 | 公路工程建设项目 | | |
| 评价项目 | 评价标准 | 分值 | 得分 |
| 建设项目划分 | 掌握项目划分方法 | 15 | |
| 道路工程项目划分 | 掌握一般建设项目分部分项工程划分方法 | 15 | |
| 桥梁工程项目划分 | 掌握一般建设项目分部分项工程划分方法 | 15 | |
| 隧道工程项目划分 | 掌握一般建设项目分部分项工程划分方法 | 15 | |
| 工作态度 | 态度端正，无无故缺勤、迟到、早退现象 | 10 | |
| 工作质量 | 能按时完成工作任务 | 10 | |
| 职业素质 | 认真严谨、实事求是，具有安全意识 | 10 | |
| 创新意识 | 能够通过任务拓展知识体系，乐于思考 | 10 | |
| | 合计 | 100 | |

## 强化训练

根据所学知识，试论述工程建设项目划分的意义。

## 相关知识点

### 2.1.1 公路工程建设项目范围

公路工程是指公路构造物的勘察、测量、设计、施工、养护、管理等工作。公路工程构造物包括路基、路面、桥梁、涵洞、隧道、排水系统、安全防护设施、绿化和交通监控设施，以及施工、养护和监控使用的房屋、车间和其他服务性设施。

### 2.1.2 公路工程建设项目划分

#### 1. 单项工程

单项工程是建设项目的组成部分，一个建设项目可以是一个单项工程，也可以包括几个单项工程。单项工程是具有独立的设计文件、竣工后可以独立发挥生产能力或工程效益的工程，如工厂中的各个车间、仓库等，学校的教学楼、图书馆、宿舍等。

### 2. 单位工程

单位工程是单项工程的组成部分，是指具备独立施工条件，并能形成独立使用功能的建筑物或构筑物，如车间的土建工程、设备安装工程等。非生产性建设项目的一个单项工程即一个单位工程。

### 3. 分部工程

分部工程是单位工程的组成部分，是指不能独立发挥能力或效益，又不具备独立施工条件，但具有结算工程价款条件的工程。通常一个单位工程可按其工程实体的各部位划分为若干个分部工程。

### 4. 分项工程

分项工程是分部工程的组成部分，一般是按照选用的施工方法、所使用的材料、结构构件规格等不同因素划分施工分项工程。

《公路工程质量检验评定标准 第一册 土建工程》（JTG F80/1—2017）按工程建设规模大小、结构部位和施工工序将公路工程建设项目划分为单位工程、分部工程和分项工程，见表2-1。

单位工程：在建设项目中，根据签订的合同，具有独立施工条件和结构功能的工程。

分部工程：在单位工程中，按结构部位、路段长度及施工特点或施工任务划分为若干个分部工程。

分项工程：在分部工程中，按不同的施工工序、工艺或材料等划分为若干个分项工程。

表2-1 一般建设项目的工程划分

| 单位工程 | 分部工程 | 分项工程 |
| --- | --- | --- |
| 路基工程（每10 km或每标段） | 路基土石方工程（1~3 km路段）① | 土方路基，填石路基，软土地基处置，土工合成材料处置层等 |
| | 排水工程（1~3 km路段）① | 管节预制，混凝土排水管安装，检查（雨水）井砌筑，土沟、浆砌水沟，盲沟，跌水，急流槽，水簸箕，排水泵站沉井、沉淀池等 |
| | 小桥及符合小桥标准的通道，人行天桥，渡槽（每座） | 钢筋加工及安装，砌体，混凝土扩大基础，钻孔灌注桩，混凝土墩、台，墩、台身安装，台背填土，就地浇筑梁、板，预制安装梁、板，就地浇筑拱圈，混凝土桥面板桥面防水层，支座垫石和挡块，支座安装，伸缩装置安装，栏杆安装，混凝土护栏，桥头搭板，砌体坡面护坡，混凝土构件表面防护，桥梁总体等 |

续表

| 单位工程 | 分部工程 | 分项工程 |
|---|---|---|
| 路基工程（每10 km或每标段） | 涵洞、通道（1~3 km路段）① | 钢筋加工及安装，涵台，管节预制，混凝土涵管安装，波形钢管涵安装，盖板制作，盖板安装，箱涵浇筑，拱涵浇（砌）筑，倒虹吸竖井、集水井砌筑，一字墙和八字墙，涵洞填土，顶进施工的涵洞，砌体坡面防护，涵洞总体等 |
| | 防护支挡工程（1~3 km路段）① | 砌体挡土墙，墙背填土，边坡锚固防护，土钉支护，砌体坡面防护，石笼防护，导流工程等 |
| | 大型挡土墙、组合挡土墙（每处） | 钢筋加工及安装，砌体挡土墙，悬臂式挡土墙，扶壁式挡土墙，锚杆、锚定板和加筋土挡土墙，墙背填土等 |
| 路面工程（每10 km或每标段） | 路面工程（1~3 km路段）① | 垫层、底基层，基层，面层，路缘石，路肩等 |
| 桥梁工程②（每座或每合同段） | 基础及下部构造（1~3墩台）③ | 钢筋加工及安装，预应力筋加工和张拉，预应力管道压浆，混凝土扩大基础，钻孔灌注桩，挖孔桩，沉入桩，灌注桩桩底压浆，地下连续墙，沉井，沉井、钢围堰的混凝土封底，承台等大体积混凝土结构，砌体，混凝土墩、台，墩台身安装，支座垫石和挡块，拱桥组合桥台，台背填土等 |
| | 上部构造预制和安装（1~3跨）③ | 钢筋加工及安装，预应力筋加工和张拉，预应力管道压浆，预制安装梁、板，悬臂施工梁，顶推施工梁，转体施工梁，拱圈节段预制，拱的安装，转体施工拱，中下承式拱吊杆和柔性系杆，刚性系杆，钢梁制作，钢梁安装，钢梁防护等 |
| | 上部构造现场浇筑（1~3跨）③ | 钢筋加工及安装，预应力筋加工和张拉，预应力管道压浆，就地浇筑梁、板，悬臂施工梁，就地浇筑拱圈，劲性骨架混凝土拱，钢管混凝土拱，中下承式拱吊杆和柔性系杆，刚性系杆等 |
| | 桥面系、附属工程及桥梁总体 | 钢筋加工及安装，混凝土桥面板桥面防水层，钢桥面板上防水黏结层，混凝土桥面板桥面铺装，钢桥面板上沥青混凝土铺装，支座安装，伸缩装置安装，人行道铺设，栏杆安装，混凝土护栏，钢桥上钢护栏安装，桥头搭板，混凝土小型构件预制，砌体坡面护坡，混凝土构件表面防护，桥梁总体等 |
| | 防护工程 | 砌体坡面护坡，护岸④，导流工程等 |
| | 引道工程 | 见路基工程、路面工程的分项工程 |

续表

| 单位工程 | 分部工程 | 分项工程 |
|---|---|---|
| 隧道工程⑤（每座或每合同段） | 总体及装饰装修（每座或每合同段） | 隧道总体、装饰装修工程 |
| | 洞口工程（每个洞口） | 洞口边仰坡防护、洞门和翼墙的浇（砌）筑、截水沟、洞口排水沟、明洞浇筑、明洞防水层、明洞回填 |
| | 洞身开挖（200延米） | 洞身开挖 |
| | 洞身衬砌（200延米） | 喷射混凝土、锚杆、钢筋网、钢架、仰拱、仰拱回填、衬砌钢筋、混凝土衬砌、超前锚杆、超前小导管、管棚 |
| | 防排水（200延米） | 防水层、止水带、排水 |
| | 路面（1~3 km路段）① | 基层、面层 |
| | 辅助通道⑥（200延米） | 洞身开挖、喷射混凝土、锚杆、钢筋网、钢架、仰拱、仰拱回填、衬砌钢筋、混凝土衬砌、超前锚杆、超前小导管、管棚、防水层、止水带、排水 |
| 绿化工程（每合同段） | 分隔带绿地、边坡绿地、护坡道绿地、碎落台绿地、平台绿地（每2 km路段） | 绿地整理，树木栽植，草坪、草本地被及花卉种植，喷播绿化 |
| | 互通式立体交叉区与环岛绿地、管理养护设施区绿地、服务设施区绿地、取、弃土场绿地（每处） | |
| 声屏障工程（每合同段） | 声屏障工程（每处） | 砌块体声屏障，金属结构声屏障，复合结构声屏障 |
| 交通安全设施（每20 km或每标段） | 标志、标线、突起路标、轮廓标（5~10 km路段）① | 标志，标线，突起路标，轮廓标 |
| | 护栏（5~10 km路段）① | 波形梁护栏，缆索护栏，混凝土护栏，中央分隔带开口护栏 |
| | 防眩设施、隔离栅、防落物网（5~10 km路段）① | 防眩板，防眩网，隔离栅，防落物网等 |
| | 里程碑和百米桩（5 km路段） | 里程碑，百米桩 |
| | 避险车道（每处） | 避险车道 |

续表

| 单位工程 | 分部工程 | 分项工程 |
|---|---|---|
| 交通机电工程 | 其分部、分项工程划分见《公路工程质量检验评定标准 第二册 机电工程》（JTG 2182—2020） | |
| 附属设施 | 管理中心、服务区、房屋建筑、收费站、养护工区等设施 | 按其专业工程质量检验评定标准评定 |

注：①按路段长度划分的分部工程，高速公路、一级公路宜取低值，二级及二级以下公路可取高值。

②分幅桥梁按照单幅划分，特大斜拉桥和悬索桥按照《公路工程质量检验评定标准 第一册 土建工程》（JTG F80/1—2017）附表A-2进行划分，其他斜拉桥和悬索桥可作为一个单位工程参照附表A-2进行划分。

③按单孔跨径确定的特大桥取1，其余根据规模取2或3。

④护岸可参照挡土墙进行划分。

⑤双洞隧道每单洞作为一个单位工程。

⑥辅助通道包括竖井、斜井、平行导坑、横通道、风道、地下风机房等。

## 任务 2.2　公路工程施工概述

### 任务描述

为做好公路工程建设项目施工的安全管理工作，需要了解公路工程产品和施工的特点，理解这些特点如何影响工程的安全管理；进一步分析总结公路工程施工中常见的安全事故类型及发生部位或工序，以便对其成因进行分析，并寻求有效的预防措施。

### 任务目标

1. 熟悉公路工程产品的特点。
2. 掌握公路工程施工的特点，以及对安全管理工作的影响。
3. 掌握公路工程施工常见的事故类型。

## 任务工作页

| 课程名称 | 公路施工安全管理 | 任务名称 | 公路工程施工概述 | 班级 | | 姓名 | |
|---|---|---|---|---|---|---|---|
| | | | | 日期 | | 成绩 | |

一、任务布置
1. 举例说明公路工程产品的特点。
2. 举例说明公路工程施工的特点。
3. 举例说明公路工程施工安全管理面临的挑战。
4. 举例说明公路工程常见的事故类型，并进行简单的原因分析

二、任务实施
引导问题1：怎样理解公路工程施工的流动性特点？


引导问题2：公路工程施工主要的事故类型包括_____、_____、_____、_____和_____。

引导问题3：公路工程施工中，哪些部位或工序容易发生高处坠落事故？


引导问题4：公路工程施工中，哪些部位或工序容易发生坍塌事故？


引导问题5：简要说明采取哪些措施可以预防高处坠落事故。


## 评价反馈

### 学生自评

| 班级： | | 姓名： | | 学号： | |
|---|---|---|---|---|---|
| 任务2.2 | | | 公路工程施工概述 | | |
| 评价项目 | | 评价标准 | | 分值 | 得分 |
| 公路工程产品及施工特点 | | 掌握主要特点及对安全管理工作的影响 | | 20 | |
| 主要事故类型 | | （1）掌握主要事故类型及含义。<br>（2）掌握高处坠落、坍塌、物体打击、火灾等事故的主要发生部位或工序 | | 20 | |
| 事故原因分析 | | 掌握造成各类事故常见的原因 | | 20 | |

续表

| 工作态度 | 态度端正，无无故缺勤、迟到、早退现象 | 10 | |
| 工作质量 | 能按时完成工作任务 | 10 | |
| 职业素质 | 认真严谨、实事求是，具有安全意识 | 10 | |
| 创新意识 | 能够通过任务拓展知识体系，乐于思考 | 10 | |
| 合计 | | 100 | |

## 强化训练

试论述公路工程产品和施工特点，以及其对安全管理工作产生的影响。

## 相关知识点

### 2.2.1 公路工程产品和施工的特点

#### 1. 公路工程产品的特点

（1）固定性。公路工程产品最显著的特点就是固定性。所有公路工程产品都是在选定的地点上建造和使用，与所在地点的土地是不可分割的。因此，公路工程产品的建造和使用在空间上是固定的。公路工程施工的很多特点也是由此引出的。

（2）多样性。公路工程通常包括道路工程、桥梁工程、隧道工程、绿化工程、交通安全设施、声屏障工程、机电工程、附属设施等，工程产品种类繁多，用途各异。即使使用功能、建筑类型相同，在不同地区、不同条件下，公路工程产品也要按照当地特定的自然条件、社会经济环境设计和建造。产品的多样性造成安全问题的多样性。

（3）产品体型庞大。公路工程产品相比一般的工业产品，所消耗的物质资源更多，体型庞大，建造困难。

#### 2. 公路工程施工的特点

（1）流动性。公路工程产品的固定性，决定了施工的流动性，以及施工所需的大量人力、材料、机械设备必须围绕其固定性产品开展活动，在完成一个固定产品后，又要流动到另一个固定产品上。因此，在施工前必须事先做好科学分析和决策，合理地安排和组织。

（2）单件性。公路工程产品的固定性和多样性决定了施工的单件性。每一个公路工程产品不能按照统一的设计图纸批量设计和制造，而需根据当地规划和需求在选定的地点上单独设计和施工。每一个公路工程项目的施工条件、施工工艺不同，其不安全因素各不相同，并随着施工进度不断变化。因此，施工现场安全问题异常复杂，安全管理不能照抄某一固定模板。

（3）地区性。公路工程产品的固定性导致了施工的地区性。因为要在使用的固定地点建造，就必然受到当地的自然条件（地形、地质、水文、气候等）、技术条件（结构类型、技术要求、施工水平、材料和半成品质量等）、经济和社会条件（物资供应、运输、专业化、协作条件）等的影响和制约，生产的预见性和可控性差。因此，必须对当地的建设条件进行深入调查和分析，因地制宜做好施工安排和安全管理。

（4）综合性。公路工程施工是多工种的综合作业，通常需要建设单位、施工单位、设计单位、监理单位、材料供应、运输、公共事业等多方面的配合和协作。多工种、多部门的协同作业导致安全生产的可变因素较多。

（5）生产周期长，施工环境差，劳动强度高。一个公路工程项目的施工周期一般数月甚至数年，通常会跨越季节施工，且多为露天作业，酷暑严寒、风吹日晒，施工条件差。隧道工程，受其自身特点限制，施工条件尤其恶劣。此外，有些工种仍为手工作业，如架子工、钢筋工等，体力劳动繁重，作业强度较高。因此，公路工程施工安全和职业健康危害严重，个体劳动防护任务艰巨。

（6）复杂性。由于公路工程产品的固定性、多样性以及施工的流动性、地区性、综合性等特点，再加上要在不同时期、地点、产品上，组织多专业、多工种的人员综合作业，这使公路工程施工变得更加复杂。

公路工程施工的上述特点给施工带来了很多不安全因素，公路施工企业对安全生产问题要加倍重视。

### 2.2.2 公路工程施工主要事故类型

公路工程施工具有线长点多、工种复杂、工程量大，涉及的人员、材料、机械设备多，特种作业多，施工协作性要求高等特点。同时，施工过程受自然因素及外界干扰的影响很大；建设项目规模大；作业人员露天作业多，受天气、温度影响大；恶劣的施工作业环境及气候容易使施工管理人员与作业人员的体力和注意力下降，施工现场存在大量的危险和有害因素，事故隐患多，易产生坍塌、高处坠落、物体打击、起重伤害、触电、机械伤害、爆炸等各类安全事故。因此，实行工程施工现场规范化管理，加强施工安全技术管理，是防止事故发生、顺利实现安全管理目标的保障。

#### 1. 坍塌

坍塌是指建筑物、堆置物倒塌及土石塌方等引起的伤害事故。在公路工程施工过程中，基坑工程土方坍塌、脚手架坍塌、模板坍塌、隧道开挖中的坍塌事故数量一直较多，是主要事故类型之一。

### 2. 高处坠落

高处坠落是指由 2 m 以上势能差引起的，人员由高处坠落的伤害，也包括人员从平地坠入坑内发生的伤害。公路工程施工高处作业现场较多，高处坠落事故是主要事故之一，主要发生在洞口和临边作业、脚手架、模板、龙门架等作业中。

### 3. 物体打击

物体打击是指落物、滚石、锤击、碎裂、崩块、砸伤等造成的人身伤害，不包括因爆炸而引起的物体打击。主要发生在隧道开挖找顶、脚手架、工作平台等作业中。

### 4. 起重伤害

起重伤害是指从事各种起重作业时发生的机械伤害事故，不包括上下驾驶室时发生的坠落伤害，起重设备引起的触电及检修时制动失灵造成的伤害。主要发生在超重吊装作业中。

### 5. 触电

触电是指电流经过人体导致的生理伤害，不包括雷击伤害。公路工程施工离不开电力，不仅包括施工中的电气照明，还包括电动机械和电动工具。触电事故也是多发事故。

### 6. 机械伤害

机械伤害是指被机械设备或工具绞、碾、碰、割、戳等造成的人身伤害，不包括车辆、起重设备引起的伤害。

### 7. 爆炸

爆炸是指在火药的生产、运输、储藏、使用过程中发生的爆炸事故。公路工程特别是隧道工程施工中，经常会用到火药，火药爆炸也是常见的事故类型之一。

# 项目 3　公路工程安全生产法律法规

## 项目描述

安全生产法律、法规是安全生产管理和安全生产技术的制度基础。我国公路工程建设领域已经建立了完备的安全生产法律、法规体系，使得安全生产工作有法可依、有章可循。公路工程建设安全生产管理人员及从业人员应增强法律意识，熟悉安全生产法律法规的基本规定，规范职业行为，掌握法律责任的相关内容，最大限度地降低法律风险。

本项目主要讲解公路工程安全生产相关的法律法规，包括安全生产法律制度，公路工程安全生产相关的、重要的法律、法规、规章、技术标准和规范以及安全生产法律责任相关知识。

## 学习目标

【知识目标】

1. 掌握公路工程安全生产法律体系及效力层级。
2. 掌握公路工程安全生产相关的法律、法规、规章、技术标准和规范的重要条款。
3. 掌握法律责任的类型及承担方式。

【技能目标】

1. 能掌握现行的公路工程安全生产相关的、重要的法律、法规。
2. 会判断公路工程安全生产重要的法律、法规的类别。

【素质目标】

1. 树立安全意识。
2. 树立法律意识，在工作中做到知法、懂法、守法。

# 任务 3.1　公路工程安全生产法律制度

## 任务描述

近年来,我国相继制定、修改、完善了一系列的安全生产法律、法规,已形成了与公路工程建设密切相关的安全生产法律体系,为规范安全生产和安全管理行为提供了重要依据。在学习具体的安全生产法律、法规规定之前,需要掌握我国的立法体制、法律体系及法律体系的效力层级。

## 任务目标

1. 掌握我国的法律体系。
2. 掌握法律体系的效力层级。

## 任务工作页

| 课程名称 | 公路施工安全管理 | 任务名称 | 公路工程安全生产法律制度 | 班级 | | 姓名 | |
|---|---|---|---|---|---|---|---|
| | | | | 日期 | | 成绩 | |

一、任务布置
1. 请说明我国的立法体制。
2. 请说明我国的安全生产法律体系

二、任务实施
引导问题1：我国的法律由_____制定。
引导问题2：我国的行政法规由_____制定。
引导问题3：我国的部门规章由_____制定。
引导问题4：尝试解释我国关于安全生产的法律体系。

## 评价反馈

### 学生自评

| 班级： | | 姓名： | | 学号： | |
|---|---|---|---|---|---|
| 任务3.1 | | 公路工程安全生产法律制度 | | | |
| 评价项目 | 评价标准 | | | 分值 | 得分 |
| 我国的立法体制 | 掌握我国的立法体制 | | | 20 | |
| 安全生产法律体系及法律效力 | （1）掌握安全生产法律体系。<br>（2）掌握法律效力的相关规定 | | | 40 | |
| 工作态度 | 态度端正，无无故缺勤、迟到、早退现象 | | | 10 | |
| 工作质量 | 能按时完成工作任务 | | | 10 | |
| 职业素质 | 认真严谨、实事求是，具有安全意识 | | | 10 | |
| 创新意识 | 能够通过任务拓展知识体系，乐于思考 | | | 10 | |
| 合计 | | | | 100 | |

## 强化训练

举例说明我国安全生产法律体系的构成。

## 相关知识点

### 3.1.1 我国的立法体制

我国现行宪法对立法体制做出了基本界定，确立了立法体制框架。《中华人民共和国地方各级人民代表大会和地方各级人民政府组织法》和《中华人民共和国立法法》（以下简称《立法法》）做出了进一步的界定。

（1）全国人大及其常委会行使国家立法权，制定法律。

（2）国务院根据宪法和法律制定行政法规。

（3）省、自治区、直辖市人大及其常委会在不与宪法法律、行政法规相抵触的前提下制定地方性法规。

（4）民族自治地方的人大有权制定自治条例和单行条例，分别报上级人大常委会批准。

（5）国务院部委可根据法律、行政法规制定规章。

（6）较大的市人大及其常委会根据本市的具体情况和实际需求，在不与宪法、法律、行政法规和本省、自治区的地方性法规相抵触的前提下，可以制定地方性法规，报省、自治区人大常委会批准后施行。

（7）省、自治区、直辖市人民政府及省、自治区人民政府所在地的市和经国务院批准的较大市的人民政府，可以根据法律、行政法规和本省、自治区的地方性法规，制定规章。

### 3.1.2 安全生产法律体系

安全生产法是调整安全生产人身关系、安全生产财产关系及安全生产管理关系等有关安全生产方面社会关系的法律规范的总和。

安全生产法有广义和狭义之分。广义的安全生产法是指国家立法机关颁布制定的调整安全生产关系及相关社会关系的所有法律规范的总和。因此，有关安全技术、安全工程、劳动合同、工伤保险、职业技术培训等方面的法律都属于广义的安全生产法的范畴。广义的安全生产法既可以表现为享有国家立法权的机关制定的法律，也可以表现为国务院及其所属的部委发布的行政法规、决定、命令、指示、规章及地方性法规、规章等，还可以表现为各种安全卫生技术规程、规范和标准。狭义的安全生产法专指国家最高立法机关制定的调整安全生产关系及相关社会关系的法律规范，如《中华人民共和国安全生产法》（以下简称《安全生产法》）。本书中所指安全生产法为广义上的安全生产法。

安全生产法律体系是一个包含多种法律形式和法律层次的综合性系统。公路工程安全生产法律体系按照其立法权限的不同，可以分为宪法、法律、行政法规、部门规章、地方性法规和规章、技术标准及国际公约7个层次。

#### 1. 宪法

《中华人民共和国宪法》（以下简称《宪法》）是国家的根本大法，具有最高的法律效力，是安全生产法律体系框架的最高层级。

《中华人民共和国宪法》第四十二条规定："中华人民共和国公民有劳动的权利和义务。国家通过各种途径，创造劳动就业条件，加强劳动保护，改善劳动条件，并在发展生产的基础上，提高劳动报酬和福利待遇。"第四十三条规定："中华人民共和国劳动者有休息的权利。国家发展劳动者休息和休养的设施，规定职工的工作时间和休假制度。"第四十八条规定："中华人民共和国妇女在政治的、经济的、文化的、社会的和家庭的生活等各方面享有同男子平等的权利。国家保护妇女的权利和利益，实行男女同工同酬，培养和选拔妇女干部。"

#### 2. 法律

法律是指全国人民代表大会及其常务委员会制定的有关各项法律，以国家主席令形式发布，在全国范围内施行，其地位和效力仅次于宪法，是安全生产法律体系的核心。目前已颁布实施的涉及公路工程安全生产的法律主要有《安全生产法》《中华人民共和国建筑法》《中华人民共和国刑法》《中华人民共和国环境保护法》《中华人民共和国公路法》《中华人民共和国劳动法》《中华人民共和国突发事件应对法》《中华人民共和国职业病防治法》《中华人民共和国消防法》和《中华人民共和国劳动合同法》等。其中，《安全生产法》是安全生产法律体系中的核心。

### 3. 行政法规

行政法规是指国务院依法制定并以国务院令形式发布的有关安全生产的各项法规，其地位和效力次于宪法和法律。已颁布实施的涉及公路工程安全生产的行政法规主要有《建设工程安全生产管理条例》《安全生产许可证条例》《生产安全事故报告和调查处理条例》及《民用爆炸物品安全管理条例》等。

### 4. 部门规章

部门规章是指由国务院相关部委制定并以部门令形式发布的各项规章，或由国务院几个部委联合制定并发布的规章。已颁布实施的涉及公路工程安全生产的部门规章主要有《公路水运工程安全生产监督管理办法》《企业安全生产费用提取和使用管理办法》《特种作业人员安全技术培训考核管理规定》《未成年工特殊保护规定》《生产安全事故罚款处罚规定（试行）》《安全生产违法行为行政处罚办法》《安全生产领域违法违纪行为政纪处分暂行规定》等。

### 5. 地方性法规和规章

地方性法规是指在不与宪法、法律、行政法规相抵触的前提下，由省、自治区、直辖市的人民代表大会及其常务委员会制定并发布的法规，包括省会（自治区首府）城市和设区的市人民代表大会及其常务委员会制定的，报经省、自治区、直辖市的人民代表大会或其常务委员会批准的各种法规，如《北京市安全生产条例》《大连市安全生产条例》。

地方规章是指省、自治区、直辖市，以及省会城市和设区的市的人民政府，根据法律和国务院行政法规制定并发布的规章，如《杭州市安全生产责任制规定》。

### 6. 技术标准

安全技术标准是安全生产法律体系的重要组成部分。目前颁布实施的公路工程安全生产技术标准主要有《公路工程施工安全技术规范》（JTG F90—2015）、《生产经营单位生产安全事故应急预案编制导则》（GB/T 29639—2020）等。

### 7. 国际公约

国际劳工组织自1919年创立以来，一共通过了185个国际公约和为数较多的建议书，这些公约和建议书统称为国际劳工标准，其中70%的公约和建议书涉及职业安全卫生问题。

目前，我国建立了以《安全生产法》为主体，与《中华人民共和国建筑法》《建设工程安全生产管理条例》《安全生产许可证条例》《生产安全事故报告和调查处理条例》及《公路水运工程安全生产监督管理办法》等法律法规、规章相匹配的比较完善的公路工程安全生产法律体系，安全生产各方面基本能做到有法可依、有章可循。

## 任务3.2　公路工程安全生产相关法律

### 任务描述

本任务所称法律是指狭义的法律，即由全国人民代表大会及其常务委员会制定的规范性文件，在全国范围内施行。我国法律根据制定机关不同，可以分为两类：一类是基本法律，由全国人民代表大会制定和修改，如《中华人民共和国刑法》《中华人民共和国劳动法》；另一类是非基本法律，由全国人民代表大会常务委员会制定，如《安全生产法》《中华人民共和国建筑法》《中华人民共和国劳动合同法》《中华人民共和国突发事件应对法》《中华人民共和国消防法》《中华人民共和国职业病防治法》《中华人民共和国行政处罚法》《中华人民共和国环境保护法》《中华人民共和国公路法》等。

### 任务目标

1. 掌握与安全生产相关的主要法律。
2. 掌握各法律对安全生产的相关规定。

### 任务工作页

| 课程名称 | 公路施工安全管理 | 任务名称 | 公路工程安全生产相关法律 | 班级 | | 姓名 | |
|---|---|---|---|---|---|---|---|
| | | | | 日期 | | 成绩 | |
| 一、任务布置<br>1.掌握《安全生产法》的主要条文规定。<br>2.掌握《中华人民共和国建筑法》中有关安全生产的相关规定。<br>3.掌握《中华人民共和国刑法》中涉及安全生产的主要罪名及判定。<br>4.掌握《中华人民共和国突发事件应对法》中关于应急事件的主要规定 ||||||||

续表

## 二、任务实施

引导问题1：《安全生产法》规定，我国安全生产管理的方针为_____、_____、_____、_____。

引导问题2：从业人员的权利有_____、_____、_____、_____、_____、_____。

引导问题3：《中华人民共和国刑法》中，与公路工程安全生产相关的罪名主要有_____、_____、_____、_____、_____。

引导问题4：《中华人民共和国突发事件应对法》将我国的突发事件分为_____、_____、_____、_____四类。

## 评价反馈

### 学生自评

| 班级： | | 姓名： | | 学号： | |
|---|---|---|---|---|---|
| 任务3.2 | | 公路工程安全生产相关法律 | | | |
| 评价项目 | 评价标准 | | | 分值 | 得分 |
| 《安全生产法》 | 掌握其主要规定 | | | 20 | |
| 《中华人民共和国刑法》 | 掌握其主要规定 | | | 20 | |
| 《中华人民共和国突发事件应对法》 | 掌握其主要规定 | | | 20 | |
| 工作态度 | 态度端正，无无故缺勤、迟到、早退现象 | | | 10 | |
| 工作质量 | 能按时完成工作任务 | | | 10 | |
| 职业素质 | 认真严谨、实事求是，具有安全意识 | | | 10 | |
| 创新意识 | 能够通过任务拓展知识体系，乐于思考 | | | 10 | |
| | 合计 | | | 100 | |

## 强化训练

试阐述"安全第一，预防为主，综合治理"这一安全生产管理基本方针的内涵。

## 相关知识点

### 3.2.1 《中华人民共和国安全生产法》

《安全生产法》是我国安全生产领域的综合性基本法，它是

中华人民共和国安全生产法
（2021年修正）

我国第一部全面规范安全生产的专门法律,是我国安全生产法律体系的主体法,是各类生产经营单位及其从业人员实现安全生产必须遵循的行为准则,是各级人民政府及其有关部门进行监督管理和行政执法的依据,是制裁各种安全生产违法犯罪的有力武器。

《安全生产法》由中华人民共和国第九届全国人民代表大会常务委员会第二十八次会议于2002年6月29日通过。根据2009年8月27日第十一届全国人民代表大会常务委员会第十次会议《关于修改部分法律的决定》第一次修正,根据2014年8月31日第十二届全国人民代表大会常务委员会第十次会议《关于修改〈中华人民共和国安全生产法〉的决定》第二次修正,根据2021年6月10日第十三届全国人民代表大会常务委员会第二十九次会议《关于修改〈中华人民共和国安全生产法〉的决定》第三次修正。修改后的《安全生产法》共七章、119条,自2021年9月1日起施行。

《安全生产法》的立法目的在于加强安全生产工作,防止和减少生产安全事故,保障人民群众人身和财产安全,促进经济社会持续健康发展。《安全生产法》确定了我国安全生产管理的基本方针,即坚持"安全第一,预防为主、综合治理"的方针。《安全生产法》从生产经营单位的安全生产保障、从业人员的权利和义务、生产安全事故的应急救援与调查处理、法律责任承担等方面做出了规定。

### 1. 生产经营单位的安全生产保障

(1)从事生产经营活动应当具备的安全生产条件。

1)生产经营单位是生产经营活动的基本单元。《安全生产法》作为我国安全生产的基本法律,其法律关系主体是比较广泛的。该法第二条规定:"在中华人民共和国领域内从事生产经营活动的单位(以下统称生产经营单位)的安全生产,适用本法。"这里所称的生产经营单位是指从事各类生产经营活动的基本单元,具体包括各类生产经营企业、个体工商户、公民以及其他生产经营单位。参与公路工程建设活动的建设单位、施工单位、勘察设计单位和监理单位等均属于生产经营单位。

2)法定安全生产基本条件。《安全生产法》第二十条规定:"生产经营单位应当具备本法和有关法律、行政法规和国家标准或者行业标准规定的安全生产条件;不具备安全生产条件的,不得从事生产经营活动。"

安全生产条件,从广义上讲是指在安全生产过程中,其生产的各个系统、生产作业环境、生产设备和设施,以及与生产相适应的管理组织、管理制度、技术措施等,应能满足生产的安全需要,不能导致人员伤害或财产损失。具备安全生产条件是预防和减少安全事故的前提。

①生产经营单位的主要负责人必须保证本单位安全生产所必需的资金投入;

②生产经营单位新建、改建、扩建工程项目的安全设施，必须与主体工程同时设计、同时施工、同时投入生产和使用；

③生产经营单位安全设备的设计、制造、安装、使用、检测、维修、改造和报废，应当符合国家标准或者行业标准；

④生产经营单位必须对安全设备进行经常性维护、保养，并定期检测，保证正常运转；

⑤生产经营单位必须按照规定配备安全生产管理机构或管理人员。

（2）生产经营单位主要负责人的安全生产职责。《安全生产法》对生产经营单位主要负责人的安全生产职责的规定主要体现在第五条、第二十一条、第五十条中，对此，生产经营单位主要负责人必须全面完整把握。

《安全生产法》第五条明确规定："生产经营单位的主要负责人是本单位安全生产第一责任人，对本单位的安全生产工作全面负责。"对于公路工程施工企业来说，主要指董事长、总经理、安全总监等。

《安全生产法》第二十一条规定了生产经营单位主要负责人的七大安全生产职责，详见本书任务 4.1 相关内容。

《安全生产法》第五十条规定："生产经营单位发生生产安全事故时，单位的主要负责人应当立即组织抢救，并不得在事故调查处理期间擅离职守。"

（3）安全生产资金投入的规定。《安全生产法》第二十三条规定："生产经营单位应当具备的安全生产条件所必需的资金投入，由生产经营单位的决策机构、主要负责人或者个人经营的投资人予以保证，并对由于安全生产所必需的资金投入不足导致的后果承担责任。有关生产经营单位应当按照规定提取和使用安全生产费用，专门用于改善安全生产条件。安全生产费用在成本中据实列支。安全生产费用提取、使用和监督管理的具体办法由国务院财政部门会同国务院应急管理部门征求国务院有关部门意见后制定。"

《安全生产法》第四十七条规定："生产经营单位应当安排用于配备劳动防护用品、进行安全生产培训的经费。"

《安全生产法》第九十三条规定："生产经营单位的决策机构、主要负责人或者个人经营的投资人不依照本法规定保证安全生产所必需的资金投入，致使生产经营单位不具备安全生产条件的，责令限期改正，提供必需的资金；逾期未改正的，责令生产经营单位停产停业整顿。有前款违法行为，导致发生生产安全事故的，对生产经营单位的主要负责人给予撤职处分，对个人经营的投资人处二万元以上二十万元以下的罚款；构成犯罪的，依照刑法有关规定追究刑事责任。"

（4）安全生产管理机构和安全生产管理人员的配置。

1）高危行业生产经营单位必须配备安全生产管理机构或专职管理人员。《安全生产法》第二十四条规定："矿山、金属冶炼、建筑施工、运输单位和危险物品的生产、经营、储存、装卸单位，应当设置安全生产管理机构或者配备专职安全生产管理人员。"

2）非高危行业生产经营单位按照人员数量配置安全生产管理机构或安全生产管理人员。从业人员超过100人的，应当设置安全生产管理机构或者配备专职安全生产管理人员；从业人员在100人以下的，应当配备专职或者兼职的安全生产管理人员。

（5）生产经营单位的主要负责人和安全生产管理人员资格的规定。《安全生产法》第二十七条规定："生产经营单位的主要负责人和安全生产管理人员必须具备与本单位所从事的生产经营活动相应的安全生产知识和管理能力。危险物品的生产、经营、储存、装卸单位以及矿山、金属冶炼、建筑施工、运输单位的主要负责人和安全生产管理人员，应当由主管的负有安全生产监督管理职责的部门对其安全生产知识和管理能力考核合格。考核不得收费。"

（6）生产经营单位对从业人员安全生产培训的规定。《安全生产法》第二十八条规定："生产经营单位应当对从业人员进行安全生产教育和培训，保证从业人员具备必要的安全生产知识，熟悉有关的安全生产规章制度和安全操作规程，掌握本岗位的安全操作技能，了解事故应急处理措施，知悉自身在安全生产方面的权利和义务。未经安全生产教育和培训合格的从业人员，不得上岗作业。"

生产经营单位应当建立安全生产教育和培训档案，如实记录安全生产教育和培训的时间、内容、参加人员以及考核结果等情况。

《安全生产法》第二十九条规定："生产经营单位采用新工艺、新技术、新材料或者使用新设备，必须了解、掌握其安全技术特性，采取有效的安全防护措施，并对从业人员进行专门的安全生产教育和培训。"

《安全生产法》第三十条规定："生产经营单位的特种作业人员必须按照国家有关规定经专门的安全作业培训，取得相应资格，方可上岗作业。特种作业人员的范围由国务院应急管理部门会同国务院有关部门确定。"

（7）建设项目安全设施"三同时"的规定。《安全生产法》第三十一条规定："生产经营单位新建、改建、扩建工程项目的安全设施，必须与主体工程同时设计、同时施工、同时投入生产和使用。安全设施投资应当纳入建设项目概算。"

《安全生产法》第三十四条规定："矿山、金属冶炼建设项目和用于生产、储存、装卸危险物品的建设项目竣工投入生产或者使用前，应当由建设单位负责组织对安全设施进行验收；验收合格后，方可投入生产和使用。"

（8）建设项目安全评价的规定。《安全生产法》第三十二条规定："矿山、金属冶炼建设项目和用于生产、储存、装卸危险物品的建设项目，应当按照国家有关规定进行安全评价。"

（9）安全警示标识的规定。《安全生产法》第三十五条规定："生产经营单位应当在有较大危险因素的生产经营场所和有关设施、设备上，设置明显的安全警示标识。"

（10）安全设备达标和管理的规定。《安全生产法》第三十六条规定："安全设备的设计、制造、安装、使用、检测、维修、改造和报废，应当符合国家标准或者行业标准。生产经营单位必须对安全设备进行经常性维护、保养，并定期检测，保证正常运转。维护、保养、检测应当作好记录，并由有关人员签字。"

（11）特种设备检验、检测的规定。《安全生产法》第三十七条规定："生产经营单位使用的危险物品的容器、运输工具，以及涉及人身安全、危险性较大的海洋石油开采特种设备和矿山井下特种设备，必须按照国家有关规定，由专业生产单位生产，并经具有专业资质的检测、检验机构检测、检验合格，取得安全使用证或者安全标志，方可投入使用。检测、检验机构对检测、检验结果负责。"

（12）生产安全工艺、设备管理的规定。《安全生产法》第三十八条规定："国家对严重危及生产安全的工艺、设备实行淘汰制度。生产经营单位不得使用应当淘汰的危及生产安全的工艺、设备。"

（13）危险物品管理规定。《安全生产法》第三十九条规定："生产、经营、运输、储存、使用危险物品或者处置废弃危险物品的，由有关主管部门依照有关法律、法规的规定和国家标准或者行业标准审批并实施监督管理。生产经营单位生产、经营、运输、储存、使用危险物品或者处置废弃危险物品，必须执行有关法律、法规和国家标准或者行业标准，建立专门的安全管理制度，采取可靠的安全措施，接受有关主管部门依法实施的监督管理。"

（14）重大危险源管理规定。《安全生产法》第四十条规定："生产经营单位对重大危险源应当登记建档，进行定期检测、评估、监控，并制定应急预案，告知从业人员和相关人员在紧急情况下应当采取的应急措施。生产经营单位应当按照国家有关规定将本单位重大危险源及有关安全措施、应急措施报有关地方人民政府应急管理部门和有关部门备案。"

（15）生产安全事故隐患排查治理制度的规定。《安全生产法》第四十一条规定："生产经营单位应当建立安全风险分级管控制度，按照安全风险分级采取相应的管控措施。生产经营单位应当建立健全并落实生产安全事故隐患排查治理制度，采取技术、管理措施，及时发现并消除事故隐患。事故隐患排查治理情况应当如实记录，并通过职工大会或者职工代表大会、信息公示栏等方式向从业人员通报。其中，重大事故隐患排查治理情况应当及时向负有安全生产监督管理职责的部门和职工大会或者职工代表大会报告。"

（16）生产设施、场所安全距离和紧急疏散的规定。《安全生产法》第四十二条规定："生产、经营、储存、使用危险物品的车间、商店、仓库不得与员工宿舍在同一座建筑物内，并应当与员工宿舍保持安全距离。生产经营场所和员工宿舍应当设有符合紧急疏散要求、标志明显、保持畅通的出口、疏散通道。禁止占用、锁闭、封堵生产经营场所或者员工宿舍的出口、疏散通道。"

（17）爆破、吊装等作业现场安全管理规定。《安全生产法》第四十三条规定："生产经营单位进行爆破、吊装、动火、临时用电以及国务院应急管理部门会同国务院有关部门规定的其他危险作业，应当安排专门人员进行现场安全管理，确保操作规程的遵守和安全措施的落实。"

（18）劳动防护用品的规定。《安全生产法》第四十五条规定："生产经营单位必须为从业人员提供符合国家标准或者行业标准的劳动防护用品，并监督、教育从业人员按照使用规则佩戴、使用。"

（19）安全生产检查制度的规定。《安全生产法》第四十六条规定："生产经营单位的安全生产管理人员应当根据本单位的生产经营特点，对安全生产状况进行经常性检查；对检查中发现的安全问题，应当立即处理；不能处理的，应当及时报告本单位有关负责人，有关负责人应当及时处理。检查及处理情况应当如实记录在案。生产经营单位的安全生产管理人员在检查中发现重大事故隐患，依照前款规定向本单位有关负责人报告，有关负责人不及时处理的，安全生产管理人员可以向主管的负有安全生产监督管理职责的部门报告，接到报告的部门应当依法及时处理。"

（20）工伤保险的规定。《安全生产法》第五十一条规定："生产经营单位必须依法参加工伤保险，为从业人员缴纳保险费。国家鼓励生产经营单位投保安全生产责任保险；属于国家规定的高危行业、领域的生产经营单位，应当投保安全生产责任保险。"

2 从业人员的权利和义务

（1）从业人员的权利。

1）知情权。生产经营单位的从业人员有权了解其作业场所和工作岗位存在的危险因素、防范措施及事故应急措施。生产经营单位与从业人员订立的劳动合同，应当载明有关保障从业人员劳动安全、防止职业危害的事项，以及依法为从业人员办理工伤保险的事项。

2）建议权。生产经营单位从业人员有权对本单位的安全生产工作提出建议。

3）批评、检举、控告权。生产经营单位从业人员有权对本单位安全生产工作中存在的问题提出批评、检举、控告。

4）拒绝权。生产经营单位从业人员有权拒绝违章指挥和强令冒险作业。

5）紧急避险权。生产经营单位从业人员发现直接危及人身安全的紧急情况时，有权停止作业或者在采取可能的应急措施后撤离作业场所。

生产经营单位不得因从业人员对本单位安全生产工作提出批评、检举、控告或者拒绝违章指挥、强令冒险作业，或者在规定紧急情况下，停止作业或采取紧急撤离措施而降低其工资、福利等待遇或者解除与其订立的劳动合同。

6）依法向本单位提出要求赔偿的权利。因生产安全事故受到损害的从业人员，除依法享有工伤保险外，依照有关民事法律尚有获得赔偿的权利的，有权向本单位提出赔偿要求。

（2）从业人员的安全生产义务。

1）自律遵规的义务，即从业人员在作业过程中，应当严格落实岗位安全责任，遵守本单位的安全生产规章制度和操作规程，服从管理，正确佩戴和使用劳动防护用品。

2）自觉学习安全生产知识的义务，即从业人员应当接受安全生产教育和培训，掌握本职工作所需的安全生产知识，提高安全生产技能，增强事故预防和应急处理能力。

3）危险报告义务，即发现事故隐患或者其他不安全因素时，应当立即向现场安全生产管理人员或者本单位负责人报告。

《**安全生产法**》第六十一条规定："生产经营单位使用被派遣劳动者的，被派遣劳动者享有本法规定的从业人员的权利，并应当履行本法规定的从业人员的义务。"

### 3. 安全生产的监督管理

《**安全生产法**》对负有安全生产监督管理职责的部门的行政许可职责、依法监督检查时行使的职权，安全生产监督检查人员依法履行职责的要求、规定，行政监察机关的职责，安全生产中介机构的监督管理，安全生产违法行为的举报、社会和舆论监督，安全生产违法行为信息库等方面进行了规定。

### 4. 生产安全事故的应急救援与调查处理

《**安全生产法**》第七十九条规定："国家加强生产安全事故应急能力建设，在重点行业、领域建立应急救援基地和应急救援队伍，并由国家安全生产应急救援机构统一协调指挥；鼓励生产经营单位和其他社会力量建立应急救援队伍，配备相应的应急救援装备和物资，提高应急救援的专业化水平。国务院应急管理部门牵头建立全国统一的生产安全事故应急救援信息系统，国务院交通运输、住房和城乡建设、水利、民航等有关部门和县级以上地方人民政府建立健全相关行业、领域、地区的生产安全事故应急救援信息系统，实现互联互通、信息共享，通过推行网上安全信息采集、安全监管和监测预警，提升监管的精准化、智能化水平。"

应急救援的详细内容见项目 6。事故调查与处理的详细内容见项目 7。

### 3.2.2 《中华人民共和国建筑法》

《中华人民共和国建筑法》(以下简称《建筑法》)于 1997 年 11 月 1 日由第八届全国人民代表大会常务委员会第二十八次会议通过，1998 年 3 月 1 日起开始施行。根据 2011 年 4 月 22 日第十一届全国人民代表大会常务委员会第二十次会议《关于修改〈中华人民共和国建筑法〉的决定》第一次修正。根据 2019 年 4 月 23 日第十三届全国人民代表大会常务委员会第十次会议《关于修改〈中华人民共和国建筑法〉等八部法律的决定》第二次修正。

《建筑法》是我国第一部规范建筑活动的法律，该法的颁布实施，对于加强建筑活动的监督管理，维护建筑市场秩序，保证建筑工程的质量和安全，促进建筑业的健康发展，起到了重要作用。

《建筑法》主要适用于各类房屋建筑及其附属设施的建造和与其配套的线路、管道、设备的安装活动，但是，《建筑法》第八十一条规定："本法关于施工许可、建筑施工企业资质审查和建筑工程发包、承包、禁止转包，以及建筑工程监理、建筑工程安全和质量管理的规定，适用于其他专业建筑工程的建筑活动。"因此，《建筑法》同样适用于公路工程建设。

《建筑法》共八十五条，分别从建筑许可、建筑工程发包与承包、建筑工程监理、建筑安全生产管理、建筑工程质量管理和法律责任等方面做出了规定。其中，第五章"建筑安全生产管理"，共 16 条，就建筑安全生产管理中若干重要问题做了明确规定，包括：

（1）建筑工程安全生产管理必须遵循的基本方针和基本制度（第三十六条）。

（2）建筑工程设计必须遵循保证工程安全性能的要求（第三十七条）。

（3）对建筑施工企业提出的保证生产安全的要求，包括：对施工企业编制施工组织设计的安全要求（第三十八条）；对施工现场安全管理的要求（第三十九条、第四十五条）；对建立健全企业安全生产责任制的要求（第四十四条）；对建立健全劳动安全生产教育培训制度的要求（第四十六条）；禁止进行危及安全生产的违章指挥、违章作业（第四十七条）；为职工参加工伤保险和办理意外伤害保险的要求（第四十八条）。

（4）对涉及建筑主体和承重结构变动的装修工程的安全要求（第四十九条）。

（5）对房屋拆除作业的安全要求（第五十条）。

（6）发生建筑安全事故的处理（第五十一条）。

（7）工程建设单位为保证建筑生产安全应履行的义务（第四十二条）。

（8）有关建设行政主管部门对建筑安全生产监督管理的职责（第四十三条）。

以下就建筑工程安全生产管理的基本方针和基本制度以及建筑施工企业的安全生产职责进行归纳总结。

#### 1. 建筑工程安全生产管理的基本方针和基本制度

（1）建筑工程安全生产管理必须坚持"安全第一、预防为主"的方针。

（2）建筑工程安全生产管理必须建立健全安全生产责任制度和群防群治制度。

#### 2. 建筑施工企业的安全生产职责

《建筑法》对建筑施工企业的安全生产职责进行了比较全面的规定，具体有以下8个方面：

（1）编制包括安全技术措施在内的施工组织设计。

（2）对施工现场进行安全管理。

（3）建立健全企业安全生产责任制。

（4）建立健全劳动安全生产教育培训制度。

（5）从业人员的权利和义务。

（6）依法为职工参加工伤保险，缴纳工伤保险费。

（7）环境保护职责。

（8）事故报告职责。

### 3.2.3 《中华人民共和国刑法》

1997年颁布实施的《中华人民共和国刑法》（以下简称《刑法》）设立了危害公共安全罪，并在《刑法修正案（六）》中进行了一些修改。根据2023年12月29日第十四届全国人民代表大会常务委员会第七次会议通过的《中华人民共和国刑法修正案（十二）》修正。从实践中看，公路工程安全生产领域中的犯罪主要涉及以下四个罪名。

中华人民共和国刑法

#### 1. 重大责任事故罪

根据《刑法》第一百三十四条的规定，重大责任事故罪是指在生产、作业中违反有关安全管理的规定，或者强令他人违章冒险作业，或者明知存在重大事故隐患而不排除，仍冒险组织作业，因而发生重大伤亡事故或者造成其他严重后果的行为。

重大责任事故罪在主观方面表现为过失：一种是疏忽大意的过失，即应当预见自己的行为可能发生危害社会的结果，因为疏忽大意而没有预见，由此导致危害社会的结果；另一种是过于自信的过失，即已经预见自己的行为可能发生危害社会的结果，因为轻信能够避免，由此导致危害社会结果的发生。对于违章行为，既可以是无意违反，也可能是明知故犯。在客观方面有两种表现形式：一种是行为人在生产、作业活动中，不服管理、违反规章制度，因而发生重大伤亡事故或者造成其他严重后果的；另一种是行为人在生产、作业活动中，强令工人违章冒险作业，因而发生重大伤亡事故或者造成其他严重后果的，即有关生产作业中指挥、管理人员利用职权强令职工违章冒险作业。

本罪的处罚：在生产、作业中违反有关安全管理的规定，因而发生重大伤亡事故或者造成其他严重后果的，处三年以下有期徒刑或者拘役；情节特别恶劣的，处三年以上七年以下有期徒刑。强令他人违章冒险作业，或者明知存在重大事故隐患而不排除，仍冒险组织作业，因而发生重大伤亡事故或者造成其他严重后果的，处五年以下有期徒刑或者拘役；情节特别恶劣的，处五年以上有期徒刑。

从司法实践来看，重大责任事故罪中的"情节特别恶劣"，主要是指下列几种情况：

（1）造成了特别严重的后果，如致多人死亡；或者致人重伤的人数特别多；或者直接经济损失特别巨大。

（2）违章行为特别恶劣。如已因违反规章制度受到批评教育或行政处罚而不改正，再次违反规章制度，造成重大事故；或者屡次违反规章制度；或者明知没有安全保证，甚至已经发现事故苗头，仍然不听劝阻、一意孤行，拒不采纳工人和技术人员的意见，用恶劣手段强令工人违章冒险作业等。

（3）事故发生后，行为人表现特别恶劣。如事故发生后，不积极采取抢救措施抢救伤残人员或防止危害后果扩大，只顾个人逃命或抢救个人财物，使危害后果蔓延扩大；或者事故发生后，为逃避罪责，破坏、伪造现场，隐瞒事实真相，嫁祸于人。

### 2. 重大劳动安全事故罪

根据《刑法》第一百三十五条的规定，重大劳动安全事故罪是指安全生产设施或者安全生产条件不符合国家规定，因而发生重大伤亡事故或者造成其他严重后果的行为。

本罪的犯罪主体通常为直接负责的主管人员和其他直接责任人员。其中，直接负责的主管人员包括生产经营单位的负责人、生产经营的指挥人员、实际控制人，投资人。其他直接责任人员包括对安全生产设施、安全生产条件负有提供、维护、管理职责的人。

本罪的主观方面表现为过失，即在主观上都不希望发生危害社会的严重后果。但行为人对安全生产设施或安全生产条件不符合国家规定的，则可能是故意的，也可能是过失。客观方面表现为安全生产设施或者安全生产条件不符合国家规定，因而发生重大伤亡事故或者造成其他严重后果的行为。

本罪的处罚：安全生产设施或者安全生产条件不符合国家规定，因而发生重大伤亡事故或者造成其他严重后果的，对直接负责的主管人员和其他直接责任人员，处三年以下有期徒刑或者拘役；情节特别恶劣的，处三年以上七年以下有期徒刑。

### 3. 工程重大安全事故罪

根据《刑法》第一百三十七条的规定，工程重大安全事故罪是指建设单位、设计单位、施工单位、工程监理单位违反国家规定，降低工程质量标准，造成重大安全事故的行为。

本罪的犯罪主体仅限于建设单位、设计单位、施工单位、工程监理单位及其责任人员。

本罪的主观方面表现为过失。但行为人违反国家规定、降低质量标准可能是故意，也可能是过失。客观方面表现为违反国家规定，降低工程质量标准，造成重大安全事故的行为。

本罪的处罚：对直接责任人员，处五年以下有期徒刑或者拘役，并处罚金；后果特别严重的，处五年以上十年以下有期徒刑，并处罚金。

### 4. 不报、谎报安全事故罪

根据《刑法》第一百三十九条的规定，不报、谎报安全事故罪是指在安全事故发生后，负有报告安全事故职责的人员不报或者谎报事故情况，贻误事故抢救的行为。

本罪的犯罪主体是对安全事故负有报告职责的人员。具体是指依照法律、法规和规章，以及生产经营单位的规章制度，在重大事故发生以后，有义务向主管生产经营的负责人或单位负责人及安全生产监管部门报告事故情况的人。对于施工单位来说，主要是指发生安全事故的施工单位主要负责人以及项目经理。对于国家机关来说，主要是指各级应急管理部门负责人、主管地方各级应急管理部门的负责人以及地方各级人民政府的主要领导人等。

本罪的主观方面既可以表现为过失，也可以表现为间接故意，是一种复合的罪过。客观方面是安全事故发生以后，负有报告职责的人员不报或谎报事故情况，贻误事故抢救，并且具有严重情节的行为。

本罪的处罚：在安全事故发生后，负有报告职责的人员不报或者谎报事故情况，贻误事故抢救，情节严重的，处三年以下有期徒刑或者拘役；情节特别严重的，处三年以上七年以下有期徒刑。

## 3.2.4 《中华人民共和国职业病防治法》

《中华人民共和国职业病防治法》（以下简称《职业病防治法》）于2001年10月27日第九届全国人民代表大会常务委员会第二十四次会议通过，自2002年5月1日起施行。根据2011年12月31日第十一

中华人民共和国
职业病防治法

届全国人民代表大会常务委员会第二十四次会议《关于修改〈中华人民共和国职业病防治法〉的决定》第一次修正,根据 2016 年 7 月 2 日第十二届全国人民代表大会常务委员会第二十一次会议《关于修改〈中华人民共和国节约能源法〉等六部法律的决定》第二次修正,根据 2017 年 11 月 4 日第十二届全国人民代表大会常务委员会第三十次会议《关于修改〈中华人民共和国会计法〉等十一部法律的决定》第三次修正,根据 2018 年 12 月 29 日第十三届全国人民代表大会常务委员会第七次会议《关于修改〈中华人民共和国劳动法〉等七部法律的决定》第四次修正。其立法目的是预防、控制和消除职业病危害,防治职业病,保护劳动者健康及其相关权益,促进经济发展。《职业病防治法》中,与公路工程安全生产相关的内容如下。

### 1. 建设单位的主要责任

新建、扩建、改建建设项目和技术改造、技术引进项目(以下统称"建设项目")可能产生职业病危害的,建设单位在可行性论证阶段应当进行职业病危害预评价。建设项目的职业病防护设施设计应当符合国家职业卫生标准和卫生要求。建设项目在竣工前,建设单位应当进行职业病危害控制效果评价。

除医疗机构可能产生放射性职业病危害的建设项目外,其他建设项目的职业病防护设施应当由建设单位负责依法组织验收,验收合格后,方可投入生产和使用。

### 2. 用人单位的主要职责

用人单位应当履行的职责包括以下内容。

(1)健康保障义务。用人单位为劳动者提供符合国家职业卫生标准和卫生要求的工作场所、环境和条件。

(2)职业卫生管理义务。

(3)保险义务。用人单位应当依法参加工伤保险。

(4)报告义务。用人单位应当及时如实地向卫生行政部门申报职业病危害项目,报告职业病危害事故和职业病危害检测、评价结果。

(5)卫生防护义务。用人单位必须设置有效的职业病防护设施,并为劳动者提供个人防护用品。

(6)职业病危害检测义务。用人单位应当定期对工作场所进行职业病危害检测、评价。

(7)职业病危害告知义务。用人单位应当知悉其产生的职业病危害,不得隐瞒其危害。

(8)及时控制职业病危害事故义务。

(9)培训教育义务。用人单位对劳动者应当进行上岗前、在岗期间的职业卫生培训和教育。

（10）健康监护义务。用人单位应当组织从事接触职业病危害因素的劳动者进行上岗前、在岗期间和离岗时的职业健康检查。

（11）落实职业病患者待遇义务。

（12）特殊劳动者保护义务。用人单位不得安排未成年人从事接触职业病危害因素的作业；不得安排孕期、哺乳期的女工从事对本人和胎儿、婴儿有危害的作业。

（13）劳动者申请职业病诊断或鉴定时，用人单位应当如实提供职业病诊断所需的有关职业卫生和健康监护等资料。

### 3. 劳动者的权利

（1）知情权。《职业病防治法》的规定，劳动者有权了解工作场所产生或者可能产生的职业病危害因素、危害后果和应当采取的职业病防护措施。产生职业病危害的用人单位，应当在醒目位置设置公告栏，公布有关职业病防治的规章制度、操作规程、职业病危害事故应急救援措施和工作场所职业病危害因素检测结果。对产生严重职业病危害的作业岗位，应当在其醒目位置，设置警示标识和中文警示说明。向用人单位提供可能产生职业病危害的设备、化学品、放射性同位素和含有放射性物质的材料的，应当提供中文说明书，并在设备的醒目位置设置警示标识和中文警示说明。《职业病防治法》还规定，用人单位与劳动者订立劳动合同（含聘用合同）时应当将工作过程中可能产生的职业病危害及其后果、职业病防护措施和待遇等如实告知劳动者，并在劳动合同中写明，不得隐瞒或者欺骗。对从事接触职业病危害的作业的劳动者，用人单位应当组织上岗前、在岗期间和离岗时的职业健康检查，并将检查结果如实告知劳动者。

（2）培训权。劳动者有权获得职业卫生教育、培训。用人单位应当对劳动者进行上岗前的职业卫生培训和在岗期间的定期职业卫生培训，普及职业卫生知识，督促劳动者遵守职业病防治法律、法规、规章和操作规程，指导劳动者正确使用职业病防护设备和个人使用的职业病防护用品。劳动者应当学习和掌握相关的知识，遵守相关的法律、法规、规章和操作规程，正确使用、维护职业病防护设备和个人使用的职业病防护用品。

（3）拒绝违章冒险权。根据《职业病防治法》的规定，劳动者有权拒绝违章指挥和强令进行没有职业病防护措施的作业。用人单位若与劳动者设立劳动合同时，没有将可能产生的职业病危害及其后果等告知劳动者，劳动者有权拒绝从事存在职业病危害的作业，用人单位不得因此解除或者终止与劳动者所订立的劳动合同。

（4）检举控告权。《职业病防治法》总则中明确规定："任何单位和个人有权对违反本法的行为进行检举和控告。"对违反职业病防治法律、法规以及危及生命健康的行为提出批评、检举和控告，是《职业病防治法》赋予劳动者的一项职业卫生保护权利。用人单位若因劳动者依法行使检举、控告权而降低其工资、福利等待遇或者解除、终止与其订立的劳动合同，《职业病防治法》明确规定这种行为是无效的。

（5）特殊保障权。未成年人、女职工、有职业禁忌的劳动者，在《职业病防治法》中享有特殊的职业卫生保护的权利。根据《职业病防治法》的规定，产生职业病危害的用人单位在工作场所应有配套的更衣间、洗浴间、孕妇休息间等卫生设施。国家对从事放射、高毒等作业实行特殊管理。用人单位不得安排未成年工从事接触职业病危害的作业，不得安排孕期、哺乳期的女职工从事对本人和胎儿、婴儿有危害的作业，不得安排有职业禁忌的劳动者从事其所禁忌的作业。

（6）参与决策权。劳动者有权参与用人单位职业卫生工作的民主管理，对职业病防治工作提出意见和建议。劳动者参与用人单位职业卫生工作的民主管理，是职业病防治工作的特点所决定的，也是确保劳动者权益的有效措施。劳动者本着搞好职业病防治工作，应对所在的用人单位的职业病防治管理工作是否符合法律法规规定、是否科学合理等方面，直接或间接地提出意见和建议。

（7）职业健康权。对于从事接触职业病危害的作业的劳动者，用人单位除应组织职业健康检查外，《职业病防治法》还规定了用人单位应为劳动者建立职业健康监护档案，并按照现定的期限妥善保存。对遭受或者可能会遭受急性职业病危害的劳动者，用人单位应及时组织救治，进行健康检查和医学观察，所需费用由用人单位承担。获得职业健康检查、职业病诊疗、康复等职业病防治服务，是劳动者依法享有的一项职业卫生保护权利。

当劳动者被疑患有职业病时，《职业病防治法》规定用人单位应及时安排对病人进行诊断，在病人诊断或者医学观察期间，不得解除或者终止与其订立的劳动合同。职业病病人依法享受国家规定的职业病待遇。用人单位应按照国家有关规定，安排病人进行治疗、康复和定期检查；对不适合继续从事原工作的病人，应调离原岗位，并妥善安置；对从事接触职业病危害的作业的劳动者，应给予适当岗位津贴。职业病病人的诊疗、康复费用，伤残以及丧失劳动能力职业病病人的社会保障，按照国家有关工伤社会保障的规定执行。

（8）损害赔偿权。用人单位应当建立、健全职业病防治责任制，加强对职业病防治的管理，提高职业病防治水平，对本单位产生的职业病危害承担责任。这是《职业病防治法》总则中的一项规定。根据这个规定，职业病病人除依法享有工伤社会保险外，依照有关民事法律，尚有获得赔偿权利的，有权向用人单位提出赔偿要求。

### 4. 劳动者的义务

《职业病防治法》对劳动者的相关义务做出了规定，如履行劳动合同、遵守职业病防治法律法规规定、遵守用人单位工农业卫生规章、接受职业卫生培训、按规定使用职业卫生防护设施及个人防护用品、遵守操作规程等义务。

### 3.2.5 《中华人民共和国特种设备安全法》

中华人民共和国
特种设备安全法

《中华人民共和国特种设备安全法》(以下简称《特种设备安全法》)由中华人民共和国第十二届全国人民代表大会常务委员会第三次会议于2013年6月29日通过,自2014年1月1日起施行。

《特种设备安全法》是一部关于我国特种设备生产和安全监督管理的专门法律,为了加强特种设备安全工作、预防特种设备事故、保障人身和财产安全、促进经济社会发展而制定。该法规定了企业全面负责、部门依法监管、检验技术把关、政府督促协调、社会广泛监督的特种设备安全工作职责分工,明确特种设备安全工作应当坚持"安全第一、预防为主、节能环保、综合治理"的原则。

《特种设备安全法》的颁布实施对于加强特种设备的安全管理、防止和减少事故、保障人民群众生命和财产安全发挥了重要作用。该法明确了特种设备是指对人身和财产安全有较大危险性的锅炉、压力容器(含气瓶)、压力管道、电梯、起重机械、客运索道、大型游乐设施、场(厂)内专用机动车辆,以及法律、行政法规规定适用本法的其他特种设备。国家对特种设备实行目录管理。特种设备目录由国务院负责特种设备安全监督管理的部门制定,报国务院批准后执行。

《特种设备安全法》中,与公路工程安全生产相关的主要内容详见任务4.5。

### 3.2.6 《中华人民共和国突发事件应对法》

中华人民共和国
突发事件应对法

《中华人民共和国突发事件应对法》(以下简称《突发事件应对法》)于2007年8月30日由第十届全国人民代表大会常务委员会第二十九次会议通过,自2007年11月1日起施行。

《突发事件应对法》作为开展突发事件应对工作的重要法律依据,明确了应急管理主体、原则、体制、机制、程序、责任等内容,全面、系统地规范突发事件预防与应急准备、监测与预警、应急处置与救援、事后恢复与重建等应对活动。所谓突发事件,是指突然发生,造成或者可能造成严重社会危害,需要采取应急处置措施予以应对的自然灾害、事故灾难、公共卫生事件和社会安全事件。《突发事件应对法》中,与公路工程安全生产相关的内容主要如下:

(1)所有单位应当建立健全安全管理制度,定期检查本单位各项安全防范措施的落实情况,及时消除事故隐患;掌握并及时处理本单位存在的可能引发社会安全事件的问题,防止矛盾激化和事态扩大；对本单位可能发生的突发事件和采取安全防范措施的情况，应当按照规定及时向所在地人民政府或者人民政府有关部门报告。

（2）矿山、建筑施工单位和易燃易爆物品、危险化学品、放射性物品等危险物品的生产、经营、储运、使用单位，应当制定具体的应急预案，并对生产经营场所、有危险物品的建筑物、构筑物及周边环境开展隐患排查，及时采取措施消除隐患，防止发生突发事件。

（3）公共交通工具、公共场所和其他人员密集场所的经营单位或者管理单位应当制定具体的应急预案，为交通工具和有关场所配备报警装置和必要的应急救援设备、设施，注明其使用方法，并显著标明安全撤离的通道、路线，保证安全通道、出口的畅通。有关单位应当定期检测、维护其报警装置和应急救援设备、设施，使其处于良好状态，确保正常使用。

（4）有关单位和人员报送、报告突发事件信息，应当做到及时、客观、真实，不得迟报、谎报、瞒报、漏报。

（5）受到自然灾害危害或者发生事故灾难、公共卫生事件的单位，应当立即组织本单位应急救援队伍和工作人员营救受害人员，疏散、撤离、安置受到威胁的人员，控制危险源，标明危险区域，封锁危险场所，并采取其他防止危害扩大的必要措施，同时向所在地县级人民政府报告；对因本单位的问题引发的或者主体是本单位人员的社会安全事件，有关单位应当按照规定上报情况，并迅速派出负责人赴现场开展劝解、疏导工作。

突发事件发生地的其他单位应当服从人民政府发布的决定、命令，配合人民政府采取的应急处置措施，做好本单位的应急救援工作，并积极组织人员参加所在地的应急救援和处置工作。

（6）公民参加应急救援工作或者协助维护社会秩序期间，其在本单位的工资待遇和福利不变；表现突出、成绩显著的，由县级以上人民政府给予表彰或者奖励。

# 任务 3.3　公路工程安全生产相关行政法规

## 任务描述

行政法规是由国务院制定的法律规范性文件，颁布后在全国范围内施行。我国的行政法规名称一般称为条例或规定、办法等。

在行政法规层面上，《建设工程安全生产管理条例》《安全生产许可证条例》《生产安全事故报告和调查处理条例》《民用爆破物品安全管理条例》等是公路工程安全生产法规体系中主要的行政法规。

本节主要介绍公路工程安全管理相关行政法规，主要包括《建设工程安全生产管理条例》《安全生产许可证条例》《生产安全事故报告和调查处理条例》等内容。

## 任务目标

1. 掌握我国公路工程安全生产相关的行政法规。
2. 掌握主要行政法规的重要规定。

## 任务工作页

| 课程名称 | 公路施工安全管理 | 任务名称 | 公路工程安全生产相关行政法规 | 班级 | | 姓名 | |
|---|---|---|---|---|---|---|---|
| | | | | 日期 | | 成绩 | |

一、任务布置
1. 掌握《建设工程安全生产管理条例》的主要规定。
2. 掌握《安全生产许可证条例》的主要规定。
3. 掌握《生产安全事故报告和调查处理条例》的主要规定

二、任务实施
引导问题1：依据《建设工程安全生产管理条例》，建设单位负有哪些安全责任？

引导问题2：依据《建设工程安全生产管理条例》，施工单位负有哪些安全责任？

引导问题3：依据《安全生产许可证条例》，安全生产许可证申领的条件有哪些？

引导问题4：如何理解《生产安全事故报告和调查处理条例》的适用范围？

## 评价反馈

**学生自评**

| 班级： | | 姓名： | | 学号： | |
|---|---|---|---|---|---|
| 任务3.3 | | 公路工程安全生产相关行政法规 | | | |
| 评价项目 | 评价标准 | | | 分值 | 得分 |
| 《建设工程安全生产管理条例》 | 掌握《建设工程安全生产管理条例》中的重要规定 | | | 20 | |
| 《安全生产许可证条例》 | 掌握《安全生产许可证条例》中的重要规定 | | | 20 | |
| 《生产安全事故报告和调查处理条例》 | 掌握《生产安全事故报告和调查处理条例》中的重要规定 | | | 20 | |
| 工作态度 | 态度端正，无无故缺勤、迟到、早退现象 | | | 10 | |
| 工作质量 | 能按时完成工作任务 | | | 10 | |
| 职业素质 | 认真严谨、实事求是，具有安全意识 | | | 10 | |
| 创新意识 | 能够通过任务拓展知识体系，乐于思考 | | | 10 | |
| 合计 | | | | 100 | |

## 强化训练

1. 试列举我国安全生产领域的其他行政法规，并熟悉其重要规定。
2. 试论述《安全生产许可证条例》中关于安全生产许可证的管理规定。

## 相关知识点

### 3.3.1 《建设工程安全生产管理条例》

建设工程安全生产管理条例

《建设工程安全生产管理条例》于2003年11月12日国务院第二十八次常务会议通过，自2004年2月1日起施行。该条例的颁布，是我国工程建设领域安全生产工作发展史上具有里程碑意义的一件大事，是《建筑法》和《安全生产法》在建设工程领域的进一步细化和延伸，标志着我国建设工程领域安全生产管理进入法制化、规范化发展的新时期。该条例详细地规定了建设单位、勘察单位、设计单位、工程监理单位、其他有关单位和施工单位的安全责任，以及政府部门对建设工程安全生产实施监督管理的责任等。本书仅对主要内容进行简要说明。

### 1. 建设单位的安全责任

建设单位的安全责任主要体现在以下几个方面：

（1）向施工单位提供资料，并保证资料的真实、准确、完整的责任。建设单位应当向施工单位提供施工现场及毗邻区域内供水、排水、供电、供气、供热、通信、广播电视等地下管线资料，气象和水文观测资料，相邻建筑物和构筑物、地下工程的有关资料，并保证资料的真实、准确、完整。

（2）依法履行合同的责任。建设单位不得对勘察、设计、施工、工程监理等单位提出不符合建设工程安全生产法律、法规和强制性标准规定的要求，不得压缩合同约定的工期。

（3）提供安全生产费用的责任。建设单位在编制工程概算时，应当确定建设工程安全作业环境及安全施工措施所需费用。

（4）不得非法干预施工单位材料设备的责任。建设单位不得明示或者暗示施工单位购买、租赁、使用不符合安全施工要求的安全防护用具、机械设备、施工机具及配件、消防设施和器材。

（5）提供安全施工措施资料的责任。建设单位在申请领取施工许可证时，应当提供建设工程有关安全施工措施的资料。

（6）对拆除工程进行备案的责任。建设单位应当将拆除工程发包给具有相应资质等级的施工单位。建设单位应当在拆除工程施工15日前，将规定资料报送建设工程所在地的县级以上地方人民政府建设行政主管部门或者其他有关部门备案。

### 2. 施工单位的安全责任

（1）主要负责人、项目负责人和专职安全生产管理人员的安全责任。

1）施工单位的主要负责人对安全生产工作全面负责。此处的主要负责人是指对施工单位全面负责，有生产经营决策权的人，不仅仅限于施工单位的法定代表人。

2）施工单位的项目负责人应当由取得相应执业资格的人员担任，对建设工程项目的安全全面负责。此处的项目负责人主要是指项目经理，特大型、大型项目负责人需取得一级注册建造师资格证书，中小型项目负责人需取得二级注册建造师资格证书。

3）施工单位应当设立安全生产管理机构，配备专职安全生产管理人员。安全生产管理机构是指施工单位及其在建设项目中设置的负责安全生产管理工作的独立职能部门。专职安全生产管理人员是指经建设主管部门或者其他有关部门安全生产考核合格，并取得安全生产考核合格证书，在企业从事安全生产管理工作的专职人员，包括施工单位安全生产管理机构的人员和施工现场项目专职安全生产管理人员。

上述三类人员的主要安全生产责任详见本书任务4.1相关内容。

（2）总承包单位和分包单位的安全责任。建设工程实行施工总承包的，由总承包单位对施工现场的安全生产负总责。总承包单位应当自行完成建设工程主体结构的施工。

总承包单位依法将建设工程分包给其他单位的，分包合同中应当明确各自的安全生产方面的权利、义务。总承包单位和分包单位对分包工程的安全生产承担连带责任。分包单位应当服从总承包单位的安全生产管理，分包单位不服从管理导致生产安全事故的，由分包单位承担主要责任。

（3）安全生产教育培训。施工单位的主要负责人、项目负责人、专职安全生产管理人员应当经住房和城乡建设主管部门或者其他有关部门考核合格后方可任职。详细要求见本书任务4.2相关内容。

施工单位应当对管理人员和作业人员每年至少进行一次安全生产教育培训，其教育培训情况记入个人工作档案。安全生产教育培训考核不合格的人员，不得上岗。作业人员进入新的岗位或者新的施工现场前，应当接受安全生产教育培训。未经教育培训或者教育培训考核不合格的人员，不得上岗作业。

施工单位在采用新技术、新工艺、新设备、新材料时，应当对作业人员进行相应的安全生产教育培训。

（4）施工单位应采取的安全措施。《建设工程安全生产管理条例》对于施工单位应采取的安全措施做出了具体规定，主要涉及第二十六条～第三十二条、第三十四条、第三十五条。

### 3. 建设工程安全生产管理的基本制度

《建设工程安全生产管理条例》依据《建筑法》和《安全生产法》的规定，进一步明确了建设工程安全生产管理基本制度。

（1）安全生产责任制度。安全生产责任制度是建筑生产中最基本的安全管理制度，是所有安全规章制度的核心。其具体内涵详见本书任务4.1，在此不再赘述。

（2）群防群治制度。群防群治制度要求建筑企业职工在施工中应当遵守有关生产的法律、法规和建筑行业安全规章、规程，不得违章作业，对于危及生命安全和身体健康的行为有权提出批评、检举和控告。

（3）安全生产教育培训制度。具体内涵详见本书任务4.2，在此不再赘述。

（4）安全生产检查制度。具体内涵详见本书任务4.6，在此不再赘述。

（5）伤亡事故处理报告制度。具体内涵详见本书项目7，在此不再赘述。

（6）安全责任追究制度。建设单位、设计单位、施工单位、监理单位，由于没有履行职责造成人员伤亡和事故损失的，视情节给予相应处理；情节严重的，责令停业整顿，降低资质等级或吊销资质证书；构成犯罪的，依法追究刑事责任。

### 3.3.2 《安全生产许可证条例》

安全生产许可证条例

2004年1月13日中华人民共和国国务院令第397号公布施行了《安全生产许可证条例》，根据2013年7月18日《国务院关于废止和修改部分行政法规的决定》第一次修正，根据2014年7月29日国务院第五十四次常务会《国务院关于修改部分行政法规的决定》第二次修正。《安全生产许可证条例》是我国第一部对矿山企业、建筑施工企业和危险化学品、烟花爆竹、民用爆炸物品生产企业实施安全生产行政许可的行政法规。

#### 1. 安全生产许可制度的适用范围

《安全生产许可证条例》的适用范围包括空间范围、时间范围和主体及其行为范围。

（1）空间范围。《安全生产许可证条例》的适用范围涵盖了在我国国家主权所及范围内从事矿产资源开发、建筑施工和危险化学品、烟花爆竹、民用爆炸物品生产的活动。

（2）时间范围。《安全生产许可证条例》自公布之日起施行。该条例的第二十二条规定："本条例施行前已经进行生产的企业，应当自本条例施行之日起1年内，依照本条例的规定向安全生产许可证颁发管理机关申请办理安全生产许可证……"

（3）主体及其行为范围。《安全生产许可证条例》对人的效力范围既包括从事矿产资源开发、建筑施工和危险化学品、烟花爆竹、民用爆炸物品生产等活动的自然人，又包括法人和非企业法人单位。凡是在中华人民共和国领域内从事矿产资源开发、建筑施工和危险化学品、烟花爆竹、民用爆炸物品生产等活动的所有企业法人、非企业法人单位和中国人、外籍人、无国籍人，无论其是否领取安全生产许可证，无论其所有制性质和生产方式如何，都要遵守《安全生产许可证条例》的各项规定。

#### 2. 安全生产许可证取得条件

企业取得安全生产许可证，应具备下列安全生产条件。

（1）建立、健全安全生产责任制，制定完备的安全生产规章制度和操作规程。

（2）安全投入符合安全生产要求。

（3）设置安全生产管理机构，配备专职安全生产管理人员。

（4）主要负责人和安全生产管理人员经考核合格。

（5）特种作业人员经有关业务主管部门考核合格，取得特种作业操作资格证书。

（6）从业人员经安全生产教育和培训合格。

（7）依法参加工伤保险，为从业人员缴纳保险费。

（8）厂房、作业场所和安全设施、设备、工艺符合有关安全生产法律、法规、标准和规程的要求。

（9）有职业危害防治措施，并为从业人员配备符合国家标准或者行业标准的劳动防护用品。

（10）依法进行安全评价。

（11）有重大危险源检测、评估、监控措施和应急预案。

（12）有生产安全事故应急救援预案、应急救援组织或者应急救援人员，配备必要的应急救援器材、设备。

（13）法律、法规规定的其他条件。

### 3. 安全生产许可证的管理

（1）安全生产许可证的申请。建筑施工企业应当向企业注册所在地省、自治区、直辖市人民政府住房和城乡建设主管部门申请领取安全生产许可证。

（2）安全生产许可证的有效期。《安全生产许可证条例》第九条规定："安全生产许可证的有效期为3年。安全生产许可证有效期满需要延期的，企业应当于期满前3个月向原安全生产许可证颁发管理机关办理延期手续。企业在安全生产许可证有效期内，严格遵守有关安全生产的法律法规，未发生死亡事故的，安全生产许可证有效期届满时，经原安全生产许可证颁发管理机关同意，不再审查，安全生产许可证有效期延期3年。"

（3）安全生产许可证的变更与注销。建筑施工企业变更名称、地址、法定代表人等，应当在变更后10日内，到原安全生产许可证颁发管理机关办理安全生产许可证变更手续。

建筑施工企业破产、倒闭、撤销的，应当将安全生产许可证交回原安全生产许可证颁发管理机关予以注销。根据《住房和城乡建设部关于取消部分部门规章和规范性文件设定的证明事项的决定》（建法规〔2019〕6号）的规定，建筑施工企业安全生产许可证遗失补办，由申请人告知资质许可机关，由资质许可机关在官网发布信息。

（4）安全生产许可证的管理。根据《安全生产许可证条例》和《建筑施工企业安全生产许可证管理规定》，建筑施工企业应当遵守如下强制性规定：建筑施工企业未取得安全生产许可证的，不得从事建筑施工活动。建设主管部门在审核发放施工许可证时，应当对已经确定的建筑施工企业是否有安全生产许可证进行审查，对没有取得安全生产许可证的，不得颁发施工许可证。

企业不得转让、冒用安全生产许可证或者使用伪造的安全生产许可证。

企业取得安全生产许可证后，不得降低安全生产条件，并应当加强日常安全生产管理，接受安全生产许可证颁发管理机关的监督检查。

### 3.3.3 《生产安全事故报告和调查处理条例》

生产安全事故报告和调查处理条例

《生产安全事故报告和调查处理条例》于 2007 年 3 月 28 日国务院第一百七十二次常务会议通过,自 2007 年 6 月 1 日起施行。国务院 1989 年 3 月 29 日公布的《特别重大事故调查程序暂行规定》和 1991 年 2 月 22 日公布的《企业职工伤亡事故报告和处理规定》同时废止。

生产安全事故的报告和调查处理,是安全生产工作的重要环节。《生产安全事故报告和调查处理条例》的实施,对于打击安全生产领域违法行为、保障人民群众人身和财产安全发挥着重大作用。

**1. 适用范围**

《生产安全事故报告和调查处理条例》的适用范围对于确定其适用的法律问题、法律关系主体、事故种类至关重要,既要体现各行各业的事故报告和调查处理工作的一般规律,又要兼顾某些行业和领域的事故报告和调查处理工作的特殊性。为此,该条例从 5 个方面对其适用范围做出了规定。

(1)普遍适用。《生产安全事故报告和调查处理条例》第二条规定:"生产经营活动中发生的造成人身伤亡或者直接经济损失的生产安全事故的报告和调查处理,适用本条例……"这条规定确立了《生产安全事故报告和调查处理条例》在各类事故报告和调查处理立法中的主法地位,具有普遍约束力。

(2)衔接适用。《生产安全事故报告和调查处理条例》第四十五条规定:"特别重大事故以下等级事故的报告和调查处理,有关法律、行政法规或者国务院另有规定的,依照其规定。"

(3)选择适用。《生产安全事故报告和调查处理条例》第四十四条第一款规定:"没有造成人员伤亡,但是社会影响恶劣的事故,国务院或者有关地方人民政府认为需要调查处理的,依照本条例有关规定执行。"

(4)参照适用。《生产安全事故报告和调查处理条例》第四十四条第二款规定:"国家机关、事业单位、人民团体发生的事故的报告和调查处理,参照本条例的规定执行。"

(5)排除适用。《生产安全事故报告和调查处理条例》第二条规定:"环境污染事故、核设施事故、国防科研生产事故的报告和调查处理不适用本条例。"

**2. 事故等级划分**

事故等级划分具体内容见本书任务 1.2 中相关内容。

### 3. 事故报告、调查与处理

本条例规定了事故报告的对象、程序、时限、内容，事故调查的权责、事故调查报告的时限、内容，事故处理的要求等。具体内容详见本书项目 7。

## 任务 3.4　公路工程安全生产相关部门规章

### 任务描述

本任务主要介绍我国安全生产相关的部门规章，包括《公路水运工程安全生产监督管理办法》《企业安全生产费用提取和使用管理办法》《特种作业人员安全技术培训考核管理规定》《未成年工特殊保护规定》等内容。

### 任务目标

1. 掌握《公路水运工程安全生产监督管理办法》的主要规定。
2. 掌握《企业安全生产费用提取和使用管理办法》的主要规定。
3. 掌握《特种作业人员安全技术培训考核管理规定》的主要规定。
4. 掌握《未成年工特殊保护规定》的主要规定。

### 任务工作页

| 课程名称 | 公路施工安全管理 | 任务名称 | 公路工程安全生产相关部门规章 | 班级 | | 姓名 | |
|---|---|---|---|---|---|---|---|
| | | | | 日期 | | 成绩 | |

一、任务布置
1. 掌握《公路水运工程安全生产监督管理办法》的主要规定。
2. 掌握《企业安全生产费用提取和使用管理办法》的主要规定。
3. 掌握《特种作业人员安全技术培训考核管理规定》的主要规定。
4. 掌握《未成年工特殊保护规定》的主要规定

二、任务实施
引导问题1：依据《公路水运工程安全生产监督管理办法》，建设单位负有哪些安全责任？

续表

> 引导问题2：依据《公路水运工程安全生产监督管理办法》，施工单位负有哪些安全责任？
>
> 引导问题3：依据《企业安全生产费用提取和使用管理办法》，安全费用的提取依据是什么？提取标准是多少？
>
> 引导问题4：依据《企业安全生产费用提取和使用管理办法》，安全费用的使用范围是什么？
>
> 引导问题5：依据《特种作业人员安全技术培训考核管理规定》，特种作业的范围有哪些？

## 评价反馈

### 学生自评

| 班级： | 姓名： | 学号： |
| --- | --- | --- |
| 任务3.4 | 公路工程安全生产相关部门规章 | |
| 评价项目 | 评价标准 | 分值 | 得分 |

| 评价项目 | 评价标准 | 分值 | 得分 |
| --- | --- | --- | --- |
| 《公路水运工程安全生产监督管理办法》 | 掌握其主要规定 | 20 | |
| 《企业安全生产费用提取和使用管理办法》 | 掌握其主要规定 | 20 | |
| 《特种作业人员安全技术培训考核管理规定》 | 掌握其主要规定 | 20 | |
| 工作态度 | 态度端正，无无故缺勤、迟到、早退现象 | 10 | |
| 工作质量 | 能按时完成工作任务 | 10 | |
| 职业素质 | 认真严谨、实事求是，具有安全意识 | 10 | |
| 创新意识 | 能够通过任务拓展知识体系，乐于思考 | 10 | |
| 合计 | | 100 | |

项目3 公路工程安全生产法律法规

## 强化训练

1. 试阐述《特种作业人员安全技术培训考核管理规定》中对特种作业人员的管理要求。
2. 试阐述依据《未成年工特殊保护规定》，我国对未成年工的定义是什么，对其有哪些特殊保护。

## 相关知识点

### 3.4.1 《公路水运工程安全生产监督管理办法》

《公路水运工程安全生产监督管理办法》（中华人民共和国交通运输部令2017年第25号）于2017年6月7日经第九次交通运输部部务会议通过，自2017年8月1日起施行。随着经济社会的发展，以人为本、安全为天、构建和谐社会成为全社会的共识和党中央国务院的明确要求，这需要交通行业进一步制定切实可行的管理办法，有效抓好安全生产工作，构建和谐交通，为实现交通又好又快地发展打下基础。为适应公路水运安全生产管理工作在新形势下的需要，交通运输部加强了安全生产方面规章制度的制定和修订。

公路水运工程安全生产监督管理办法

《公路水运工程安全生产监督管理办法》的立法目的是为了加强公路水运工程安全生产监督管理，防止和减少生产安全事故，保障人民群众人身和财产安全。其适用范围是公路水运工程建设活动的安全生产行为及对其实施的监督管理。此处所称公路水运工程，是指经依法审批、核准或者备案的公路、水运基础设施的新建、改建、扩建等建设项目。

《公路水运工程安全生产监督管理办法》规定了公路工程各从业单位（包括从事公路工程建设、勘察、设计、施工、监理、试验检测、安全服务等工作的单位）的安全生产条件、各参建单位的安全生产责任及公路工程安全生产的监督检查等内容，详见二维码。

### 3.4.2 《企业安全生产费用提取和使用管理办法》

《企业安全生产费用提取和使用管理办法》于2022年11月21日由财政部、应急管理部以财资〔2022〕136号印发。《企业安全生产费用提取和使用管理办法》分总则、企业安全生产费用的提取和使用、企业安全生产费用的管理和监督、附则共4章，69条，自印发之日起施行，《企业安全生产费用提取和使用管理办法》（财企〔2012〕16号）同时废止。

企业安全生产费用提取和使用管理办法

《企业安全生产费用提取和使用管理办法》的完整内容详见二维码，

其中与公路工程施工相关的主要规定详见本书任务4.4。

### 3.4.3 《特种作业人员安全技术培训考核管理规定》

特种作业人员安全技术培训考核管理规定

为了规范特种作业人员的安全技术培训考核工作，提高特种作业人员的安全技术水平，防止和减少伤亡事故，根据《安全生产法》《行政许可法》等有关法律、行政法规，原国家安全生产监督管理总局制定并审议通过了《特种作业人员安全技术培训考核管理规定》，自2010年7月1日开始施行。根据《国家安全监管总局关于废止和修改劳动防护用品和安全培训等领域十部规章的决定》进行第二次修正，自2015年7月1日起施行。

**1. 特种作业范围**

特种作业是指容易发生事故，对操作者本人、他人的安全健康及设备、设施的安全可能造成重大危害的作业。特种作业的范围由特种作业目录规定，共包括12个作业类别、51个工种。

（1）电工作业。电工作业是指对电气设备进行运行、维护、安装、检修、改造、施工、调试等作业（不含电力系统进网作业）。

（2）焊接与热切割作业。焊接与热切割作业是指运用焊接或者热切割方法对材料进行加工的作业（不含《特种设备安全监察条例》规定的有关作业）。包括：熔化焊接与热切割作业，如气焊与气割、焊条电弧焊、碳弧气刨、埋弧焊、气体保护焊、等离子弧焊、电渣焊、电子束焊、氧熔剂切割、激光切割、等离子切割等作业；压力焊作业，如电阻焊、气压焊、爆炸焊、摩擦焊、冷压焊、超声波焊、锻焊等作业。

（3）高处作业。高处作业指在坠落高度基准面2 m及以上有可能坠落的高处进行的作业。其包括登高架设作业，如从事脚手架、跨越架架设或拆除的作业；悬空作业，如建筑物内外装饰、清洁、装修、小型空调高处安装维修、建筑物检测等作业；攀登作业，如高处设备设施安装、检修、维护、检测等作业。

（4）制冷与空调作业。

（5）煤矿安全作业。

（6）金属、非金属矿山安全作业。

（7）石油天然气安全作业。

（8）冶金（有色）生产安全作业。

（9）危险化学品安全作业。

（10）烟花爆竹安全作业。

（11）有限空间安全作业。

（12）应急救援作业。

（13）应急管理部会同有关部门认定的其他作业详细内容见二维码。

**2. 特种作业人员条件**

特种作业人员是指直接从事特种作业的从业人员。

特种作业人员应当符合下列条件：

（1）年满18周岁，且不超过国家法定退休年龄。

（2）经社区或者县级以上医疗机构体检健康合格，并无妨碍从事相应特种作业的器质性心脏病、癫痫病、美尼尔氏症、眩晕症、癔症、震颤麻痹症、精神病、痴呆症以及其他疾病和生理缺陷。

（3）具有初中及以上文化程度。

（4）具备必要的安全技术知识与技能。

（5）相应特种作业规定的其他条件。

危险化学品特种作业人员除符合前款第（1）项、第（2）项、第（4）项和第（5）项规定的条件外，应当具备高中或者相当于高中及以上文化程度。

**3. 特种作业人员管理**

特种作业人员必须经专门的安全技术培训并考核合格，取得《中华人民共和国特种作业操作证》（以下简称特种作业操作证）后，方可上岗作业。

（1）培训。特种作业人员应当接受与其所从事的特种作业相应的安全技术理论培训和实际操作培训。对特种作业人员的安全技术培训，具备安全培训条件的生产经营单位应当以自主培训为主，也可以委托具备安全培训条件的机构进行培训。不具备安全培训条件的生产经营单位，应当委托具备安全培训条件的机构进行培训。生产经营单位委托其他机构进行特种作业人员安全技术培训的，保证安全技术培训的责任仍由本单位负责。

从事特种作业人员安全技术培训的机构，必须按照有关规定取得安全生产培训资质证书后，方可从事特种作业人员的安全技术培训。培训机构应当制定相应的培训计划、教学安排，并按照安全监管总局[①]、煤矿安监局[②]制定的特种作业人员培训大纲和煤矿特种作业人员培训大纲进行特种作业人员的安全技术培训。

（2）考核。特种作业人员的考核包括考试和审核两部分。考试由考核发证机关或其委

---

[①] 现为应急管理部。

[②] 现为国家矿山安全监察局。

托的单位负责；审核由考核发证机关负责。

应急管理部、国家矿山安全监察局分别制定特种作业人员、煤矿特种作业人员的考核标准，并建立相应的考试题库；考核发证机关或其委托的单位应当按照应急管理部、国家矿山安全监察局统一制定的考核标准进行考核。

特种作业操作资格考试包括安全技术理论考试和实际操作考试两部分。考试不及格的，允许补考1次。经补考仍不及格的，重新参加相应的安全技术培训。

离开特种作业岗位6个月以上的特种作业人员，应当重新进行实际操作考试，经确认合格后方可上岗作业。

（3）发证。符合特种作业人员条件并经考试合格的特种作业人员，应当向其户籍所在地或者从业所在地的考核发证机关申请办理特种作业操作证，并提交身份证复印件、学历证书复印件、体检证明、考试合格证明等材料。

特种作业操作证有效期为6年，在全国范围内有效。特种作业操作证由应急管理部统一式样、标准及编号。

特种作业操作证遗失的，应当向原考核发证机关提出书面申请，经原考核发证机关审查同意后，予以补发。

特种作业操作证所记载的信息发生变化或者损毁的，应当向原考核发证机关提出书面申请，经原考核发证机关审查确认后，予以更换或更新。

（4）复审。特种作业操作证每3年复审1次。

特种作业人员在特种作业操作证有效期内，连续从事本工种10年以上，严格遵守有关安全生产法律法规的，经原考核发证机关或者从业所在地考核发证机关同意，特种作业操作证的复审时间可以延长至每6年1次。

特种作业操作证需要复审的，应当在期满前60日内，由申请人或者申请人的用人单位向原考核发证机关或者从业所在地考核发证机关提出申请，并提交下列材料：社区或者县级以上医疗机构出具的健康证明；从事特种作业的情况；安全培训考试合格记录。

特种作业操作证有效期届满需要延期换证的，应当按照规定申请延期复审。

特种作业操作证申请复审或者延期复审前，特种作业人员应当参加必要的安全培训并考试合格。安全培训时间不少于8个学时，主要培训法律、法规、标准、事故案例和有关新工艺、新技术、新装备等知识。

申请复审合格的，由考核发证机关签章、登记，予以确认；不合格的，说明理由。申请延期复审的，经复审合格后，由考核发证机关重新颁发特种作业操作证。

申请人对复审或者延期复审有异议的，可以依法申请行政复议或者提起行政诉讼。

# 任务 3.5　公路工程安全生产相关标准与规范

## 任务描述

技术支撑是加强安全生产、全面落实"安全第一、预防为主、综合治理"方针的重要环节。随着建筑生产技术的不断发展，建筑安全生产技术也面临着不断提高和革新的压力。本节主要介绍公路工程施工相关的技术标准与规范，包括我国标准的分类、公路工程施工领域相关的技术标准和规范、职业健康安全标准等内容。

## 任务目标

1. 掌握我国标准的分类。
2. 掌握我国技术标准的命名规则。
3. 熟悉公路工程施工领域相关的技术标准和规范。

## 任务工作页

| 课程名称 | 公路施工安全管理 | 任务名称 | 公路工程安全生产相关标准与规范 | 班级 | | 姓名 | |
|---|---|---|---|---|---|---|---|
| | | | | 日期 | | 成绩 | |

一、任务布置
1.掌握我国标准的分类。
2.掌握我国技术标准的命名规则。
3.熟悉公路工程施工领域相关的技术标准和规范

二、任务实施
引导问题1：我国标准体系按照适用范围可分为＿＿＿＿＿＿标准、＿＿＿＿＿＿标准、＿＿＿＿＿＿标准和＿＿＿＿＿＿标准。
引导问题2：我国标准体系按照强制性可分为＿＿＿＿＿＿标准和＿＿＿＿＿＿标准。
引导问题3：法定安全生产技术标准分为＿＿＿＿＿＿标准和＿＿＿＿＿＿标准。
引导问题4：尝试解释对于同一安全生产事项的技术要求，国家标准与行业标准之间的关系。

## 评价反馈

### 学生自评

| 班级： | | 姓名： | | 学号： | |
|---|---|---|---|---|---|
| 任务3.5 | | 公路工程安全生产相关标准与规范 | | | |
| 评价项目 | | 评价标准 | | 分值 | 得分 |
| 我国标准的分类 | | 掌握我国标准的分类 | | 20 | |
| 标准的命名规则 | | 掌握标准的命名规则 | | 20 | |
| 主要相关技术标准和规范 | | 熟悉主要相关技术标准和规范 | | 20 | |
| 工作态度 | | 态度端正，无无故缺勤、迟到、早退现象 | | 10 | |
| 工作质量 | | 能按时完成工作任务 | | 10 | |
| 职业素质 | | 认真严谨、实事求是，具有安全意识 | | 10 | |
| 创新意识 | | 能够通过任务拓展知识体系，乐于思考 | | 10 | |
| 合计 | | | | 100 | |

## 强化训练

试依据技术标准的名称和编码，判断其类型。

## 相关知识点

我国的标准体系按照适用范围，可分为国家标准、地方标准、行业标准和企业标准。公路工程施工安全生产相关标准在我国标准体系中占有重要的地位，其主要依据是《中华人民共和国标准化法》（以下简称《标准化法》）和《中华人民共和国标准化法实施条例》（以下简称《标准化实施条例》）。

《标准化法》第二条规定："标准包括国家标准、行业标准、地方标准和团体标准、企业标准。国家标准分为强制性标准、推荐性标准，行业标准、地方标准是推荐性标准。强制性标准必须执行。国家鼓励采用推荐性标准。"

《标准化法实施条例》第十八条规定："国家标准、行业标准分为强制性标准和推荐性标准。

下列标准属于强制性标准：

（一）药品标准，食品卫生标准，兽药标准；

（二）产品及产品生产、储运和使用中的安全、卫生标准，劳动安全、卫生标准，运输安全标准；

（三）工程建设的质量、安全、卫生标准及国家需要控制的其他工程建设标准；

省、自治区、直辖市人民政府标准化行政主管部门制定的工业产品的安全、卫生要求的地方标准，在本行政区域内是强制性标准。"

显然，与安全生产相关的大部分标准，属于强制性标准范畴，是法律规定必须执行的标准。

技术标准是保障安全生产的重要技术规范，它是安全生产法律体系的重要组成部分。执行安全技术标准是《安全生产法》规定的生产经营单位的义务，违反法定安全生产技术标准的要求要承担法律责任。

法定安全生产技术标准分为国家标准和行业标准，两者对生产经营单位的安全生产具有同样的约束力。安全生产国家标准是指国家标准化行政主管部门依照《标准化法》制定的在全国范围内适用的安全生产技术规范。强制性国家标准的代号为"GB"，推荐性国家标准的代号为"GB/T"。安全生产行业标准是对没有国家标准而又需要在全国范围内统一制定的标准，是国家标准的补充。由安全生产行政管理部门及各行业部门制定并发布实施，国家技术监督局备案的在安全生产领域内适用的安全生产技术规范。其中，公路交通行业标准的代号为"JTG"，建筑工程行业标准的代号为"JGJ"。安全生产行业标准对同一安全生产事项的技术要求，可以高于国家安全生产标准，但不得与其相抵触。

《生产经营单位生产安全事故应急预案编制导则》（GB/T 29639—2020）于2021年4月1日起正式实施。《生产经营单位生产安全事故应急预案编制导则》（GB/T 29639—2020）是在认真分析目前应急预案体系建设阶段性特点和问题的基础上修订的，其颁布实施将对指导生产经营单位做好生产安全事故应急预案编制工作，解决目前部分生产经营单位应急预案存在的问题，提高生产经营单位应急预案的编制质量，起到重要推动作用。

交通运输部于2015年2月10日发布《公路工程施工安全技术规范》（JTG F90—2015），作为公路工程行业标准，自2015年5月1日起施行，原《公路工程施工安全技术规程》（JTJ 076—1995）同时废止。《公路工程施工安全技术规范》（JTG F90—2015）的管理权和解释权归交通运输部，日常解释和管理工作由主编单位中国交通建设股份有限公司负责。

公路工程施工安全管理涉及的主要技术标准和规范见表3-1所示，其中强制性国家标准和强制性公路交通行业标准，全部条文必须严格执行；推荐性国家标准和推荐性公路交通各行业标准，不具有强制性，各企业可依据自身情况自愿执行，在全国范围内适用。另外，强制性建筑工程行业标准，公路施工企业应当参照执行。

### 表 3-1 公路工程施工安全管理相关标准和规范

| 序号 | 名称 | 编号 | 标准类型 |
|---|---|---|---|
| 1 | 建筑与市政施工现场安全卫生与职业健康通用规范 | GB 55034—2022 | 强制性国家标准 |
| 2 | 施工企业安全生产管理规范 | GB 50656—2011 | 强制性国家标准 |
| 3 | 焊接与切割安全 | GB 9448—1999 | 强制性国家标准 |
| 4 | 爆破安全规程 | GB 6722—2014 | 强制性国家标准 |
| 5 | 涂装作业安全规程 安全管理通则 | GB 7691—2003 | 强制性国家标准 |
| 6 | 架桥机安全规程 | GB 26469—2011 | 强制性国家标准 |
| 7 | 塔式起重机安全规程 | GB 5144—2006 | 强制性国家标准 |
| 8 | 矿井提升机和矿用提升绞车安全要求 | GB 20181—2006 | 强制性国家标准 |
| 9 | 道路交通标志和标线 | GB 5768 | 强制性国家标准 |
| 10 | 罐笼安全技术要求 | GB 16542—2010 | 强制性国家标准 |
| 11 | 头部防护 安全帽 | GB 2811—2019 | 强制性国家标准 |
| 12 | 坠落防护 安全带 | GB 6095—2021 | 强制性国家标准 |
| 13 | 安全网 | GB 5725—2009 | 强制性国家标准 |
| 14 | 防护服装 阻燃防护 第2部分 焊接服 | GB 8965.2—2009 | 强制性国家标准 |
| 15 | 生活饮用水卫生标准 | GB 5749—2022 | 强制性国家标准 |
| 16 | 环境空气质量标准 | GB 3095—2012 | 强制性国家标准 |
| 17 | 建设工程施工现场消防安全技术规范 | GB 50720—2011 | 强制性国家标准 |
| 18 | 钢结构设计标准 | GB 50017—2017 | 强制性国家标准 |
| 19 | 建筑物防雷设计规范 | GB 50057—2010 | 强制性国家标准 |
| 20 | 高处作业分级 | GB/T 3608—2008 | 推荐性国家标准 |
| 21 | 起重机械安全规程 第1部分：总则 | GB/T 6067.1—2010 | 推荐性国家标准 |
| 22 | 钢管脚手架扣件 | GB/T 15831—2023 | 推荐性国家标准 |
| 23 | 高处作业吊篮 | GB/T 19155—2017 | 推荐性国家标准 |
| 24 | 组合钢模板技术规范 | GB/T 50214—2013 | 推荐性国家标准 |
| 25 | 手持式、可移式电动工具和园林工具的安全 第一部分：通用要求 | GB/T 3883.1—2014 | 推荐性国家标准 |
| 26 | 生产经营单位生产安全事故应急预案编制导则 | GB/T 29639—2020 | 推荐性国家标准 |
| 27 | 碳素结构钢 | GB/T 700—2006 | 推荐性国家标准 |
| 28 | 货用施工升降机 第1部分：运载装置可进人的升降机 | GB/T 10054.1—2021 | 推荐性国家标准 |
| 29 | 货用施工升降机 第2部分：运载装置不可进人的倾斜式升降机 | GB/T10054.2—2014 | 推荐性国家标准 |
| 30 | 职业眼面部防护 焊接防护 第1部分：焊接防护具 | GB/T 3609.1—2008 | 推荐性国家标准 |
| 31 | 安全帽测试方法 | GB/T 2812—2006 | 推荐性国家标准 |
| 32 | 工业探伤放射防护标准 | GBZ 117—2022 | 指导性标准 |

续表

| 序号 | 名称 | 编号 | 标准类型 |
|---|---|---|---|
| 33 | 公路工程施工安全技术规范 | JTG F90—2015 | 强制性公路交通行业标准 |
| 34 | 公路沥青路面施工技术规范 | JTG F40—2004 | |
| 35 | 公路养护安全作业规程 | JTG H30—2015 | |
| 36 | 公路路基施工技术规范 | JTG/T 3610—2019 | 推荐性公路交通行业标准 |
| 37 | 公路路面基层施工技术细则 | JTG/T F20—2015 | |
| 38 | 公路水泥混凝土路面施工技术细则 | JTG/T F30—2014 | |
| 39 | 公路桥涵施工技术规范 | JTG/T 3650—2020 | |
| 40 | 公路隧道施工技术规范 | JTG/T 3660—2020 | |
| 41 | 公路交通安全设施施工技术规范 | JTG/T 3671—2021 | |
| 42 | 建筑施工碗扣式钢管脚手架安全技术规范 | JGJ 166—2016 | 强制性建筑工程行业标准 |
| 43 | 建筑施工扣件式钢管脚手架安全技术规范 | JGJ 130—2011 | |
| 44 | 施工现场临时用电安全技术规范 | JGJ 46—2005 | |
| 45 | 建筑施工起重吊装工程安全技术规范 | JGJ 276—2012 | |
| 46 | 建筑施工升降机安装、使用、拆卸安全技术规程 | JGJ 215—2010 | |
| 47 | 建筑施工高处作业安全技术规范 | JGJ 80—2016 | |
| 48 | 建筑施工安全检查标准 | JGJ 59—2011 | |
| 49 | 建筑施工模板安全技术规范 | JGJ 162—2008 | |
| 50 | 龙门架及井架物料提升机安全技术规范 | JGJ 88—2010 | |
| 51 | 建筑拆除工程安全技术规范 | JGJ 147—2016 | |
| 52 | 建筑机械使用安全技术规程 | JGJ 33—2012 | 强制性建筑工程行业标准 |
| 53 | 施工现场机械设备检查技术规范 | JGJ 160—2016 | |
| 54 | 建设工程施工现场环境与卫生标准 | JGJ 146—2013 | |
| 55 | 建筑施工门式钢管脚手架安全技术标准 | JGJ/T 128—2019 | 推荐性建筑工程行业标准 |

建筑施工起重吊装工程安全技术规范（JGJ 276-2012）

建筑施工门式钢管脚手架安全技术标准（JGJ/T 128-2019）

公路工程施工安全技术规范

建筑与市政施工现场安全卫生与职业健康通用规范

建筑施工脚手架
安全技术统一标准
（GB 51210-2016）

建筑机械使用安全
技术规程
（JGJ 33-2012）

建筑施工高处作业
安全技术规范
（JGJ 80-2016）

施工现场机械设备
检查技术规范
（JGJ 160-2016）

建筑施工碗扣式钢管
脚手架安全技术规范
（JGJ 166-2016）

## 任务 3.6　安全生产法律责任

### 任务描述

安全生产法律关系主体在安全生产中，违反安全生产法律规定所引起的不利法律后果，需要承担相应的法律责任。本任务重点介绍安全生产法律责任的概念，法律责任构成要件，法律责任的类型及其承担方式，违反安全生产相关法律、法规须承担的法律责任。

### 任务目标

1. 掌握法律责任的概念和构成要件。
2. 掌握法律责任的类型和承担方式。
3. 了解违反安全生产相关法律、法规须承担的法律责任。

### 任务工作页

| 课程名称 | 公路施工安全管理 | 任务名称 | 安全生产法律责任 | 班级 | | 姓名 | |
|---|---|---|---|---|---|---|---|
| | | | | 日期 | | 成绩 | |

一、任务布置
1.掌握法律责任的概念和构成要件。
2.掌握法律责任的类型和承担方式。
3.了解违反安全生产相关法律法规须承担的法律责任

二、任务实施
引导问题1：什么是安全生产法律责任？

续表

> 引导问题2：安全生产法律责任的构成要件有哪些？
>
> 引导问题3：安全生产法律责任的主要类型有_____、_____、_____和_____。

## 评价反馈

**学生自评**

| 班级： | 姓名： | | 学号： | |
|---|---|---|---|---|
| 任务3.6 | 安全生产法律责任 | | | |
| 评价项目 | 评价标准 | | 分值 | 得分 |
| 法律责任的概念 | 掌握其相关内容 | | 20 | |
| 法律责任的构成要件 | 掌握其相关内容 | | 20 | |
| 法律责任的主要类型 | 掌握其相关内容 | | 20 | |
| 工作态度 | 态度端正，无无故缺勤、迟到、早退现象 | | 10 | |
| 工作质量 | 能按时完成工作任务 | | 10 | |
| 职业素质 | 认真严谨、实事求是，具有安全意识 | | 10 | |
| 创新意识 | 能够通过任务拓展知识体系，乐于思考 | | 10 | |
| | 合计 | | 100 | |

## 强化训练

简述安全生产违法行为法律责任的主要类型及承担方式。

## 相关知识点

### 3.6.1 安全生产法律责任的概念

安全生产法律责任是指安全生产法律关系主体在安全生产工作中，由于违反安全生产法律规定所引起的不利法律后果，即什么行为应负法律责任、谁应负法律责任和应负什么责任的问题。其特征如下：

安全生产法律责任的主体范围广泛，包括各级政府和对安全生产负有监管职责的有关部门、生产经营单位、从业人员、中介机构。

《安全生产法》规定从事生产经营活动的单位的安全生产适用本法。因此，不是安全生产法律关系的主体不承担安全生产责任。

安全生产法律责任具有综合性，针对各种违法行为采取追究行政责任、民事责任直至刑事责任的方式，组成一个综合性的责任体系，从而最大限度地保护安全生产当事人的利益，维护安全生产的秩序。

### 3.6.2 安全生产法律责任的构成要件

法律责任是由一定条件引起的，其条件就是所谓的构成要件。法律责任的构成要件就是指构成法律责任所必备的客观要件和主观要件的总和。根据违法行为的一般特点可以把法律责任的构成要件概括为主体、心理状态、违法行为、损害事实 4 个方面。

#### 1. 主体

法律责任需要一定的主体来承担。法律责任构成要件中的主体是指具有法定责任能力的自然人、法人或其他社会组织。

安全生产法律责任的主体包括各级政府和对安全生产负有监管职责的有关部门、生产经营单位、从业人员、中介机构等。

#### 2. 心理状态

构成法律责任要件的心理状态是指行为主体的主观故意和主观过失，统称为主观过错。

《安全生产法》规定，生产经营单位必须遵守本法和其他有关安全生产的法律、法规，加强安全生产管理，建立健全安全生产责任制度，完善安全生产条件。如果行为人对违反安全生产法律规范的行为存在过错，就应当承担相应的法律责任。

#### 3. 违法行为

有行为才有责任，纯粹的思想不会导致法律责任。引起法律责任的行为是违法行为，或者侵害了法定权利，或者不履行法定义务。

安全生产中的违法行为包括积极的行为和消极的行为。《安全生产法》规定，生产经营单位应当具备安全生产条件；不具备安全生产条件的，不得从事生产经营活动。

#### 4. 损害事实

损害事实是指行为人的违法行为对受害方构成客观存在的、确定的损害后果。有损害事实包括对人身的、财产的、精神的或者三者兼有的、政治影响的。损害事实是法律责任的必要条件，任何人只有因他人的行为在受到损害的情况下才能请求法律上的补救，也只有在行为致他人损害时，才有可能承担法律责任。

行为人违反安全生产法律规范的不当行为应当造成对公共财产或私人财产的损害。当然，损害并不是以实际损害的发生为条件，如果行为人违反安全生产法律规范的不当行为尚未造成严重后果，也应依法给予处罚。

### 3.6.3 安全生产法律责任的主要类型及承担方式

追究安全生产违法行为法律责任的形式有三种，即行政责任、民事责任和刑事责任。

#### 1. 安全生产行政责任

安全生产行政责任是指责任主体违反安全生产法律规定，由有关人民政府和应急管理部门、公安机关依法对其施行行政处罚的一种法律责任。行政责任在追究安全生产违法行为的法律责任方式中最为常见。行政责任包括行政处罚和行政处分两种。

（1）行政处罚：警告、通报批评；罚款、没收违法所得、没收非法财物；暂扣许可证件、降低资质等级、吊销许可证件；限制开展生产经营活动、责令停产停业、责令关闭、限制从业；行政拘留；法律、行政法规规定的其他行政处罚。

（2）行政处分：警告、记过、记大过、降级、撤职、开除。

《安全生产法》规定，行政处罚由应急管理部门和其他负有安全生产监督管理职责的部门决定；予以关闭的行政处罚由负有安全生产监督管理职责的部门报请县级以上人民政府按照国务院规定的权限决定；给予拘留的行政处罚由公安机关依照治安管理处罚条例的规定决定。

#### 2. 安全生产民事责任

安全生产民事责任是指责任主体违反安全生产法律规定造成民事损害，由人民法院依照民事法律强制其进行民事赔偿的一种法律责任。民事责任的追究是为了最大限度地维护当事人受到民事损害时享有获得民事赔偿的权利。

（1）民事责任的特点。

民事责任与同样为法律责任的行政责任和刑事责任相比，具有自己的特点，主要体现在：

1）民事责任是以财产责任为主的法律责任。民事立法所调整的社会关系，主要是财产关系，如《中华人民共和国民法典》关于保护所有权、债权、继承权等的规定，都是与财产有关的。因此，民事责任是一种以财产责任为主的法律责任。

2）民事责任是以向相对特定的权利人或者受害人承担责任的法律责任。由于民事权利义务关系是当事人在民事活动过程中所形成的有关民事方面的权利和义务关系，一方权利的实现，是以对方承担一定的义务包括积极的作为或者消极的不作为为基础的，因此，民事责任在绝大多数的情况下是以向相对特定的权利人或者受害人承担的法律责任。

3）民事责任是以等价、补偿性质为主的法律责任。由于民事权利主要是关于财产方面的权利，因此，这种权利一旦受到损害，一般是要求损害者承担由此而产生的财产损失，即受损害者可以得到与受损害财产相等的补偿。当然，对某些特殊性质的民事责任，法律也规定了惩罚性的民事赔偿责任，如《中华人民共和国消费者权益保护法》规定的加倍赔偿，就属于惩罚性的民事赔偿责任。

（2）民事法律责任的类型。

民事法律责任通常可以分成以下两类：

1）合同责任或称违约责任。合同责任是指合同当事人在合同订立后没有按照合同的约定履行自己的义务而应当承担的民事责任，如甲公司与乙公司签订了公路工程施工分包合同，但甲公司最后没有按照合同的约定履行安全义务，就要承担相应的合同责任。

2）侵权责任。侵权责任是指民事主体因为自己的过错侵犯他人财产权或者人身权造成损害而应当承担的对受害人负责赔偿的民事责任，在现实生活中，侵权行为是经常发生的，如安全生产从业人员的知情权、紧急避险权、拒绝权等权利受到施工单位的侵犯，如造成从业人员损失，施工单位就要承担相应的民事责任。

（3）承担民事责任的方式。

民事法律关系的主体没有按照法律规定或者合同约定履行自己的义务，或者侵害他人合法权益的，要承担相应的民事责任。根据《中华人民共和国民法典》第一百七十九条的规定，承担民事责任的方式主要有：①停止侵害；②排除妨碍；③消除危险；④返还财产；⑤恢复原状；⑥修理、重作、更换；⑦继续履行；⑧赔偿损失；⑨支付违约金；⑩消除影响、恢复名誉；⑪赔礼道歉。

以上11种承担民事责任的方式，可以单独使用，也可以合并使用。

### 3. 安全生产刑事责任

（1）刑事责任的概念。刑事责任是指责任主体违反安全生产法律规定构成犯罪，由司法机关依照刑事法律给予刑罚的一种法律责任。依法处以剥夺犯罪分子人身自由的刑罚，是三种法律责任中最严厉的一种。

（2）刑罚的基本类型。刑罚包括主刑和附加刑两类。

1）主刑。主刑也称基本刑罚，是对犯罪行为人适用的主要刑罚方法，它只能独立适用，不能附加适用。包括管制、拘役、有期徒刑、无期徒刑、死刑五种。

①管制。管制是对犯罪分子不予关押，但限制其一定自由，交由公安机关管束和群众

监督改造的刑罚方法。管制是最轻的主刑，适用于罪行较轻的犯罪行为。管制不适用剥夺政治权利的内容。根据《刑法》的规定，管制的期限为 3 个月以上 2 年以下。数罪并罚时，最高不能超过 3 年。

②拘役。拘役是指短期剥夺犯罪分子的人身自由，并就近强制实行劳动改造的刑罚方法。拘役是介于管制与有期徒刑之间的一种较轻的刑罚。根据《刑法》的规定，拘役的期限为 1 个月以上 6 个月以下。数罪并罚时，最高不能超过 1 年。

③有期徒刑。有期徒刑是剥夺犯罪分子一定期限的人身自由，并强制劳动改造的刑罚方法。有期徒刑是我国刑法中适用范围最广泛的一种刑罚。根据《刑法》的规定，有期徒刑的期限一般为 6 个月以上 15 年以下。判决宣告以前一人犯数罪的，除判处死刑和无期徒刑的以外，应当在总和刑期以下、数刑中最高刑期以上，酌情决定执行的刑期，有期徒刑总和刑期不满 35 年的，最高不能超过 20 年，总和刑期在 35 年以上的，最高不能超过 25 年。

④无期徒刑。无期徒刑是剥夺犯罪分子终身自由，并强制劳动改造的刑罚方法。无期徒刑是仅次于死刑的一种严厉的刑罚，它适用于那些罪行严重、需要与社会永久隔离，但又不必判处死刑的犯罪分子。因贪污、受贿犯罪被判处死刑缓期执行的，人民法院根据犯罪情节等情况可以同时决定在其死刑缓期执行二年期满依法减为无期徒刑后，终身监禁，不得减刑、假释。

⑤死刑。死刑是剥夺犯罪分子生命的刑罚方法。死刑只适用于罪行极其严重的犯罪分子。所谓"罪行极其严重"，是指对国家和人民利益危害特别严重和情节特别恶劣的。对于犯罪时不满 18 周岁的人和审判时怀孕的妇女不适用死刑；审判的时候已满 75 周岁的，不适用死刑，但以特别残忍手段致人死亡的除外。

2）附加刑。附加刑又称从刑，是补充主刑而适用的刑罚方法。根据《刑法》的规定，附加刑也可以独立适用。附加刑主要包括罚金、剥夺政治权利、没收财产。

①罚金。罚金是人民法院判处犯罪分子向国家缴纳一定数量的金钱的刑罚方法。罚金这种刑罚，主要是适用于那些以营利为目的犯罪。罚金不同于行政罚款，罚金是刑罚外罚，由人民法院依法判决，适用于犯罪分子；罚款是行政处罚，由行政机关依法决定，适用于尚未构成犯罪的一般违法犯罪分子。罚金也不同于刑事附带民事案件中的赔偿经济损失。赔偿经济损失是由于行为人的犯罪行为而使被害人遭受经济损失，依法应当给予被害人的赔偿。它是一种民事制裁方法，不是刑罚方法，赔偿的金钱直接交给被害人，而不像罚金那样归入国库。

②剥夺政治权利。剥夺政治权利是指剥夺犯罪分子参加国家管理和政治活动权利的刑

罚方法。剥夺政治权利的内容包括选举权和被选举权；宪法规定的公民所享有的言论、出版、集会、结社、游行、示威自由的权利；担任国家机关职务的权利；担任国有公司、企业、事业单位和人民团体领导职务的权利。剥夺政治权利是一种比较严厉的附加刑。

③没收财产。没收财产是指司法机关依据《刑法》的有关规定，将犯罪分子个人所有财产的一部分或者全部强制无偿收归国家所有的刑罚方法。没收财产这种刑罚只适用那些以其财产作为犯罪的资本，或者贪图非法利益而不惜危害国家和人民利益的犯罪分子。对这些犯罪分子没收财产，既可以剥夺他们借以犯罪的物质力量，同时也是针对他们贪利的思想给予必要的惩罚和教育。

没收财产与罚金不同，罚金适用于情节较轻的犯罪，没收财产则适用于情节较重的犯罪，罚金是剥夺犯罪分子现实所有的一定数额的金钱，没收财产则是剥夺犯罪分子个人现有财产的一部分或者全部。没收财产与没收违禁物品和供犯罪所用的本人财物不同。没收财产与没收违法所得也不同。

（3）关于数罪并罚。数罪并罚是指一人犯数罪，人民法院对其所犯的各罪分别定罪量刑以后依照法定原则执行的刑罚。数罪是指判决宣告以前一人犯数罪；或者判决宣告以后刑罚执行完毕以前发现被判刑的犯罪分子还有漏罪；或者判决宣告以后刑罚执行完毕以前被判刑的犯罪分子又犯新罪。数罪并罚不是对数罪所判刑罚的代数相加。对判处有期徒刑、拘役或者管制，采取限制加重原则，即在数刑的总和刑期以下、数刑中最高刑期以上酌情决定执行的刑期。

### 3.6.4 违反安全生产相关法律法规须承担的法律责任

公路工程安全生产法律的责任主体范围非常广泛，主要有各级政府、对安全生产负有监管职责的有关部门、建设单位、施工单位、设计单位、监理单位、安全生产从业人员及中介机构等。

现行的安全生产法律法规和规章文件对各主体违反相关规定的法律责任做出了明确规定，如《安全生产法》《建筑法》《劳动法》《劳动合同法》《突发事件应对法》《消防法》《职业病防治法》《环境保护法》《公路法》《特种设备安全法》等法律，《建设工程安全生产管理条例》《生产安全事故报告和调查处理条例》《安全生产许可证条例》《民用爆炸物品安全管理条例》等法规，《公路水运工程安全生产监督管理办法》《企业安全生产费用提取和使用管理办法》《生产安全事故罚款处罚规定（试行）》《公路水运工程施工企业主要负责人和安全生产管理人员考核管理办法》《安全生产违法行为行政处罚办法》等部门规章与文件等，详细规定见相关法律法规和规章文件。

# 项目 4

# 公路工程安全生产管理制度

## 项目描述

施工企业安全生产管理制度一般包括以下 5 个方面的内容：安全生产责任制度；安全生产管理制度；岗位安全操作规程和规定；安全生产技术管理制度；安全生产事故和应急管理制度。

依据《公路水运工程施工安全标准化指南》，施工企业的具体制度包括：安全生产责任制度；安全生产组织管理制度；安全生产会议制度；安全生产管理人员考核制度；安全生产教育培训制度；安全生产费用管理制度；安全风险评估与管控制度；安全技术交底制度；危险性较大工程专项施工方案审批论证制度；特种设备及作业人员安全管理制度；职业健康安全和劳动防护用品管理制度；安全生产事故隐患排查和治理制度；安全检查制度；安全生产事故应急管理制度；分包单位安全生产管理考评制度；生产安全事故报告及调查处理制度；企业项目负责人带班生产制度；平安工地考核评价制度；重大事故隐患清单管理制度；生产安全重大事故隐患挂牌督办制度（暂行）；消防安全管理制度等。

本项目主要讲解公路工程安全生产相关的管理制度，包括安全生产责任制度、安全生产教育培训制度、安全技术交底制度、安全生产费用管理制度、特种设备及作业人员安全管理制度、安全生产检查制度、安全风险评估制度及其他安全管理制度等。

## 学习目标

【知识目标】

1.掌握安全生产责任制度相关知识。

2. 掌握安全生产教育培训制度相关要求。

3. 掌握安全技术交底相关知识。

4. 掌握安全生产费用提取和使用要求。

5. 掌握特种设备及作业人员安全管理要求。

6. 掌握安全生产检查制度相关知识。

7. 掌握安全风险评估制度相关要求。

【技能目标】

1. 会制定安全生产责任制度，明确各方安全生产责任。

2. 会进行安全教育培训。

3. 会进行安全技术交底。

4. 会合法使用安全生产费用。

5. 会进行特种设备管理，明确特种作业人员的管理要求。

6. 会制定安全检查表，实施安全检查。

7. 会应用LEC法进行安全风险评估。

【素质目标】

1. 树立安全意识，培养良好的职业道德。

2. 树立法律意识，在工作中做到知法、懂法、守法。

3. 树立实事求是、刚正不阿、认真严谨的工作作风。

4. 培养系统思维、科学精神。

## 任务4.1　安全生产责任制度

### 任务描述

安全生产责任制度是根据我国"安全第一，预防为主，综合治理"的安全生产方针，按照"管生产必须管安全"的原则建立的。所谓安全生产责任制度，就是生产经营单位根据安全生产法律法规和相关标准要求，在生产经营活动中，根据企业岗位的性质、特点和具体工作内容，明确各级负责人、各职能部门及其工作人员、各类岗位从业人员在各自的职责范围内对安全生产工作应履行的职能和应承担的责任。安全生产责任制度是企业岗位责任制的一个重要组成部分，是企业最基本的一项安全制度，是企业安全生产管理制度的核心，也是落实安全生产事故行政责任追究的主要依据。

## 任务目标

1. 掌握安全生产责任制度的内涵与地位。
2. 掌握各岗位的安全生产职责。
3. 了解安全生产管理部门的安全生产职责。

## 任务工作页

| 课程名称 | 公路施工安全管理 | 任务名称 | 安全生产责任制度 | 班级 | | 姓名 | |
|---|---|---|---|---|---|---|---|
| | | | | 日期 | | 成绩 | |

一、任务布置
1.掌握什么是安全生产责任制度，建立的意义是什么。
2.掌握生产经营单位各级领导、各类人员的安全生产职责。
3.了解安全生产管理部门的安全生产职责

二、任务实施
引导问题1：生产经营单位的安全生产责任制度总体可分为两方面：一是纵向方面＿＿＿＿＿＿的安全生产责任制度；二是横向方面＿＿＿＿＿＿的安全生产责任制度。
引导问题2：《安全生产法》对安全生产管理机构及安全生产管理人员的配备是如何规定的？




引导问题3：作为专职安全员，你需要履行哪些安全生产职责？




引导问题4："三同时"原则是指安全设施必须与主体工程同时＿＿＿＿＿＿、同时＿＿＿＿＿＿、同时＿＿＿＿＿＿。
引导问题5："五同时"原则是指安全工作应与生产工作同时＿＿＿＿＿＿、同时＿＿＿＿＿＿、同时＿＿＿＿＿＿、同时＿＿＿＿＿＿和同时＿＿＿＿＿＿。

## 评价反馈

### 学生自评

| 班级: | | 姓名: | | 学号: | |
|---|---|---|---|---|---|
| 任务4.1 | | | 安全生产责任制度 | | |
| 评价项目 | | 评价标准 | | 分值 | 得分 |
| 企业主要负责人的安全生产职责 | | 掌握《安全生产法》规定的企业主要负责人的安全生产职责 | | 15 | |
| 项目负责人的安全生产职责 | | 掌握项目负责人的安全生产职责 | | 15 | |
| 专职安全员的安全生产职责 | | 掌握《安全生产法》规定的专职安全员的安全生产职责 | | 15 | |
| 职工的安全生产职责 | | 掌握职工的安全生产职责 | | 15 | |
| 工作态度 | | 态度端正,无无故缺勤、迟到、早退现象 | | 10 | |
| 工作质量 | | 能按时完成工作任务 | | 10 | |
| 职业素质 | | 认真严谨、实事求是,具有安全意识 | | 10 | |
| 创新意识 | | 能够通过任务拓展知识体系,乐于思考 | | 10 | |
| | | 合计 | | 100 | |

## 强化训练

试论述建立安全生产责任制度的意义。

## 相关知识点

《安全生产法》第四条明确规定:"生产经营单位必须遵守本法和其他有关安全生产的法律、法规,加强安全生产管理,建立健全全员安全生产责任制和安全生产规章制度,加大对安全生产资金、物资、技术、人员的投入保障力度,改善安全生产条件,加强安全生产标准化、信息化建设,构建安全风险分级管控和隐患排查治理双重预防机制,健全风险防范化解机制,提高安全生产水平,确保安全生产。"第五条规定:"生产经营单位的主要负责人是本单位安全生产第一责任人,对本单位的安全生产工作全面负责。"第十六条规定:"国家实行生产安全事故责任追究制度,依照本法和有关法律、法规的规定,追究生产安全事故责任单位和责任人员的法律责任。"

生产经营单位的安全生产责任制度总体可分为两方面:一是纵向方面各级人员的安全生产责任制度;二是横向方面各职能部门的安全生产责任制度。

## 4.1.1 岗位责任制

《安全生产法》要求生产经营单位的主要负责人负责建立、健全本单位安全生产责任制度。

**1. 单位主要负责人的安全生产职责**

《安全生产法》明确指出：生产经营单位的主要负责人对本单位的安全生产工作全面负责。生产经营单位的主要负责人对本单位安全生产工作负有下列职责：

（1）建立健全并落实本单位全员安全生产责任制度，加强安全生产标准化建设。

（2）组织制定并实施本单位安全生产规章制度和操作规程。

（3）组织制定并实施本单位安全生产教育和培训计划。

（4）保证本单位安全生产投入的有效实施。

（5）组织建立并落实安全风险分级管控和隐患排查治理双重预防工作机制，督促、检查本单位的安全生产工作，及时消除生产安全事故隐患。

（6）组织制定并实施本单位的生产安全事故应急救援预案。

（7）及时、如实报告生产安全事故。

**2. 项目负责人的安全生产职责**

根据《建设工程安全生产管理条例》和《公路水运工程安全生产监督管理办法》的规定，公路工程施工单位的项目负责人应当由取得相应执业资格的人员担任，对建设工程项目的安全施工负责。具体职责包括：

（1）建立项目安全生产责任制，实施相应的考核与奖惩。

（2）按规定配齐项目专职安全生产管理人员。

（3）结合项目特点，组织制定项目安全生产规章制度和操作规程。

（4）组织制定项目安全生产教育和培训计划。

（5）督促项目安全生产费用的规范使用。

（6）依据风险评估结论，完善施工组织设计和专项施工方案。

（7）建立安全预防控制体系和隐患排查治理体系，督促、检查项目安全生产工作，确认重大事故隐患整改情况。

（8）组织制定本合同段施工专项应急预案和现场处置方案，并定期组织演练。

（9）及时、如实报告生产安全事故并组织自救。

**3. 安全生产管理人员的安全职责**

生产经营单位的安全生产管理人员履行下列职责：

（1）组织或者参与拟订本单位安全生产规章制度、操作规程和安全生产事故应急预案。

（2）组织或者参与本单位安全生产、职业病防治的教育和培训，如实记录安全生产和职业病防治的教育和培训情况。

（3）督促落实本单位重大危险源、重大安全隐患的安全管理措施。

（4）组织或者参与本单位生产安全事故应急救援演练。

（5）检查本单位安全生产和职业病防治状况，开展生产作业场所的安全风险分级管控，及时排查生产安全事故隐患，提出改进安全生产管理的建议。

（6）配合主管部门实施特种（设备）作业人员的培训、考核、取证工作，特种（设备）作业人员持证上岗率100%。

（7）配合主管部门实施特种设备的定期检验工作，定检率达到100%。

（8）组织制定劳动防护用品的发放标准，审核年度领用计划，监督检查劳保用品的正确佩戴和使用情况。

（9）做好危险作业的申报、审批工作，以及现场监护工作，督促安全措施的落实。

（10）对承包、承租单位安全生产资质、条件进行审核，督促检查承包、承租单位履行安全生产职责。

（11）制止和纠正违章指挥、强令冒险作业、违反操作规程和劳动纪律的行为。

（12）按照《工伤事故管理制度》如实报告工伤事故，参与工伤事故的调查与处理，提出预防措施和处理意见。做好事故的统计、分析和上报工作，督促落实本单位安全生产整改措施。

#### 4. 班组长的安全生产职责

（1）全面负责本班（组）的安全生产工作。严格执行本单位安全生产规章制度和车间安全生产工作安排，针对班组岗位生产特点，对作业员工做好经常性的安全生产教育。

（2）在安排班（组）工作时，严格执行安全生产"五同时"的原则。

（3）组织好岗位的安全检查，及时发现并消除隐患，一时消除不了的，应及时上报车间（工序）主任。

（4）做好本班（组）范围内生产装置、防护器材、安全装置及个人劳动防护用品的维护检查工作，使其处于良好状况。

（5）教育本班（组）职工严格遵守安全操作规程和各项安全生产规章制度，制止违章作业行为。

（6）确保危险作业必须严格履行审批手续，采取安全防范措施，落实现场安全监护。主持本班（组）各类事故调查分析，并组织制定防范措施。

（7）认真执行交接班制度。遇有不安全问题，在未排除之前或责任未分清之前不交接。

（8）发生工伤事故，要保护现场，立即上报，详细记录，并组织全班（组）工人认真分析，吸取教训，提出防范措施。

#### 5. 一线岗位员工安全职责

（1）从业人员在作业过程中，应当严格遵守本单位安全生产规章制度和安全操作规程，遵守劳动纪律，服从管理，正确佩戴和使用劳动保护用品。

（2）接受安全教育和培训，了解本岗位的危险源，掌握本岗位所需的安全生产知识，具备安全生产所需的技能，增强事故预防和应急处理能力。

（3）检查所使用的设备、设施、工具的安全状况，检查周边有无危险因素（如物体打击、倒塌、碰撞、挤压、坠落、爆炸、燃烧、绞碾、刺伤、触电等）。保持设备设施、安全防护装置的齐全和完好。

（4）保持生产现场清洁、整齐、道路畅通，成品、半成品、原材料摆放整齐，作业完毕及时清理现场。

（5）发现事故隐患或者其他不安全因素，及时消除（如可行），立即向现场安全生产管理人员或本单位负责人报告。

### 4.1.2 部门责任制

公路工程施工单位中生产、技术、设计、人事、市场、财务等有关专职机构，都应在各自的工作业务范围内，对安全生产负责。

#### 1. 安全生产管理部门的安全职责

安全生产管理部门是生产经营单位领导在事故预防工作方面的助手，负责组织、推动、检查、督促和协调本单位安全生产工作的开展。其安全生产职责除安全生产管理人员的职责外，还应包括以下内容：

（1）定期研究分析本单位伤亡事故、职业危害趋势和重大事故隐患，提出改进事故预防工作的意见。

（2）组织或参与制订本单位安全生产目标管理计划和安全生产目标值，制订年、季、月事故预防工作计划，并负责贯彻实施。

（3）依法定期组织修订本单位安全生产管理制度，劳动保护用品、保健食品、防暑降温物资标准，并监督执行。督促有关部门贯彻安全技术规程和安全生产管理制度，检查各级各类人员对安全技术规程和安全生产管理制度的熟悉情况。

（4）参与审查和汇总安全技术措施计划，监督检查安全技术措施费用使用和安全技术措施项目完成情况。

（5）参加审查新建、改建、扩建工程的设计、试运行和工程的验收工作。负责新建、改建、扩建、大修工程和新产品项目的安全以及"三同时"安全预评价、试运行过程中安全技术措施等工作的落实及安全验收评价。

（6）组织或参与开展科学研究和安全生产竞赛，总结、推广安全生产科研成果和先进经验，树立安全生产典型。

（7）组织三级安全教育和职工安全教育工作，负责厂级（公司级）安全教育。

（8）负责组织本单位事故应急救援预案的修订。

（9）负责本单位安全生产事故的归口管理（统计、报告、建档）工作，按照《工伤事故管理制度》如实报告工伤事故，主持或参与工伤事故的调查与处理，提出管理措施。做好事故的统计、分析和上报工作。负责职工工伤鉴定及申报等管理工作。

（10）负责本单位职业卫生（改善劳动条件、防尘、防毒、噪声、辐射、高温高热、职业中毒防治、有毒有害岗位职业健康监护等）管理工作；督促有关部门做好女职工和未成年工的劳动保护工作；对防护用品的质量和使用进行监督检查。

（11）在业务上接受上级主管部门领导及业务指导，如实向上级主管部门反映安全生产及职业病危害情况。

#### 2. 其他部门的安全职责

生产计划部门、技术部门、财务部门、设备动力部门、人力资源部门的安全生产职责，详见二维码。

其他部门的安全职责

## 任务 4.2　安全生产教育培训制度

### 任务描述

安全生产教育培训能够提高各级领导和广大从业人员对安全生产方针和政策的认识，增强搞好安全生产工作的责任感、使命感和法律意识，提高贯彻执行安全法律、法规及各项规章制度的自觉性，能促使广大从业人员掌握所需的安全生产知识，普及和丰富员工的安全技术知识，增强安全操作技能和提高应急自救能力，达到提高全员安全素养、提高企业安全生产管理水平和预防事故发生、实现安全生产的目的。

项目4  公路工程安全生产管理制度

## 任务目标

1. 掌握安全生产教育培训的内容。
2. 掌握安管人员教育培训的要求。
3. 掌握岗位职工教育培训的要求。
4. 熟悉安全生产教育培训的常用形式。

## 任务工作页

| 课程名称 | 公路施工安全管理 | 任务名称 | 安全生产教育培训制度 | 班级 | | 姓名 | |
|---|---|---|---|---|---|---|---|
| | | | | 日期 | | 成绩 | |

一、任务布置
1.掌握安全生产教育培训的内容。
2.掌握安管人员教育培训的要求。
3.掌握岗位职工教育培训的要求。
4.熟悉安全生产教育培训的常用形式

二、任务实施
引导问题1：《安全生产法》对安全生产教育和培训是如何要求的？




引导问题2：安全生产教育培训的内容通常包括_____、_____和_____三个方面。

引导问题3：安全生产三类人员（"安管人员"）是指_____、_____和_____。

引导问题4：安全员证书分为哪三类？其分别对应哪类人员？有效期为多久？




引导问题5：对生产岗位职工的教育和培训通常包括哪几个方面？

## 评价反馈

**学生自评**

| 班级： | | 姓名： | | 学号： | |
|---|---|---|---|---|---|
| 任务4.2 | | 安全生产教育培训制度 | | | |
| 评价项目 | | 评价标准 | | 分值 | 得分 |
| 安全生产教育培训的内容 | | 掌握安全生产教育培训的内容 | | 15 | |
| 对管理人员的教育培训规定 | | 掌握对管理人员的教育培训规定 | | 15 | |
| 对岗位职工的教育培训规定 | | 掌握对岗位职工的教育培训规定 | | 15 | |
| 安全教育的形式 | | 熟悉常用的安全教育的形式 | | 15 | |
| 工作态度 | | 态度端正，无无故缺勤、迟到、早退现象 | | 10 | |
| 工作质量 | | 能按时完成工作任务 | | 10 | |
| 职业素质 | | 认真严谨、实事求是，具有安全意识 | | 10 | |
| 创新意识 | | 能够通过任务拓展知识体系，乐于思考 | | 10 | |
| 合计 | | | | 100 | |

## 强化训练

1. 简述三级安全教育的含义与内容。
2. 简述安管人员教育培训的主要要求。

## 相关知识点

《安全生产法》第二十八条明确规定："生产经营单位应当对从业人员进行安全生产教育和培训，保证从业人员具备必要的安全生产知识，熟悉有关的安全生产规章制度和安全操作规程，掌握本岗位的安全操作技能，了解事故应急处理措施，知悉自身在安全生产方面的权利和义务。未经安全生产教育和培训合格的从业人员，不得上岗作业。"

《生产经营单位安全培训规定》（原国家安全生产监督管理总局令第80号，第二次修订）明确规定，生产经营单位应当进行安全培训的从业人员包括主要负责人、安全生产管理人员、特种作业人员和其他从业人员。根据教育培训对象的不同,将安全教育分为对安全管理人员的安全教育和对生产岗位职工的安全教育两部分。

### 4.2.1 安全生产教育培训的内容

安全生产教育培训的主要内容应包括安全思想教育、安全知识教育和安全技能教育3个方面。

#### 1. 安全思想教育

安全思想教育包括安全意识教育、安全生产方针政策教育、法纪教育。

(1)安全意识教育。安全意识是在人们生产和生活的各项活动中逐步形成的。安全意识教育主要是通过学校教育、媒体宣传、政策导向、实践活动等形式加强对安全问题的认识并逐步深化,提高人们的安全意识和素质,引导人们从安全的角度观察和理解要从事的活动和面临的形势,用安全的观点解释和处理自己遇到的新问题,使人们更加关注安全并积极配合、主动参与安全工作,共同营造一个安全、和谐的环境。

(2)安全生产方针政策教育。安全生产方针政策教育是指对生产经营单位的各级领导和广大职工进行党和政府有关安全生产的方针、政策的宣传教育。我国贯彻执行"安全第一、预防为主、综合治理"的安全生产方针,这是符合我国具体国情、与生产发展相适应的。只有充分认识、深刻理解其真正含义,才能在实践中处理好安全与生产的关系,时刻将安全放在第一位。当安全与生产发生矛盾时,首先解决好安全问题,把安全视作头等大事,从而提高安全生产的责任感与自觉性。

(3)法纪教育。法纪教育主要内容包括安全法规、安全规章制度、劳动纪律等。安全法规和安全规章制度是实践经验的总结,它们反映安全生产的客观规律,只有自觉地遵纪守法,安全生产才能得到基本保证。通过法纪教育,人们懂得遵纪守法是劳动者的责任和义务,是国家法律对劳动者的基本要求。加强劳动纪律教育,不仅是提高生产经营单位管理水平、合理组织劳动、提高劳动生产率的主要保证,也是减少或避免伤亡事故和职业危害、保证安全生产的必要前提。

#### 2. 安全知识教育

安全知识教育包括安全管理知识教育和安全技术知识教育。

(1)安全管理知识教育。安全管理知识教育通常包括安全管理组织结构、安全管理体制、安全管理制度、安全管理方法、系统安全工程等内容。

(2)安全技术知识教育。安全技术知识教育包括施工生产的概况、生产过程、作业方法或工艺流程；生产经营单位内特别危险的设备和区域情况；专业安全技术操作规程；安全防护基本知识和注意事项；有关特种设备的基本安全知识；有关预防生产经营单位经常发生事故的基本知识；个人防护用品的构造、性能和正确使用的有关常识；职业危害因素与职业病预防的一般知识等内容。

#### 3. 安全技能教育

安全技能包括正常作业的安全技能和异常情况的处理技能，以及设备的安全操作技能、防护技能、避险技能、救护技能和应急技能等。

在安全教育中，只有在思想上有了强烈的安全要求，又具备了必要的安全技术知识，掌握了熟练的安全操作技能，才能预防和控制事故和伤害的发生，取得较好的安全效果。

### 4.2.2 对安全管理人员的安全教育

公路工程施工企业主要负责人和安全生产管理人员（统称安管人员）的安全培训工作由企业所在地省级交通运输主管部门负责。《公路水运工程施工企业主要负责人和安全生产管理人员考核管理办法》（交安监发〔2016〕65号）规定，施工企业主要负责人是指对本企业生产经营活动、安全生产工作具有决策权的负责人，以及具体分管安全生产工作的负责人、企业技术负责人。施工企业安全生产管理人员是指企业授权的工程项目负责人、具体分管项目安全生产工作的负责人、项目技术负责人；企业或工程项目专职从事安全生产工作的管理人员。

安管人员应具备从事公路水运工程安全生产管理工作必要的安全生产知识和管理能力。应为与施工企业存在劳动关系，被正式任命或授权任命相关职务及岗位的在岗人员。经施工企业年度安全生产教育和培训合格，且上一年度至考核时无严重安全生产失信信息记录的，经考核部门考核合格，取得安全生产考核合格证书。证书在全国范围内有效，有效期为三年。考核部门每3年对安管人员就其与施工企业劳动关系、相关职务及岗位存续，以及安全生产失信信息等方面开展1次复核工作。复核通过的，证书有效期予以延期3年；复核不通过的，证书有效期不予延期，应重新申请考核。

安全生产考核合格证书分为三类：A证对应施工企业负责人；B证对应项目负责人；C证对应企业或项目专职从事安全生产工作的管理人员。

（1）生产经营单位主要负责人安全培训应当包括下列内容：

1）国家安全生产方针、政策和有关安全生产的法律、法规、规章及标准。

安全生产三类人员

2）安全生产管理基本知识、安全生产技术、安全生产专业知识。

3）重大危险源管理、重大事故防范、应急管理和救援组织以及事故调查处理的有关规定。

4）职业危害及其预防措施。

5）国内外先进的安全生产管理经验。

6）典型事故和应急救援案例分析。

7）其他需要培训的内容。

（2）生产经营单位安全生产管理人员安全培训应当包括下列内容：

1）国家安全生产方针、政策和有关安全生产的法律、法规、规章及标准。

2）安全生产管理、安全生产技术、职业卫生等知识。

3）伤亡事故统计、报告及职业危害的调查处理方法。

4）应急管理、应急预案编制以及应急处置的内容和要求。

5）国内外先进的安全生产管理经验。

6）典型事故和应急救援案例分析。

7）其他需要培训的内容。

生产经营单位主要负责人和安全生产管理人员初次安全培训时间不得少于32学时。每年再培训时间不得少于12学时。

煤矿、非煤矿山、危险化学品、烟花爆竹、金属冶炼等生产经营单位主要负责人和安全生产管理人员初次安全培训时间不得少于48学时，每年再培训时间不得少于16学时。

### 4.2.3　对生产岗位职工的安全教育

#### 1. 三级安全教育

生产经营单位对新录用员工以及接收的各类学校实习的学生，均应进行三级安全教育，即厂级（公司级）、车间级（项目级）、班组级。

三级安全教育培训

生产经营单位新上岗的从业人员，岗前安全培训时间不得少于24学时。

煤矿、非煤矿山、危险化学品、烟花爆竹、金属冶炼等生产经营单位新上岗的从业人员安全培训时间不得少于72学时，每年再培训的时间不得少于20学时。

从业人员在本生产经营单位内调整工作岗位或离岗一年以上重新上岗时，应当重新接受车间（工段、区、队）和班组级的安全培训。

生产经营单位实施新工艺、新技术或者使用新设备、新材料时，应当对有关从业人员重新进行有针对性的安全培训。

（1）厂（矿）级岗前安全培训内容应当包括：

1）本单位安全生产情况及安全生产基本知识。

2）本单位安全生产规章制度和劳动纪律。

3）从业人员安全生产权利和义务。

4）有关事故案例等。

煤矿、非煤矿山、危险化学品、烟花爆竹、金属冶炼等生产经营单位厂（矿）级安全培训除包括上述内容外，应当增加事故应急救援、事故应急预案演练及防范措施等内容。

（2）车间（工段、区、队）级岗前安全培训内容应当包括：

1）工作环境及危险因素。

2）所从事工种可能遭受的职业伤害和伤亡事故。

3）所从事工种的安全职责、操作技能及强制性标准。

4）自救、互救、急救方法，疏散和现场紧急情况的处理。

5）安全设备设施、个人防护用品的使用和维护。

6）本车间（工段、区、队）安全生产状况及规章制度。

7）预防事故和职业危害的措施及应注意的安全事项。

8）有关事故案例。

9）其他需要培训的内容。

（3）班组级岗前安全培训内容应当包括：

1）岗位安全操作规程。

2）岗位之间工作衔接配合的安全与职业卫生事项。

3）有关事故案例。

4）其他需要培训的内容。

## 2. 特种作业人员安全生产教育培训考核

特种作业人员应按相关规定经过专门培训，取得相应资格证书，持证上岗。具体要求见任务3.4中《特种作业人员安全技术培训考核管理规定》的相关内容。

## 3. 经常性安全教育

由于生产经营单位的生产方法、环境、机械设备的使用状态及人的心理状态都处于变化之中，加之人的大部分安全技术知识与技能均为短期记忆，必然随时间而衰减，即使上岗前进行了全面深入的教育培训，经过一段时间以后，员工所具备的安全知识和技能还有可能低于从事本职工作的最低要求，必须进行再培训，保证其始终处于"够用"状态。因此，安全教育不可能一劳永逸，必须经常开展。

经常性安全教育的形式多种多样，如班前班后会、安全活动月、安全会议、安全技术交流、安全水平考试、安全知识竞赛、安全演讲等。无论采取哪种形式，都应该切实结合安全生产情况而有的放矢，以提高职工的安全意识，得到较好的教育效果。

**4."五新"作业安全教育**

"五新"作业安全教育是指凡采用新技术、新工艺、新材料、新产品、新设备（即进行"五新"作业）时，由于其未知因素多，变化较大，作业中极可能潜藏着不为人知的危险性，且操作者失误的可能性也要比通常进行的作业更大。因此，在作业前，应尽可能应用科学方法进行分析和预测，找出潜在或存在的危险，制定出可靠的安全操作规程，对操作者及有关人员就作业内容进行有针对性的安全操作知识和技能及应急措施的教育和培训，预防事故的发生，控制事故的扩大。

**5. 复工和变换岗位安全教育**

（1）复工。复工人员安全教育是指针对离开工作岗位较长时间的作业人员进行的安全生产教育培训。应重新进行车间级和班组级的安全生产教育培训，经考试合格后，方可上岗作业。需要进行复工人员教育培训的离开岗位时间可按照行业或地方的规定、规章、地方性法规的规定执行，原则上，作业岗位安全风险较大、技能要求较高的岗位，时间间隔应短一些。例如，《天津市安全生产条例》（2016修订）规定：生产经营单位应对歇工半年以上重新复工的人员进行复工培训；《冶金企业和有色金属企业安全生产规定》（原国家安全生产监督管理总局令第91号）规定：离岗半年以上重新上岗的从业人员，应当经车间（职能部门）、班组安全生产教育和培训合格后，方可上岗作业。

（2）变换岗位安全教育。变换岗位安全教育是指从业人员由于各种原因变换工作岗位，由接收部门进行的安全教育。从业人员变换工作岗位后，必须按照规定对新员工进行安全生产教育培训，并经考试合格后方可上岗作业。《冶金企业和有色金属企业安全生产规定》（原国家安全生产监督管理总局令第91号）规定：对调整工作岗位的从业人员，应当经车间（职能部门）、班组安全生产教育和培训合格后，方可上岗作业。

### 4.2.4 安全教育的形式

安全教育应利用各种教育形式和教育手段，以生动活泼的方式来实现安全生产这一严肃的课题。

安全教育形式大体可分为以下几种。

（1）广告式。广告式包括安全广告、标语、宣传画、标志、展览、黑板报等形式，以精练的语言、生动的方式，在醒目的地方展示，提醒人们注意安全和怎样才能安全。

（2）演讲式。演讲式包括教学、讲座的讲演、经验介绍、现身说法、演讲比赛等。可以是系统教学，也可以是专题论证、讨论，用以丰富人们的安全知识，提高对安全生产的重视程度。

（3）会议讨论式。会议讨论式包括事故现场分析会、班前班后会、专题研讨会等，以集体讨论的形式，使与会者在参与过程中进行自我教育。

（4）竞赛式。竞赛式包括抢答赛、书面知识竞赛、操作技能竞赛及其他安全教育活动评比，激发人们学安全、懂安全、会安全的积极性，促进职工在竞赛活动中树立"安全第一"的思想，丰富安全知识，掌握安全技能。

（5）声像式。声像式是用声像现代艺术手段，使安全教育寓教于乐，主要有安全宣传广播、电影、电视、录像等。

（6）文艺演出式。文艺演出式是以安全为题材编写和演出的相声、小品、话剧等文艺演出的教育形式。

（7）学校正规教学。利用国家或生产经营单位办的大学、中专、技校，开办安全工程专业，或穿插渗透于其他专业的安全课程。

# 任务 4.3　安全技术交底制度

## 任务描述

在公路工程建设日益复杂的背景下，安全技术交底能够真正起到指导施工、预防事故、保证安全的作用。建立技术交底制度的目的是规范项目安全技术交底工作，提高从业人员的安全意识，丰富安全知识、增强安全操作技能，以减少伤亡事故的发生。

安全技术交底

## 任务目标

1. 掌握安全技术交底的基本要求。
2. 掌握安全技术交底的基本内容。
3. 熟悉各工种的安全技术交底内容。
4. 掌握安全技术交底的程序，并能组织安全技术交底。

## 任务工作页

| 课程名称 | 公路施工安全管理 | 任务名称 | 安全技术交底制度 | 班级 | | 姓名 | |
|---|---|---|---|---|---|---|---|
| | | | | 日期 | | 成绩 | |

一、任务布置
1.检索资料，确定公路工程施工中涉及哪些工种。
2.检索资料，明确公路工程项目建设过程中涉及的各类人员有哪些。
3.明确各类人员在安全技术交底中的职责

二、任务实施
引导问题1：公路工程施工中，有哪些工种？


引导问题2：公路工程施工中，都需要进行哪些安全技术交底？


引导问题3：作为施工员，在安全技术交底工作中，需要做哪些工作？


引导问题4：作为安全员，在安全技术交底工作中，需要做哪些工作？


## 评价反馈

### 学生自评

| 班级： | 姓名： | | 学号： | |
|---|---|---|---|---|
| 任务4.3 | | 安全技术交底制度 | | |
| 评价项目 | 评价标准 | | 分值 | 得分 |
| 安全技术交底的要求 | 掌握相关要求 | | 30 | |
| 安全技术交底的内容 | 掌握安全技术交底内容，会对重点工序和主要工种进行安全技术交底 | | 30 | |
| 工作态度 | 态度端正，无无故缺勤、迟到、早退现象 | | 10 | |

续表

| 工作质量 | 能按时完成工作任务 | 10 | |
|---|---|---|---|
| 职业素质 | 认真严谨、实事求是，具有安全意识 | 10 | |
| 创新意识 | 能够通过任务拓展知识体系，乐于思考 | 10 | |
| 合计 | | 100 | |

### 强化训练

1. 检索资料，针对焊接作业编制技术交底方案。
2. 检索资料，针对隧道爆破作业编制技术交底方案。

### 相关知识点

随着我国修建公路的等级越来越高，深水、高墩、大跨的工程越来越多，施工机械化程度越来越高，新技术、新结构、新工艺、新材料和新设备的应用越来越广泛。这使公路工程安全生产技术和管理工作变得更加复杂多变。建立安全技术交底制度，规范项目安全技术交底工作，提高从业人员的安全意识、丰富安全知识和增强安全操作技能，是预防事故、减少伤亡事故发生、保证施工安全的必要手段和根本途径。

#### 4.3.1 安全技术交底的要求

安全技术交底由施工单位项目技术负责人负责实施，实行逐级安全技术交底制度。横向覆盖项目部内各职能部门，纵向延伸到施工班组全体作业人员，任何人未经安全技术交底不准作业。

（1）分部分项工程开工前，施工方案（专项施工方案）的编制人员应向项目部管理人员、分包单位或作业班组负责人进行安全技术交底。

（2）危险性较大的分部分项工程施工前，应由专项施工方案编制人会同施工人员，将安全技术措施、施工方法、施工工艺、施工中可能出现的风险因素、安全施工注意事项和紧急避险措施等，向参加施工的全体管理人员（包括分包单位现场负责人、安全管理员）、作业人员进行交底。

（3）各工种作业安全技术交底采用层级交底制，主要工序和特殊工序由项目技术负责人对主管施工员进行交底，主管施工员再向施工班组负责人进行技术交底；班组负责人还应对作业人员进行技术交底。一般工序由施工技术员直接向各施工班组进行交底。

（4）安全技术交底要具体、明确、及时，有针对性和可操作性，符合有关安全技术标准和操作规范的规定。

（5）安全技术交底应优先采用新的安全技术方法和技术措施。

（6）安全技术交底应涵盖工程概况、施工方法、施工程序、安全技术措施等内容。

（7）安全技术交底应按规定程序进行，并履行书面交底签字手续，相关责任人各执一份。

（8）施工单位应加强对安全技术交底工作的监督检查、效果评价和督促整改。

### 4.3.2 安全技术交底的内容

安全技术交底应包括以下内容：告知施工过程中的作业危险点、重大危险源及危害因素；针对危险点和重大危险源制定具体的预防措施；作业过程中应注意的安全事项；特殊工序的操作方法及相应的安全操作规程和标准要求；发生安全生产事故后应采取的自救方法、紧急避险和紧急救援措施等。

## 任务 4.4　安全生产费用管理制度

### 任务描述

建立科学合理的安全生产费用管理制度的意义，在于加强建设工程安全生产费用（简称安全费用）管理，建立施工企业安全生产投入长效机制，改善施工企业作业条件，减少施工伤亡事故发生，切实保障施工人员人身安全。

### 任务目标

1. 掌握安全费用的提取标准。
2. 掌握安全费用的使用范围。

### 任务工作页

| 课程名称 | 公路施工安全管理 | 任务名称 | 安全生产费用管理制度 | 班级 | | 姓名 | |
|---|---|---|---|---|---|---|---|
| | | | | 日期 | | 成绩 | |
| 一、任务布置<br>1.掌握公路工程施工企业安全费用提取标准。<br>2.了解安全费用的使用范围。 ||||||||

续表

二、任务实施

引导问题1：安全费用按照＿＿＿＿＿＿、＿＿＿＿＿＿、＿＿＿＿＿＿、＿＿＿＿＿＿的原则进行管理。

引导问题2：依据《企业安全生产费用提取和使用管理办法》（财资〔2022〕136号）文件第十七条规定，公路工程施工企业的安全费用以＿＿＿＿＿＿为计提依据，提取比例为＿＿＿＿＿＿。

引导问题3：依据《企业安全生产费用提取和使用管理办法》第十九条规定，建设工程施工企业安全费用使用范围包括哪些？

## 评价反馈

### 学生自评

| 班级： | | 姓名： | 学号： | |
|---|---|---|---|---|
| 任务4.4 | | 安全生产费用管理制度 | | |
| 评价项目 | 评价标准 | | 分值 | 得分 |
| 安全费用的管理原则和提取标准 | （1）掌握安全费用的管理原则；<br>（2）掌握安全费用的提取标准 | | 40 | |
| 安全费用的使用范围 | 掌握安全费用的使用范围 | | 20 | |
| 工作态度 | 态度端正，无无故缺勤、迟到、早退现象 | | 10 | |
| 工作质量 | 能按时完成工作任务 | | 10 | |
| 职业素质 | 认真严谨、实事求是，具有安全意识 | | 10 | |
| 创新意识 | 能够通过任务拓展知识体系，乐于思考 | | 10 | |
| 合计 | | | 100 | |

## 强化训练

检索《企业安全生产费用提取和使用管理办法》（财资〔2022〕136号）文件，熟悉安全费用的相关管理要求。

## 相关知识点

《安全生产法》及相关法规规定，公路工程施工企业的经费应当安排用于配备劳动保护用品、进行安全生产培训，并对由于安全生产所必需的资金投入不足导致的后果承担责任。

因此，企业要想解决安全生产措施经费足额提取、及时到位、合理使用等问题，就必须建立安全生产费用管理制度。企业建立安全生产费用管理制度的目的是加强企业安全生产费用的统一管理；保证安全生产资金的有效投入；改善从业人员工作条件和工作环境，保障职工职业健康安全；进一步实现安全生产、文明施工和安全生产标准化管理，减少和防止生产安全事故的发生。

安全生产费用是指企业按照规定标准提取，在成本中列支，专门用于完善和改进企业安全生产条件的资金。

### 4.4.1　安全费用的管理原则和提取标准

安全费用按照"企业提取、政府监管、确保需要、规范使用"的原则进行管理。

企业安全生产资金必须做到专项立户，由本单位财务部门统一管理，实行专款专用，不得挪作他用。

《企业安全生产费用提取和使用管理办法》（财资〔2022〕136号）文件第十七条规定，建设工程施工企业以建筑安装工程造价为计提依据。各建设工程类别安全费用提取标准如下：

（1）矿山工程3.5%。

（2）铁路工程、房屋建筑工程、城市轨道交通工程3%。

（3）水利水电工程、电力工程2.5%。

（4）冶炼工程、机电安装工程、化工石油工程、通信工程2%。

（5）市政公用工程、港口与航道工程、公路工程1.5%。

建设工程施工企业编制投标报价应当包含并单列企业安全生产费用，竞标时不得删减。国家对基本建设投资概算另有规定的，从其规定。

建设单位应当在合同中单独约定并于工程开工日1个月内向承包单位支付至少50%企业安全生产费用。

总包单位应当在合同中单独约定并于分包工程开工日1个月内将至少50%企业安全生产费用直接支付分包单位并监督使用，分包单位不再重复提取。

工程竣工决算后结余的企业安全生产费用，应当退回建设单位。

### 4.4.2　安全费用的使用范围

《企业安全生产费用提取和使用管理办法》第十九条规定，建设工程施工企业安全费用应当按照以下范围使用：

（1）完善、改造和维护安全防护设施设备支出（不含"三同时"要求初期投入的安全设施），包括施工现场临时用电系统、洞口或临边防护、高处作业或交叉作业防护、临时安全防护、支护及防治边坡滑坡、工程有害气体监测和通风、保障安全的机械设备、防火、防爆、防触电、防尘、防毒、防雷、防台风、防地质灾害等设施设备支出。

（2）应急救援技术装备、设施配置及维护保养支出，事故逃生和紧急避难设施设备的配置以及应急救援队伍建设、应急预案制修订与应急演练支出。

（3）开展施工现场重大危险源检测、评估、监控支出，安全风险分级管控和事故隐患排查整改支出，工程项目安全生产信息化建设、运维和网络安全支出。

（4）安全生产检查、评估评价（不含新建、改建、扩建项目安全评价）、咨询和标准化建设支出。

（5）配备和更新现场作业人员安全防护用品支出。

（6）安全生产宣传、教育、培训和从业人员发现并报告事故隐患的奖励支出。

（7）安全生产适用的新技术、新标准、新工艺、新装备的推广应用支出。

（8）安全设施及特种设备检测检验、检定校准支出。

（9）安全生产责任保险支出。

（10）与安全生产直接相关的其他支出。

在公路工程施工中，建设单位列入建设工程概算的安全生产资金应主要用于施工安全防护用具及设施的采购和更新、安全施工保障措施的落实、安全生产条件的改善等。

## 任务 4.5　特种设备及作业人员安全管理制度

### 任务描述

公路工程建设施工机械化程度越来越高，来自机械设备的不安全因素增加，机械伤害事故发生的可能性越来越高。为了杜绝或减少机械伤害事故的发生，确保机械设备及人员的安全，创造良好的施工环境，必须建立特种设备及作业人员安全管理制度，以加强对特种设备及作业人员的安全管理。

特种设备及作业人员管理制度

## 任务目标

1. 掌握特种设备的安全管理制度。
2. 掌握特种设备作业人员的安全管理制度。
3. 认识特种设备的分类，掌握特种设备的安全管理要求。
4. 掌握特种作业人员的范围，掌握特种作业人员的安全管理要求。

## 任务工作页

| 课程名称 | 公路施工安全管理 | 任务名称 | 特种设备及作业人员安全管理制度 | 班级 | | 姓名 | |
|---|---|---|---|---|---|---|---|
| | | | | 日期 | | 成绩 | |

一、任务布置
1.掌握公路工程施工中涉及的特种设备及其管理要求。
2.掌握公路工程施工中特种设备作业人员的范围及其管理要求

二、任务实施
引导问题1：公路工程中的特种设备是指涉及人身安全、危险性较大的_____、_____、_____、_____、_____和_____等。

引导问题2：特种设备可分为两类：一种是_____类，如锅炉、压力容器等；另一种是_____类，如电梯、起重机械等。

引导问题3：特种设备使用单位应当在特种设备投入使用前或者投入使用后_____日内，向负责特种设备安全监督管理的部门办理使用登记，取得_____。

引导问题4：特种设备使用单位应当建立特种设备安全技术档案。安全技术档案应当包括哪些内容？

## 评价反馈

### 学生自评

| 班级： | 姓名： | 学号： |
|---|---|---|
| 任务4.5 | 特种设备及作业人员安全管理制度 | |
| 评价项目 | 评价标准 | 分值 | 得分 |
| 特种设备的种类和范围 | 掌握特种设备的种类和范围 | 20 | |
| 特种设备使用 | 掌握特种设备使用的管理要求 | 20 | |

续表

| 特种设备作业人员 | 掌握特种设备作业人员的管理要求 | 20 | |
| :---: | :---: | :---: | :---: |
| 工作态度 | 态度端正,无无故缺勤、迟到、早退现象 | 10 | |
| 工作质量 | 能按时完成工作任务 | 10 | |
| 职业素质 | 认真严谨、实事求是,具有安全意识 | 10 | |
| 创新意识 | 能够通过任务拓展知识体系,乐于思考 | 10 | |
| 合计 | | 100 | |

### 强化训练

1. 特种作业人员包括哪些人?
2. 对特种作业人员的安全管理有何规定?

### 相关知识点

建立特种设备及作业人员安全管理制度,对于保证特种设备的本质安全,加强设备的检验和检测,规范特种作业人员的教育培训、持证上岗等安全管理,杜绝"违章指挥、违章操作、违反劳动纪律"的三违行为,避免人身伤害和财产损失有着十分重要的意义。

#### 4.5.1 特种设备安全管理制度

**1. 特种设备的分类**

根据《中华人民共和国特种设备安全法》(中华人民共和国主席令第4号)(以下简称《特种设备安全法》)的规定,特种设备是指对人身和财产安全有较大危险性的锅炉、压力容器(含气瓶)、压力管道、电梯、起重机械、客运索道、大型游乐设施、场(厂)内专用机动车辆,以及法律、行政法规规定适用本法的其他特种设备。根据《特种设备安全法》和《特种设备安全监察条例》(中华人民共和国国务院令第549号)等相关法律、法规,《质检总局关于修订〈特种设备目录〉的公告》(2014年第114号),并结合公路工程施工的实际特点,特种设备及作业人员安全管理制度中包含的特种设备如下:

(1)锅炉。锅炉是指利用各种燃料、电或者其他能源,将所盛装的液体加热到一定的参数,并通过对外输出介质的形式提供热能的设备,其范围规定为设计正常水位容积大于或者等于30 L,且额定蒸汽压力大于或者等于0.1 MPa(表压)的承压蒸汽锅炉;出口水压大于或者等于0.1 MPa(表压),且额定功率大于或者等于0.1 MW的承压热水锅炉;额定功率大于或者等于0.1 MW的有机热载体锅炉。

（2）压力容器。压力容器是指盛装气体或者液体，承载一定压力的密闭设备，其范围规定为最高工作压力大于或者等于 0.1 MPa（表压）的气体、液化气体和最高工作温度高于或者等于标准沸点的液体、容积大于或者等于 30 L 且内直径（非圆形截面指截面内边界最大几何尺寸）大于或者等于 150 mm 的固定式容器和移动式容器；盛装公称工作压力大于或者等于 0.2 MPa（表压），且压力与容积的乘积大于或者等于 1.0 MPa·L 的气体、液化气体和标准沸点等于或者低于 60 ℃液体的气瓶；氧舱。

（3）压力管道。压力管道是指利用一定的压力，用于输送气体或者液体的管状设备，其范围规定为最高工作压力大于或者等于 0.1 MPa（表压），介质为气体、液化气体、蒸汽或者可燃、易爆、有毒、有腐蚀性、最高工作温度高于或者等于标准沸点的液体，且公称直径大于或者等于 50 mm 的管道。公称直径小于 150 mm，且其最高工作压力小于 1.6 MPa（表压）的输送无毒、不可燃、无腐蚀性气体的管道和设备本体所属管道除外。其中，石油天然气管道的安全监督管理还应按照《安全生产法》《石油天然气管道保护法》等法律法规实施。

（4）电梯。电梯是指动力驱动，利用沿刚性导轨运行的箱体或者沿固定线路运行的梯级（踏步），进行升降或者平行运送人、货物的机电设备，包括载人（货）电梯、自动扶梯、自动人行道等。非公共场所安装且仅供单一家庭使用的电梯除外。

（5）起重机械。起重机械是指用于垂直升降或者垂直升降并水平移动重物的机电设备，其范围规定为额定起重量大于或者等于 0.5 t 的升降机；额定起重量大于或者等于 3 t（或额定起重力矩大于或者等于 40 t·m 的塔式起重机，或生产率大于或者等于 300 t/h 的装卸桥），且提升高度大于或者等于 2 m 的起重机；层数大于或者等于 2 层的机械式停车设备。

（6）场（厂）内专用机动车辆。场（厂）内专用机动车辆是指除道路交通、农用车辆以外仅在工厂厂区、旅游景区、游乐场所等特定区域使用的专用机动车辆。

（7）其他危险性较大的特种设备。

### 2. 特种设备的管理

我国实行特种设备安全全过程一体化监察制度，该制度包括对设计和制造、安装和使用、检验和修理等环节的监察。

（1）特种设备生产管理。

《安全生产法》规定："生产经营单位使用的危险物品的容器、运输工具，以及涉及人身安全、危险性较大的海洋石油开采特种设备和矿山井下特种设备，必须按照国家有关规定，由专业生产单位生产，并经具有专业资质的检测、检验机构检测、检验合格，取得安全使用证或者安全标志，方可投入使用。"

国家按照分类监督管理的原则对特种设备生产实行许可制度。特种设备生产单位应当具备下列条件，并经负责特种设备安全监督管理的部门许可，方可从事生产活动：有与生产相适应的专业技术人员；有与生产相适应的设备、设施和工作场所；有健全的质量保证、安全管理和岗位责任等制度。

特种设备生产单位应当保证特种设备生产符合安全技术规范及相关标准的要求，对其生产的特种设备的安全性能负责。不得生产不符合安全性能要求和能效指标及国家明令淘汰的特种设备。锅炉、气瓶、氧舱、客运索道、大型游乐设施的设计文件，应当经负责特种设备安全监督管理的部门核准的检验机构鉴定，方可用于制造。

特种设备出厂时，应当随附安全技术规范要求的设计文件、产品质量合格证明、安装及使用维护保养说明、监督检验证明等相关技术资料和文件，并在特种设备显著位置设置产品铭牌、安全警示标识及其说明。

特种设备安装、改造、修理的施工单位应当在施工前将拟进行的特种设备安装改造、修理情况书面告知直辖市或者设区的市级人民政府负责特种设备安全监督管理的部门。特种设备安装、改造、修理竣工后，安装、改造、修理的施工单位应当在验收后 30 日内将相关技术资料及文件移交特种设备使用单位。特种设备使用单位应当将其存入该特种设备的安全技术档案。

锅炉、压力容器、压力管道元件等特种设备的制造过程和锅炉、压力容器、压力管道、电梯、起重机械、客运索道、大型游乐设施的安装、改造、重大修理过程，应当经特种设备检验机构按照安全技术规范的要求进行监督检验；未经监督检验或者监督检验不合格的，不得出厂或者交付使用。

（2）特种设备经营管理。

特种设备销售单位销售的特种设备，应当符合安全技术规范及相关标准的要求，其设计文件、产品质量合格证明、安装及使用维护保养说明、监督检验证明等相关技术资料和文件应当齐全。特种设备销售单位应当建立特种设备检查验收和销售记录制度。禁止销售未取得生产许可的特种设备、未经检验和检验不合格的特种设备或者国家明令淘汰和已经报废的特种设备。

特种设备出租单位不得出租未取得生产许可的特种设备或者国家明令淘汰和已经报废的特种设备，以及未按照安全技术规范的要求进行维护、保养和未经检验或者检验不合格的特种设备。特种设备在出租期间的使用管理和维护保养义务由特种设备出租单位承担，法律另有规定或者当事人另有约定的除外。

（3）特种设备的安装与调试。

1）对特种设备进行安装调试的单位应该具有相应的资格，使用单位需对承接该项工作的单位进行安全资格验证。

2）特种设备在安装调试前，使用单位应对特种设备安装调试承揽单位进行安全资质审查，验证后报上级质量技术监督行政主管部门备案，方可进行特种设备的安装调试。

3）特种设备的安装调试必须按照国家相关安全法规、标准进行。

4）设备安装调试完成后，安装单位必须出具有关安装合格报告。使用单位还应组织有关部门组织验收，验收合格后方可投入使用。

（4）特种设备使用管理。

特种设备使用单位应当使用取得生产许可并经检验合格的特种设备。禁止使用国家明令淘汰和已经报废的特种设备。特种设备使用单位应当在特种设备投入使用前或者投入使用后 30 日内，向负责特种设备安全监督管理的部门办理使用登记，取得使用登记证书。登记标志应当置于该特种设备的显著位置。特种设备使用单位应当建立岗位责任、隐患治理、应急救援等安全管理制度，制定操作规程，保证特种设备安全运行。

特种设备使用单位应当建立特种设备安全技术档案。安全技术档案应当包括以下内容：

1）特种设备的设计文件、产品质量合格证明、安装及使用维护保养说明、监督检验证明等相关技术资料和文件。

2）特种设备的定期检验和定期自行检查记录。

3）特种设备的日常使用状况记录。

4）特种设备及其附属仪器仪表的维护保养记录。

5）特种设备的运行故障和事故记录。

电梯、客运索道、大型游乐设施等为公众提供服务的特种设备的运营使用单位，应当对特种设备的使用安全负责，设置特种设备安全管理机构或者配备专职的特种设备安全管理人员；其他特种设备使用单位应当根据情况设置特种设备安全管理机构或者配备专职、兼职的特种设备安全管理人员。

特种设备使用单位应当对其使用的特种设备进行经常性的维护保养和定期自行检查，并做出记录。特种设备使用单位应当对其使用的特种设备的安全附件、安全保护装置进行定期校验、检修，并做出记录。

特种设备使用单位应当按照安全技术规范的要求，在检验合格有效期届满前 1 个月向特种设备检验机构提出定期检验要求。特种设备检验机构接到定期检验要求后，应当按照安全技术规范的要求及时进行安全性能检验。特种设备使用单位应当将定期检验标志置于该特种设备的显著位置。未经定期检验或者检验不合格的特种设备，不得继续使用。

特种设备安全管理人员应当对特种设备使用状况进行经常性检查，发现问题应当立即处理；情况紧急时，可以决定停止使用特种设备并及时报告本单位有关负责人。特种设备作业人员在作业过程中发现事故隐患或者其他不安全因素时，应当立即向特种设备安全管理人员和单位有关负责人报告；特种设备运行不正常时，特种设备作业人员应当按照操作规程采取有效措施保证安全。

特种设备出现故障或者发生异常情况，特种设备使用单位应当对其进行全面检查，消除事故隐患，方可继续使用。

（5）特种设备检测、检验管理。

检测、定期检验的特种设备检验机构，以及为特种设备生产、经营、使用提供检测服务的特种设备检测机构，应当具备下列条件，并经负责特种设备安全监督管理的部门核准，方可从事检验、检测工作：有与检验、检测工作相适应的检验、检测人员；有与检验、检测工作相适应的检验、检测仪器和设备；有健全的检验、检测管理制度和责任制度。

特种设备检验、检测机构的检验、检测人员应当经考核，取得检验、检测人员资格，方可从事检验、检测工作。特种设备检验、检测机构的检验、检测人员不得同时在两个以上检验、检测机构中执业；变更执业机构的，应当依法办理变更手续。特种设备检验、检测工作应当遵守法律、行政法规的规定，并按照安全技术规范的要求进行。

### 4.5.2 特种设备作业人员的管理

特种设备作业人员是指从事特种设备安装、调试、维修、保养、指挥、操作等的人员。

（1）特种设备的使用单位应当加强对特种设备作业现场和作业人员的安全管理，履行下列义务：

1）制定特种设备安全操作规程和有关安全管理制度。

2）保证特殊工种人员持证上岗，建立特种设备作业人员管理档案。

3）对特种作业人员及时进行安全教育和培训。

4）进行专项安全检查，确保持证上岗和按章操作。

5）提供必要的安全作业条件，发放必要的个人安全防护用品、用具。

6）定期组织从事危险、危害作业的特殊工种作业人员进行身体健康检查。

7）及时进行安全技术交底和危险、危害因素书面告知。

（2）特种设备作业人员应当遵守以下规定：

1）作业时随身携带证件，并自觉接受用人单位的安全管理和质量技术监督部门的监督检查。

2）积极参加特种设备安全教育和安全技术培训。《安全生产法》规定："生产经营单位的特种作业人员必须按照国家有关规定经专门的安全作业培训，取得相应资格，方可上岗作业。"

3）严格执行特种设备操作规程和有关安全规章制度。

4）拒绝违章指挥。

5）发现事故隐患或者不安全因素应当立即向现场管理人员和单位有关负责人报告。

6）接受安全技术交底，熟悉现场危险源及应急措施。

## 任务 4.6　安全生产检查制度

安全检查制度

### 任务描述

安全生产检查（以下简称安全检查）是指对生产过程及安全管理中可能存在的隐患、有害及危险因素、缺陷等进行查证。它是生产经营单位贯彻落实"安全第一、预防为主、综合治理"方针的有效途径，同时也是发现不安全因素、消除事故隐患、落实整改措施、堵塞安全漏洞、强化安全管理、防止伤亡事故、改善劳动条件的重要手段。

### 任务目标

1. 掌握安全检查的内容。
2. 掌握安全检查的形式。
3. 掌握安全检查的方法。

### 任务工作页

| 课程名称 | 公路施工安全管理 | 任务名称 | 安全生产检查制度 | 班级 | | 姓名 | |
|---|---|---|---|---|---|---|---|
| | | | | 日期 | | 成绩 | |
| 一、任务布置<br>1.掌握安全检查的内容。<br>2.掌握安全检查的主要形式。<br>3.掌握常用的安全检查的方法 ||||||||

*续表*

| 二、任务实施 |
| --- |
| 引导问题1：安全检查的内容包括_____、_____、_____、_____和_____。 |
| 引导问题2：安全检查的形式包括_____、_____、_____、_____和_____。 |
| 引导问题3：安全检查的方法包括_____、_____、_____、_____、_____和_____。 |
| 引导问题4：尝试解释采用安全检查表的优点。 |

## 评价反馈

### 学生自评

| 班级： | | 姓名： | 学号： | |
| --- | --- | --- | --- | --- |
| 任务4.6 | | 安全生产检查制度 | | |
| 评价项目 | 评价标准 | | 分值 | 得分 |
| 安全检查的内容 | 掌握其相关内容 | | 20 | |
| 安全检查的形式 | 掌握其相关内容 | | 20 | |
| 安全检查的方法 | 掌握其相关内容 | | 20 | |
| 工作态度 | 态度端正，无无故缺勤、迟到、早退现象 | | 10 | |
| 工作质量 | 能按时完成工作任务 | | 10 | |
| 职业素质 | 认真严谨、实事求是，具有安全意识 | | 10 | |
| 创新意识 | 能够通过任务拓展知识体系，乐于思考 | | 10 | |
| | 合计 | | 100 | |

## 强化训练

1. 检索资料，尝试制定消防安全检查表。
2. 检索资料，尝试制定隐患整改安全检查表。

## 相关知识点

安全检查主要由各基层单位的专（兼）职安全员、安技部门、上级主管部门及有关设备的专职安全工作人员进行。生产经营单位管理人员、基层管理人员、工程技术人员和工人也应承担自己责任范围内的安全检查工作。

生产经营单位必须建立健全安全检查制度，确保安全检查能适时、有效地进行。开展安全检查工作时，可根据生产经营单位各自的情况和季节特点，做到每次检查的内容有所侧重，突出重点，真正收到较好的效果。

生产经营单位通过安全检查，识别存在及潜在的危险，确定危害的根本原因，对危害源实施监控，采取有效措施，预防和控制事故，确保自身安全、健康、稳定发展。

### 4.6.1 安全检查的内容

所有与安全有关的工作都是安全检查的对象，主要内容包括：有关安全生产法律、法规和上级有关安全生产规定的执行情况；各种职业安全措施的执行情况；安全规章制度的执行情况；工作场所的安全情况；劳动保护用品的使用情况；事故管理等。

安全检查可以从以下 5 个方面进行。

#### 1. 查现场、查隐患

安全检查以查现场、查隐患为主，即深入生产现场工地，检查企业劳动条件、生产设备、安全卫生设施是否符合要求，检查职工在生产中的不安全行为的情况等。

（1）生产现场情况。

1）劳动防护用品。现场作业人员劳动防护用品的管理与使用是否规范，劳动防护用品质量是否符合安全技术要求，操作人员能否熟练使用。

2）安全卫生设备设施。安全防护设备设施配备是否符合国家及行业标准，安全防护设备设施是否齐全、有效；劳动保护设备设施是否满足作业要求，尘毒作业场所防护措施是否达到了国家标准。

3）现场安全管理的执行。是否具有安全检查制度，是否定期开展安全检查，是否具备检查记录和查出问题整改反馈单。

4）安全生产关键装置、要害部位的施工现场和直接作业环节的安全管理制度是否健全，台账是否齐全，安全检查监督是否到位。

5）作业环境。作业环境有无安全出口和安全通道，以及是否通畅；采暖、通风、空调、采光、照明、车间建筑物墙体、墙面、地面、管线布置等是否符合要求。

6）安全标志和警示标识。在存在危险因素的生产经营场所和设施、设备上，是否正确设置、使用安全标志和警示标识，提醒作业人员和在场的其他人员注意防范危险，防止发生事故。

（2）特种设备使用管理。

1）特种设备的管理。特种设备是否建立了完善的技术档案、台账、登记表，并有完整的操作规程、安全管理制度、维修保养制度。

2）特种设备的使用。是否按有关规定办理了使用登记手续，特种设备的维修改造是否按程序进行申报。

3）特种设备的维护。特种设备设施是否有年度检验计划和安排，特种设备定期检验率能否达到100%，存在问题隐患能否按规定整改，有无检验报告的存档制度或记录。

（3）危险源监控。

生产经营单位是否按照法律、法规和标准进行重大危险源辨识，对重大危险源逐一登记建档，定期对其进行检测，掌握危险源的动态变化情况；是否建立了危险源管理制度、应急预案，危险源档案是否齐全；有无危险源的检查制度，对可能发生的事故进行预先分析。

### 2. 查思想、查意识

在查隐患和努力发现不安全因素的同时，应注意检查企业领导的思想意识，检查他们对安全生产认识是否正确、是否把职工的安全健康放在第一位，特别对各项劳动保护法规及安全生产方针的贯彻执行情况更应严格检查。

查思想、查意识主要是检查各级生产管理人员对安全生产的认识，对安全生产的方针政策、法规和各项规定的理解与贯彻情况，全体职工是否牢固树立了"安全第一、预防为主、综合治理"的思想。如领导是否真正做到了关心职工的安全健康；现场有无违章指挥、违章作业；各有关部门及人员能否做到当生产、效益与安全发生矛盾时，把安全放在第一位。

### 3. 查管理、查制度

安全检查是对生产经营单位安全管理的大检查。主要检查安全管理的各项具体工作的执行情况。

（1）安全组织管理体系。

1）是否设立安全管理机构。是否设立专职安全管理机构、部门，并成立以党政领导为主的安委会，安委会是否定期召开安全会议对安全事宜做出反应与决定。生产经营单位的安全机构是否健全、分级是否合理，安全部门是否岗位明确、工作协调。

2）安全人员配备情况。是否按安全生产法律、法规的要求，按生产经营单位在册职工人数的一定比例配备专职或兼职安全人员，并在关键装置、要害部位配有专职安全工程师。

（2）安全生产管理制度完善及执行情况。

1）安全生产责任制。各级领导、各个部门、各岗位的安全生产责任制是否健全；各级领导、各个部门能否认真履行安全生产责任制，并制定安全生产责任追究制度，记录各级领导的承包活动执行情况；是否记录基层班组的安全活动情况。

2）安全规章制度。制定安全生产管理、考核、奖惩等规定的情况；制定现场施工作业、危险源管理等安全规章制度的情况；安全制度在执行中能否得到不断细化、持续改进和及时完善等。

3）岗位安全操作规程。是否制定了岗位安全操作规程并定期进行修订完善，是否记录了岗位操作人员认真执行安全操作规程的情况。

4）危险及特种作业审批程序。能否根据单位的生产实际，确定危险作业相关文件与记录，确定特种作业的审批记录；是否建立动火、临时用电、大型吊装等特殊作业的审批程序规定和管理台账。

5）安全投入。是否按照国家规定和上级要求，保证了足额的安全投入，包括安全技术措施经费、隐患整改资金、劳动防护用品费用等。

（3）安全教育培训情况。

1）职工安全教育。是否建立了职工安全教育培训制度并按规定开展了相应的教育培训，安全教育培训工作是否有计划、有落实、有考核、有档案。

2）特种作业人员持证上岗。是否做到了特种作业人员持证率达100%，特种作业人员复审率达100%，并制订了相应的培训计划和考核制度。

3）生产经营单位主要安全管理人员安全培训。对生产经营单位的主要安全负责人和安全管理人员是否制定了安全培训考核管理制度，并按照制度制订了培训计划或已经进行了培训。

4）消防知识培训与演练。有无消防知识的培训制度、培训计划、培训记录以及消防演练计划、演练记录。

（4）应急预案及演练情况。

1）应急预案制定。包括能否根据实际生产情况制定应急预案，并有不断改进与完善应急预案的制度、应急预案的管理档案、保障应急预案实施的程序。

2）应急预案演练。包括有无应急预案演练计划，并按应急预案定期演练，有演练记录、演练报告、演练效果分析。

3）应急预案的完善。能否根据演练情况和生产情况的变化，不断改进应急预案。

(5)建设项目安全"三同时"管理情况。

1)建设项目的安全预评价。在建设项目的可行性报告和设计报告中,是否有劳动安全卫生内容,是否对设计方案中的劳动安全卫生专篇进行了审查。

2)投产前的安全验收。有明确的验收标准及验收档案,不符合项的记录、整改情况。

3)投产后的安全评价管理。投产后,是否有安全评价的管理规定以及安全评价报告中措施的落实情况。

### 4. 查整改

(1)对被检查单位上一次查出的问题,按其当时登记的项目、整改措施和期限进行复查。复查内容包括:隐患整改措施,明确责任人员、责任部门;重大隐患的整改实施有计划、有控制、有记录;重大隐患整改计划资金到位并限期整改。检查是否进行了及时整改和整改的效果。如果没有整改或整改不力的,要重新提出要求,限期整改。

(2)对重大事故隐患,应根据不同情况进行查封或拆除。

### 5. 查事故管理

查事故管理主要是检查生产经营单位对工伤事故是否及时报告、认真调查、严肃处理;是否根据找出的原因,采取有效措施,以防止类似事故重复发生。

(1)事故上报。包括各类事故是否按规定及时上报。

(2)事故调查。能否做到事故调查程序合法,事故调查及时,信息资料翔实、充分、完整,事故调查报告符合规范。

(3)事故结案。事故处理结案后,公开宣布处理结果时,能否做到造成事故的原因清楚,责任划分明确,事故性质认定准确。

(4)事故处理"四不放过"的落实情况。事故后是否查清了事故元凶,落实了防范措施,教育了职工群众,处理了事故责任者。

(5)在检查中,如发现未按"四不放过"原则的要求草率处理事故,要重新严肃处理。

(6)事故统计分析。对事故进行统计、对比、分析,并提出相应对策。

## 4.6.2 安全检查的形式

安全检查的形式一般包括经常性检查、定期检查、专业性检查、季节性检查、节假日前后检查等。

### 1. 经常性检查

经常性检查是指由各级生产单位负责人或安全管理人员根据生产情况和各项安全生产

规章制度的执行情况进行的一种经常性的、普遍性的检查，目的在于及时发现、消除隐患，保证施工生产正常进行。检查中要严查易发生和可能发生事故的主要因素。这种检查包括生产经营单位主管部门和生产经营单位组织的安全检查、专职安全管理人员进行的日常检查、作业队（班组）的班前和班后岗位检查、交接班检查等。

### 2. 定期检查

定期检查是指企业或主管部门组织的定期全面的安全检查。检查周期一般为：中型以上的公路工程施工单位，每季度组织一次检查；所属项目经理部，每月组织一次检查；施工作业队（班组），每周进行一次检查。

### 3. 专业性检查

专业性检查是指由各级生产部门组织，以各类专业技术人员为主，根据各专业特点而进行的专业安全检查。这类检查具有较强的针对性和专业要求，一般是针对特殊作业、特殊设备、特殊场所等进行的检查，如电焊设备、气焊设备，起重设备，尘、毒、易燃、易爆场所等。

### 4. 季节性检查

季节性检查是指根据季节特点，按事故发生的规律对已发生的潜在危险，突出重点进行的季节性检查。如春季风大，应着重防火、防爆；夏季高温、多雨、多雷电，应抓好防暑、降温、防汛，检查雷电保护设备；冬季着重防寒、防冻、防滑等。

### 5. 节假日前后检查

节假日前，职工容易因为考虑过节等因素而造成精力分散，因而要进行安全生产、防火保卫、文明生产等综合检查；节假日后，职工精力涣散、纪律松懈，需要进行遵章守纪和安全生产检查，以避免安全事故的发生。

## 4.6.3 安全检查的方法

常用的安全检查方法有一般检查法和安全检查评分表法。

### 1. 一般检查法

一般检查法主要包括看、听、闻、问、查、测、析。

（1）看：看施工现场的环境和作业条件；看实物和施工人员的实际操作；看施工人员在施工过程中所做的记录和资料；看施工安全设施等。

（2）听：听汇报、听介绍、听反映、听意见或批评、听建议、听机械设备的运转响声或承重物发出的微弱声等。

（3）闻：对施工现场存在的包括油漆、化学材料、腐蚀物等的泄漏或挥发引起的有毒气体进行辨别。

（4）问：向项目经理部的对某项工作和作业有经验的人询问工作中的危险源和不利环境因素；对影响安全的问题进行详细询问、寻根究底。

（5）查：在企业内部除在现场查明问题、查出隐患、查对数据、查清原因、追查责任外，还可以查阅企业相关的事故、职业病记录，从中发现在本项目中可能存在的危险源与不利因素；从企业外部获取信息，如从有关类似企业、类似项目、文献资料、专家咨询等方面获取有关危险源和不利因素的信息，加以分析研究。

（6）测：对重要的施工控制点进行测量；对重要的施工机械、安全防护设施以及重要的附件进行测试；对重要的物资进行检测以及进行必要的试验或化验。

（7）析：实事求是地分析安全事故的隐患、原因；弄清事故的时间、地点；研究事故受害者的工作环境、本人的情况，包括身体、思想状况，作业中的材料、机具设备情况，技术交底情况，对操作规程是否熟悉，是否持证上岗，现场管理情况等是否存在不安全因素，是哪些不安全因素，是如何诱发事故的等。

### 2. 安全检查评分表法

安全检查评分表法是一种原始的、初步的定量分析方法，它通过事先拟定安全检查明细或清单从而对生产安全进行初步的诊断和控制。

（1）安全检查评分表的含义。安全检查评分表是为系统地发现人—机—环境系统中的危险源和不利安全因素而事先拟定好的问题清单。它根据安全系统工程分解和综合的原理，事先对所要检查的对象加以剖析，把大系统分割成若干个小的子系统，然后确定检查项目，查出不安全因素所在，采用对各分项打分的方式，将检查项目按系统或子系统的顺序编制成表，以便用于检查，这种表就叫作安全检查评分表。

（2）安全检查评分表的内容及要求。

安全检查评分表的项目：安全检查评分表的检查项目应包括所有可能导致事故发生的因素或状态。

安全检查评分表采用的方式：安全检查评分表一般采用对各分项打分的方式。其扣分标准是根据相应的规章制度、规范规程制定合适的检查标准或要求。

检查结果：将检查中发现的问题实事求是地记录在表格内。

改进措施：根据具体问题制定切实可行的改进措施。

（3）安全检查评分表的优点。

1）在安全检查前能够有充足的时间编制和讨论检查评分表，这样可以做到系统化、完整化、全面化，不漏掉任何可能导致危险发生的关键因素，可以避免目的不明确、走过场的安全检查，提高检查质量。

2）安全检查评分表采用对各分项打分的方式，给人的印象深刻，能够比较直观地反映安全程度。

3）可以和安全生产责任制相结合，对不同检查对象使用不同的检查评分表，易于分清责任；检查评分表还可以注明对改进措施的要求，对安全因素进行动态管理。

4）安全检查评分表简明易懂、容易掌握，既适合我国现阶段施工安全生产管理使用，又可以为进一步使用更先进的安全系统工程方法进行事故预测和安全评价打下基础。

5）可以根据已有的规章制度、规程标准要求检查执行、遵守的情况，得出较为准确的评价。

安全检查后必须进行总结，检查中发现安全隐患，应立即下达隐患整改通知书，被检查单位应立即组织整改。对于检查中发现重大隐患、不能够立即解决的，应下达停工指令。被检查单位接到停工指令，必须定人员、定措施，在规定时间内完成整改，经复验合格后才能继续施工。

## 任务 4.7　安全风险评估制度

### 任务描述

建立安全风险评估制度，及时识别、评价和控制危险源，可以有针对性地采取防范措施，是实现安全生产"可控、能控、在控"的必然要求。

### 任务目标

1. 掌握安全风险辨识的法律依据。
2. 掌握危险源辨识的常用方法。
3. 掌握安全风险评估的内容。

## 任务工作页

| 课程名称 | 公路施工安全管理 | 任务名称 | 安全风险评估制度 | 班级 | | 姓名 | |
|---|---|---|---|---|---|---|---|
| | | | | 日期 | | 成绩 | |

一、任务布置
1.掌握公路工程施工危险源辨识的主要依据。
2.掌握公路工程施工中常见的危险源种类

二、任务实施
引导问题1：危险源辨识的方法可分为_____、_____和_____。
引导问题2：作业条件危险性评价法中影响作业条件危险性的因素有哪些？

## 评价反馈

### 学生自评

| 班级： | | 姓名： | | 学号： | |
|---|---|---|---|---|---|
| 任务4.7 | | 安全风险评估制度 | | | |
| 评价项目 | | 评价标准 | | 分值 | 得分 |
| 安全风险的辨识与评价 | | 掌握相关要求 | | 20 | |
| 危险危害因素的分析、分类及管理 | | 掌握相关要求 | | 20 | |
| 安全风险评估 | | 掌握相关要求 | | 20 | |
| 工作态度 | | 态度端正，无无故缺勤、迟到、早退现象 | | 10 | |
| 工作质量 | | 能按时完成工作任务 | | 10 | |
| 职业素质 | | 认真严谨、实事求是，具有安全意识 | | 10 | |
| 创新意识 | | 能够通过任务拓展知识体系，乐于思考 | | 10 | |
| | | 合计 | | 100 | |

## 强化训练

根据《生产过程危险和有害因素分类与代码》（GB/T 13861—2022），生产过程中的危险、有害因素具体有哪几类？请举例说明。

## 相关知识点

安全风险评估制度是风险评估理论和方法在安全生产管理工作中的具体运用，是在科学分析施工生产中危险危害因素的基础上，在安全风险的预防、风险的控制、风险的转移、风险的补偿、风险的分散等之间做出适当选择的决策过程。

在公路工程施工过程中，建立安全风险评估制度是现代企业安全管理的重要手段之一，其目的是对施工中的不同环境或不同时期的安全风险进行识别与分析，以及对安全风险产生的后果进行综合评价，并通过安全风险评价查找存在的危险、有害因素并确定危险程度，提出合理可行的安全对策、措施及建议，将企业在生产运行期内的安全风险控制在安全、合理的范围内。

安全风险评估一般有以下三个步骤：安全风险的辨识与评价，危险危害因素的分析、分类及管理，安全风险评估。

### 4.7.1 安全风险的辨识与评价

#### 1. 危险源辨识的法律依据

对于公路工程施工危险源的辨识，应主要依据《建设工程安全生产管理条例》（国务院令第 393 号）、《公路水运工程安全生产监督管理办法》（交通运输部令 2017 年第 25 号）和《危险化学品重大危险源辨识》（GB 18218—2018）等有关法规和标准进行。

公路桥梁和隧道
工程施工安全风险
评估制度

#### 2. 危险源的分类

目前我国关于危险源的分类方法，有按照生产过程危险分类、按照有害因素分类以及按照企业职工伤亡事故分类等方法。《生产过程危险和有害因素分类与代码》（GB/T 13861—2022）将生产过程中的危险、有害因素分为六大类，分别是：物理性危险、有害因素；化学性危险、有害因素；生物性危险、有害因素；心理、生理性危险、有害因素；行为性危险、有害因素；其他危险、有害因素。

#### 3. 危险源辨识与评价方法

危险源辨识的方法可分为经验分析法、材料性质和生产条件分析法、作业条件危险性评价法三大类。

（1）经验分析法。包括直观判断、对照分析和类比分析法。施工现场的危险源主要是通过经验分析法来辨识。

（2）材料性质和生产条件分析法。了解生产或使用材料的性质是危害辨识的基础，危害辨识中常用的材料性质有毒性、物理化学性质、燃烧和爆炸特性等。生产条件也会产生危险或使生产过程中材料的危险性质加剧。

（3）作业条件危险性评价法。作业条件危险性评价法是作业人员在具有潜在危险性环境中进行作业时的一种危险性半定量评价方法，由美国人格雷厄姆和金尼提出。该方法认为，影响作业条件危险性的因素是事故发生的可能性（$L$）、人员暴露于危险环境的频繁程度（$E$）和发生事故产生的后果（$C$），因此又称为 LEC 评价法。

用作业条件危险性分值（符号 $D$）来评价作业条件的危险性等级。用公式来表示，则为

$$D = L \times E \times C$$

式中　$L$——发生事故的可能性大小，取值见表 4-1；

　　　$E$——人员暴露于危险环境中的频繁程度，取值见表 4-2；

　　　$C$——发生事故产生的后果，取值见表 4-3；

　　　$D$——风险值，确定危险等级的划分标准，见表 4-4。

$D$ 值越大，说明危险性越大；当 $D$ 值超过不可容许或不可接受的值时，就认定为重大危险源。

表 4-1　事故发生的可能性（$L$）

| 分数值 | 事故发生的可能性 | 分数值 | 事故发生的可能性 |
|---|---|---|---|
| 10 | 完全可能预料 | 0.5 | 较不可能 |
| 6 | 相当可能 | 0.2 | 极不可能 |
| 3 | 可能，但不经常 | 0.1 | 实际不可能 |
| 1 | 可能性小，完全意外 | | |

表 4-2　人员暴露于危险环境的频繁程度（$E$）

| 分数值 | 频繁程度 | 分数值 | 频繁程度 |
|---|---|---|---|
| 10 | 连续暴露 | 2 | 每月一次暴露 |
| 6 | 每天工作时间内暴露 | 1 | 每年几次暴露 |
| 3 | 每周一次，或偶然暴露 | 0.5 | 非常罕见地暴露 |

表 4-3　发生事故产生的后果（C）

| 分数值 | 发生事故产生的后果 | 分数值 | 发生事故产生的后果 |
|---|---|---|---|
| 100 | 大灾难，许多人死亡 | 7 | 重伤 |
| 40 | 灾难，数人死亡 | 3 | 轻伤 |
| 15 | 非常严重，一人死亡 | 1 | 引人关注，不利于基本的安全卫生要求 |

表 4-4　危险等级划分（D）

| 分数值（D） | 危险程度 | 危险等级 | 风险评价 |
|---|---|---|---|
| >320 | 极度危险，不能继续作业 | 5 | 不容许风险 |
| 160~320 | 高度危险，要立即整改 | 4 | 重大风险 |
| 70~160 | 显著危险，需要整改 | 3 | 中度风险 |
| 20~70 | 一般危险，需要注意 | 2 | 可容许风险 |
| <20 | 稍有危险，可以接受 | 1 | 可忽略风险 |

一般情况下，事故发生的可能性越大，风险越大；暴露于危险环境的频繁程度越大，风险越大；事故产生的后果越大，风险越大。运用作业条件危险评价分析法进行分析时，危险等级为 1 级、2 级的，可确定为属于可接受的风险；危险等级为 3 级、4 级、5 级的，则确定为属于不可接受的风险。

## 4.7.2　危险危害因素的分析、分类及管理

此项工作应由工程技术人员、安全管理人员、设备使用与施工现场管理人员等各方面专家共同讨论完成，要以可能发生或者历史上曾经发生过的事故和事件为借鉴，以有关安全技术操作规程为依据，从以下几个方面进行危害分析：

作业条件危险性评价法

（1）物（设备设施）的不安全状态，包括可能导致事故发生和危害扩大的设计缺陷、工艺缺陷、设备缺陷、停放位置保护措施和安全装置的缺陷等。

（2）人的不安全因素，如上岗人员未按要求培训、不采取安全措施、不按规定方法操作、疲劳等。

（3）可能造成职业病、中毒的劳动环境和条件，包括物理（噪声、振动、湿度、辐射、

粉尘）、化学（易燃、易爆、有毒、危险气体、氧化物等）以及生物因素。

（4）管理缺陷，包括安全监督、检查、事故防范、应急措施、作业人员安排、劳保防护用品不足或质量缺陷、工艺过程和操作方法不正确等。

（5）自然灾害，如地震、台风、洪水、雷击、泥石流、塌方等。

对危险源进行分析、分类后，采取相应的控制措施是控制事故的关键。

### 4.7.3 安全风险评估

根据以上几个方面的危害分析，应对所分析的结果进行风险评估，根据事故隐患危害程度和产生后果的不同进行分类，从而为制定防范措施奠定基础。风险评估时，应从以下几个方面进行：

（1）人身伤害（包括烧伤、烫伤、挤伤、砸伤、摔伤、电伤、咬伤、磁力伤、溺水等）和死亡。

（2）职业病发生（如粉尘、静电、有害气体、放射源等所致）。

（3）环境污染（如对大气、水源、农作物、动物等）。

（4）企业财产损失。

（5）可能受到上级单位的批评、处罚或承担法律责任。

（6）企业信誉的影响。

（7）其他影响。

（8）得出评价结论。

安全风险评估完成后，应出具评估报告。风险评估报告的内容见现行《公路工程施工安全技术规范》（JTG F90—2015）附录 C。

## 任务 4.8　其他管理制度

### 任务描述

本节主要介绍公路工程施工安全管理相关的其他重要管理制度，包括特种作业人员管理制度、安全生产会议制度、企业项目负责人带班生产制度、安全事故隐患排查治理制度等内容。

项目4　公路工程安全生产管理制度

## 任务目标

1. 掌握特种作业人员管理制度的内容和要求。
2. 掌握安全生产会议制度的内容和要求。
3. 掌握企业项目负责人带班生产制度的内容和要求。
4. 掌握安全事故隐患排查治理制度的内容和要求。

## 任务工作页

| 课程名称 | 公路施工安全管理 | 任务名称 | 其他管理制度 | 班级 | | 姓名 | |
|---|---|---|---|---|---|---|---|
| | | | | 日期 | | 成绩 | |

一、任务布置
1.掌握特种作业人员管理制度的内容和要求。
2.掌握安全生产会议制度的内容和要求。
3.掌握企业项目负责人带班生产制度的内容和要求。
4.掌握安全事故隐患排查治理制度的内容和要求

二、任务实施
引导问题1：公路工程施工领域涉及的特种作业人员主要有哪些?

引导问题2：根据所学内容，试阐述特种作业人员管理的要求。

引导问题3：安全生产会议可分为三类，分别是_____、_____和_____。

引导问题4：项目负责人带班生产制度的工作形式有两种，_____和_____。

引导问题5：项目负责人带班生产制度的工作职责有哪些?

## 评价反馈

### 学生自评

| 班级： | | 姓名： | | 学号： | |
|---|---|---|---|---|---|
| 任务4.8 | | | 其他管理制度 | | |
| 评价项目 | 评价标准 | | | 分值 | 得分 |
| 特种作业人员管理制度 | 掌握特种作业人员管理制度的内涵与相关要求 | | | 15 | |
| 安全生产会议制度 | 掌握安全生产会议制度的内涵与相关要求 | | | 15 | |
| 企业项目负责人带班生产制度 | 掌握企业项目负责人带班生产制度的内涵与相关要求 | | | 15 | |
| 安全事故隐患排查治理制度 | 掌握安全事故隐患排查治理制度内涵与相关要求 | | | 15 | |
| 工作态度 | 态度端正，无无故缺勤、迟到、早退现象 | | | 10 | |
| 工作质量 | 能按时完成工作任务 | | | 10 | |
| 职业素质 | 认真严谨、实事求是，具有安全意识 | | | 10 | |
| 创新意识 | 能够通过任务拓展知识体系，乐于思考 | | | 10 | |
| | 合计 | | | 100 | |

## 强化训练

试论述安全事故隐患排查治理制度的内涵与要求。

## 相关知识点

### 4.8.1 特种作业人员管理制度

#### 1. 特种作业人员范围

特种作业目录（征求意见稿）2020

根据现行《公路工程施工安全技术规范》（JTG F90—2015）的规定，公路工程施工中的特种作业人员包括电工，焊接与热切割作业人员，架子工，起重信号司索工，起重机械司机，起重机械安装拆卸工，高处作业吊篮安装拆卸工，锅炉司炉工，压力容器操作人员，电梯司机，场（厂）内专用机动车司机，制冷与空调作业人员，从事爆破工作的爆破员、安全员、保管员，瓦斯监测员，工程船舶船员，潜水员，以及国家有关部门认定的其他作业人员。

## 2. 特种作业人员管理

特种作业人员应按相关规定经过专门培训，取得相应资格证书，持证上岗。具体管理要求，见本书任务 3.4 的相关内容。

### 4.8.2 安全生产会议制度

为加强企业安全生产工作的组织领导，及时传达贯彻上级有关安全生产工作的要求，有效加强企业内部的沟通与联系，必须建立安全生产会议制度，以明确安全生产会议的形式、内容、时间、地点等要求，全面实现安全生产会议的各项议程。

建立安全生产会议制度，有计划地召开安全生产例会，全面了解和掌握安全生产工作动态，全面布置和安排安全生产工作，认真落实各项预防、预控和预警措施，达到减少违章、避免安全生产事故发生的目的。

安全生产会议制度必须包括该制度的适用范围、职责和主要工作程序。安全生产会议分为以下三类。

#### 1. 安全生产委员会会议

安全生产委员会会议一般每季度召开一次，由安委会办公室负责召集，企业主要负责人主持，全体委员参加；时间、地点由会议组织者决定。

会议主要内容包括：传达国家、行业、地方及上级有关部门的重要文件和重要指示精神；总结一个阶段以来的安全生产工作经验，取得的效果，安全生产现状、难点和急需解决的突出问题，确定切实可行的对策；根据存在问题和下一阶段生产经营的实际，确定安全管理的具体工作任务、安全监控的重点和阶段性目标；研究确定为安全工作做出突出贡献的单位、部门人员的表彰决定，通报生产安全事故及对有关单位和责任人的处罚决定等。

会议所议事项及做出的决定应形成会议纪要，企业安委会办公室应负责督促、检查、考核会议决议的执行情况。

#### 2. 安全生产会议

安全生产会议每月至少应该召开一次，由企业安全生产部门负责组织召开，会议由企业主管安全生产的负责人主持。参加会议的人员一般有安全生产负责人、技术负责人、专职安全员等。

会议主要内容包括：传达贯彻上级有关安全生产方面的方针政策有关文件，并研究提出本企业的贯彻落实措施；检查上阶段的安全生产工作，部署下阶段的安全生产工作；对生产中存在的问题和事故隐患，研究落实解决问题的措施和方法；对发生的生产安全事故，按照"四不放过"的原则做出处理和决定；表彰和奖励安全生产典型人物和事迹等。

### 3. 不定期安全生产会议

不定期安全生产会议是指由企业安全生产各职能部门根据建设单位的要求、工程进展、生产的季节性和突发性情况等随时召开的安全生产会议。

## 4.8.3 企业项目负责人带班生产制度

项目负责人施工现场带班生产是指项目负责人在施工现场组织协调和指导公路工程项目的安全生产活动，第一时间负责组织现场突发事件应急处置。

根据交通运输部《公路水运工程施工企业项目负责人施工现场带班生产制度（暂行）》（交质监发〔2012〕576号）的相关规定，公路工程施工企业项目负责人施工现场带班生产制度，对强化企业生产过程管理的领导责任，进一步改进和加强安全基础与现场管理，更好地落实安全生产主体责任，加强公路工程施工现场安全生产管理，落实企业安全生产责任，有着十分重要的意义。

公路工程施工企业项目负责人是指公路工程施工合同段的项目经理、项目副经理、项目总工。施工企业设立安全总监岗位的，同时包括安全总监。

### 1. 相关规定

公路水运工程施工合同段项目经理部，应根据项目施工特点，建立项目负责人施工现场轮流带班生产制度，明确工作内容、职责权限、人员安排和考核奖惩等要求，制定月度带班生产计划，并严格实施。对于有专业（或劳务）分包的合同段，分包单位应制定月度带班生产计划，并报承包单位项目经理部备案。对于施工总承包的项目，项目分段（分部或工区）实施单位应制定月度带班生产计划，并报施工总承包项目经理部备案。

公路工程施工期间，项目负责人必须在施工现场轮流带班生产。项目经理是公路工程施工合同段安全生产管理的第一责任人，对落实带班生产制度负全面领导责任，原则上不得同时承担两个及以上施工合同段安全生产管理工作，确需兼任的，应当征得项目建设单位的书面同意。项目负责人每月带班生产时间不得少于本月施工时间的80%。因其他事务需离开施工现场时，应向工程项目的建设单位请假，经批准后方可离开。

### 2. 带班生产方式

（1）现场巡视检查。对当日本合同段内施工作业区进行巡视检查，了解掌握施工现场安全生产状况，重点检查危险性较大的分部分项工程、事故多发易发的施工环节或部位。

（2）蹲点带班生产。巡视检查后，项目负责人根据施工现场安全生产状况，选择当日事故多发易发的施工环节或部位，或危险性较大的分部分项工程，或本合同段首件工程等作业区蹲点带班生产。

### 3. 工作职责

项目负责人带班生产时，应履行以下职责。

（1）检查本合同段安全生产条件落实情况。

1）专职安全员施工现场履责情况。

2）作业人员个人防护和施工现场临边防护的规范性。

3）特种作业人员持证上岗情况。

4）起重机械和整体提升式脚手架滑模爬模、架桥机等设备检验验收与安全运行情况。

5）承重支架或满堂脚手架、施工挂篮运行情况。

6）安全技术交底与班前会落实情况。

（2）检查施工组织设计或专项施工方案中安全措施的落实情况。

（3）加强对重点部位、关键环节的施工指导，及时制止"三违"行为。

（4）及时发现、报告并组织消除事故隐患和险情。

（5）填写带班生产工作日志并签字归档备查。

## 4.8.4 安全事故隐患排查治理制度

生产安全事故隐患是指未被事先识别或未采取必要防护措施而可能导致生产安全事故的危险源或不利环境因素，包括人的活动场所、设备及设施的不安全状态；或者由于人的不安全行为和管理上的缺陷，可能导致人身伤害或者经济损失的潜在危险。就是指潜在的对人身安全或健康构成伤害，造成财产损失或兼具其他损失的根源或情况。公路工程施工中人、机、料、物的协同作业、交叉作业频繁，安全管理难度大、事故隐患多。加强生产安全事故隐患的排查治理工作，建立企业生产安全事故隐患排查和治理制度是提高生产安全事故防控能力、保障安全生产顺利进行的必要手段和措施。

《安全生产法》第四十一条明确规定："生产经营单位应当建立健全并落实生产安全事故隐患排查治理制度，采取技术、管理措施，及时发现并消除事故隐患。事故隐患排查治理情况应当如实记录，并通过职工大会或者职工代表大会、信息公示栏等方式向从业人员通报。"另外，《安全生产事故隐患排查治理暂行规定》《安全生产事故隐患排查治理体系建设实施指南》等法规也对生产安全事故隐患排查治理的要求做了进一步说明。

安全隐患排查与治理是落实安全生产方针的最基本的任务和最有效的途径。

### 1. 生产经营单位事故隐患排查治理工作职责

生产经营单位是事故隐患排查、治理和防控的责任主体，应当建立健全事故隐患排查治理和建档监控等制度，逐级建立并落实从主要负责人到每个从业人员的隐患排查治理和监控责任制，加强对落实情况的监督考核，保证隐患排查治理的落实。具体职责应包括以下内容：

（1）建立事故隐患报告和举报奖励制度，鼓励、发动职工发现和排除事故隐患，鼓励社会公众举报。

（2）统一协调和监督管理承包、承租单位的事故隐患排查治理工作。

（3）积极配合安全监管监察部门和有关部门的监督检查人员依法履行事故隐患监督检查工作。

（4）应当定期组织安全生产管理人员、工程技术人员和其他相关人员排查本单位的事故隐患。

（5）对排查出的事故隐患，应当按照事故隐患的等级进行登记，建立事故隐患信息档案，应当定期对本单位事故隐患排查治理情况进行统计分析，并按规定上报企业隐患排查和整改信息。

（6）保证事故隐患排查治理所需的资金，建立资金使用专项制度。

（7）对各项隐患排查治理工作进行监督、检查、通报、考核和奖励。

（8）企业是隐患排查治理工作的最直接和最重要的主体，是隐患排查治理工作的直接实施者。企业隐患排查治理工作主要包括三个方面：隐患排查、隐患治理和隐患报告。

### 2. 事故隐患排查

隐患排查是指生产经营单位组织安全生产管理人员、工程技术人员和其他相关人员对本单位的事故隐患进行排查的行为。隐患排查的主要任务是进行危险源辨识，排查事故隐患并进行分级管理和原因分析，提出整改措施，确定整改时限，落实整改责任，并对整改情况进行验证。

（1）隐患排查的方式。

1）日常排查。日常排查是指与安全生产检查工作的结合，具有日常性、及时性、全面性和群众性。主要有企业全面的安全大检查、季节性安全检查、节假日安全检查、专业管理部门的专项安全检查、各管理层级的日常安全检查、主管部门的专业安全检查、操作岗位的现场安全检查等。

2）专项排查。专项排查是指采用特定的、专门的排查方法，具有周期性、技术性和投入性。主要有按隐患排查治理标准进行的全面自查、对重大危险源的定期评价、对危险化学品的定期现状安全评价等。

（2）隐患排查的实施。

实施隐患排查前要制定排查计划和方案，明确排查目的、范围，选择合理的排查方法。

隐患排查一般采用安全检查评分表法，安全检查评分表应包括检查项目、检查内容、排查时间、检查标准或依据、检查结果等内容。安全检查时应按照安全检查评分表的内容逐项进行检查。为提高效率，可与日常安全检查、安全生产标准化自评、危险源辨识与风险评价或管理体系中的合规性评价相结合。

隐患排查分为定期和不定期两种排查方法，按企业内部行政职能设置，不同级别的部门和单位有不同的排查治理周期，通常班组级每周、车间级每月、厂级每季度为定期周期。不定期为各类专业安全检查和上级检查及特殊情况如发生事故后。

排查时必须及时、准确和全面地记录排查情况和发现的问题，并随时与受检部门的人员做好沟通。

（3）排查结果分析总结。

评价本次隐患排查是否覆盖了计划中的范围和相关隐患类别；是否做到了"全面、抽样"原则，是否做到了重点部门、高风险和重大危险源适当突出的原则。

确定本次隐患排查发现，包括确定隐患清单、隐患级别，分析隐患的分布（包括隐患所在单位和地点的分布、种类）等。

做出本次隐患排查工作的结论，填写隐患排查治理相关表格。

汇总、汇报隐患排查治理情况。通报隐患排查中发现的隐患和问题，并以简报形式通知被检单位；对严重威胁安全生产的隐患项目，应立即下达《隐患整改通知单》，限期进行整改；重大隐患应填写《重大事故隐患整改台账》，并及时上报。

### 3. 事故隐患治理

隐患治理就是指消除或控制隐患的活动或过程。对排查出的事故隐患，及时下达隐患治理通知，限期治理。事故隐患治理应做到"四定"，即定治理措施、定负责人、定资金来源、定治理期限。

（1）一般隐患治理。

1）现场立即整改。有些隐患整改很简单，如明显的违反操作规程和劳动纪律的人的不安全行为或安全装置没有启用、现场混乱等物的不安全状态等，排查人员一旦发现，应当要求立即整改，并如实记录，以备对此类行为统计分析，确定是否为习惯性或群体性隐患。

2）限期整改。有些难以立即整改的一般隐患，则应限期整改。限期整改通常由排查人员或排查主管部门对隐患所属单位发出《隐患整改通知单》，内容中需要明确列出如隐患情况的排查发现时间和地点、隐患情况的详细描述、隐患发生原因的分析、隐患整改责任的认定、隐患整改负责人、隐患整改的方法和要求、隐患整改完毕的时间要求等。

限期整改需要全过程监督管理，在整改工作实施期间进行监督，以发现和解决可能临时出现的问题，直至整改到位。

（2）重大隐患治理。

重大事故隐患，由生产经营单位主要负责人组织制定并实施事故隐患治理方案。重大事故隐患治理方案应当包括：治理的目标和任务；采取的方法和措施；经费和物资的落实；负责治理的机构和人员；治理的时限和要求；安全措施和应急预案。在制定重大事故隐患治理方案时，还必须考虑安全监管监察部门或其他有关部门所下达的"整改指令书"和政府挂牌督办的有关内容的指示，也要将这些指示的要求体现在治理方案中。

在事故隐患治理过程中，应当采取相应的安全防范措施，防止事故发生。事故隐患排除前或者排除过程中无法保证安全的，应当从危险区域内撤出作业人员，并疏散可能危及的其他人员，设置警戒标志，暂时停产停业或者停止使用；对暂时难以停产或停止使用的相关生产储存装置、设施、设备，应当加强维护和保养，防止事故发生。

事故隐患排查治理应进行"闭环"管理。隐患治理措施完成后，生产经营单位主管部门和人员对其结果进行验证和效果评估；挂牌督办并责令全部或局部停产停业治理的重大事故隐患，治理完成后应对重大事故隐患的治理情况进行评估，符合安全生产条件的，生产经营单位应当向安全监管监察部门和有关部门提出恢复生产的书面申请，经安全监管监察部门和有关部门审查同意后，方可恢复生产经营。

**4. 事故隐患报告**

企业将隐患排查治理的结果上报给政府主管部门，是整个隐患排查治理工作中最后的一个环节。

企业应每季度或每半年对事故隐患排查治理情况进行统计分析，写出隐患排查治理报告，并定期向有关部门报送隐患排查治理情况。

# 项目 5

## 公路工程施工安全技术管理

### 项目描述

本项目主要讲解公路工程施工安全技术管理要求,包括施工准备、通用作业、路基路面工程、桥涵工程、隧道工程、交通安全设施、特殊季节与特殊环境施工等的安全技术管理要求。

### 学习目标

【知识目标】

1. 掌握施工安全措施计划、专项方案的相关知识。
2. 掌握施工现场布置的相关要求。
3. 掌握通用作业的安全技术要求。
4. 掌握路基路面工程的主要安全技术要求。
5. 掌握桥梁工程的主要安全技术要求。
6. 掌握隧道工程的主要安全技术要求。
7. 掌握交通安全设施的主要安全技术要求。
8. 熟悉特殊季节与特殊环境施工的一般技术要求。

【技能目标】

1. 会制订安全措施计划,会进行专项方案的管理。
2. 能够识别施工现场布置的不合理之处。
3. 会进行通用作业的安全技术管理。
4. 会进行路基路面工程、桥梁工程、隧道工程、交通安全设施的安全技术管理。
5. 会针对特殊季节和特殊环境施工进行安全管理。

**【素质目标】**

1. 树立安全意识，培养良好的职业道德。
2. 树立法律意识，在工作中做到知法、懂法、守法。
3. 树立实事求是、刚正不阿、认真严谨的工作作风。
4. 培养系统思维、科学精神。

# 任务 5.1　施工准备

## 任务描述

本任务包括施工安全技术准备、施工现场标志标牌、驻地和场站建设、施工便道、临时用电等内容，主要讲解施工安全技术措施、专项施工方案的要求，相关的知识，包括安全色与安全标志、施工现场标志标牌设置要求，驻地和场站建设要求，施工便道设置和临时用电安全要求等。

## 任务目标

1. 掌握施工安全技术措施、施工专项方案的相关要求。
2. 掌握施工现场安全标志标牌的设置要求。
3. 掌握驻地和场站建设的要求。
4. 掌握施工便道的设置要求。
5. 掌握施工现场临时用电安全要求。

## 任务工作页

| 课程名称 | 公路施工安全管理 | 任务名称 | 施工准备 | 班级 | | 姓名 | |
|---|---|---|---|---|---|---|---|
| | | | | 日期 | | 成绩 | |

一、任务布置

1. 会编制安全技术措施；掌握施工现场危大工程和超危大工程分类；掌握施工专项方案的编制和管理。
2. 认识安全色的种类和含义；认识安全标志的种类与基本形式，能识别常见的安全警示标识；认识消防安全标志的种类与基本形式，能识别常见的消防安全警示标识，了解消防安全标志的管理要求。

续表

3. 掌握驻地和场站建设的安全要求。
4. 掌握施工便道的设置要求。
5. 掌握施工现场临时用电的安全要求

二、任务实施

引导问题1：安全色主要有_____、_____、_____和_____。

引导问题2：安全标志的分类主要有_____、_____、_____和_____。

引导问题3：试总结各类安全标志的主要形式特点。

引导问题4：工作场所的职业病危害警示标识应设置在哪些位置？

引导问题5：试说明以下安全警示标识的含义，并分析其有何异同点

## 评价反馈

### 学生自评

| 班级： | 姓名： | | 学号： | |
|---|---|---|---|---|
| 任务5.1 | 施工准备 | | | |
| 评价项目 | 评价标准 | | 分值 | 得分 |
| 施工安全技术准备 | 掌握安全技术措施和专项施工方案相关内容 | | 20 | |

续表

| | | | |
|---|---|---|---|
| 施工现场标志标牌 | 掌握标志标牌相关知识 | 20 | |
| 临时用电 | 掌握临时用电相关要求 | 20 | |
| 工作态度 | 态度端正,无无故缺勤、迟到、早退现象 | 10 | |
| 工作质量 | 能按时完成工作任务 | 10 | |
| 职业素质 | 认真严谨、实事求是,具有安全意识 | 10 | |
| 创新意识 | 能够通过任务拓展知识体系,乐于思考 | 10 | |
| 合计 | | 100 | |

### 强化训练

1. 试列举生活和工作中的各类安全标志,并判断其类型。
2. 对施工驻地、场站建设和施工便道有哪些安全技术要求?
3. 公路工程施工中,危险性较大的分部分项工程有哪几种类别?

### 相关知识点

#### 5.1.1 施工安全技术准备

《公路工程施工安全技术规范》(JTG F90—2015)规定,公路工程施工应进行现场调查,应在施工组织设计中编制安全技术措施和施工现场临时用电方案。对于危险性较大的工程应编制专项施工方案,并附具安全验算结果,或组织专家进行论证、审查。

**1. 施工组织设计安全技术措施**

安全技术措施是指运用工程技术手段消除物的不安全因素,实现生产工艺和机械设备等生产条件本质安全的措施。其是施工组织设计中的重要组成部分。安全技术措施主要是通过改善生产工艺、改进生产设备及为其增设安全防护装置来实现。

施工组织设计安全技术措施的主要内容应包括:

(1)安全生产管理目标。

(2)安全生产组织体系、责任体系及安全生产条件(包括施工企业"三类人员"考核合格证书)。

(3)安全生产责任制、安全管理规章制度、安全生产操作规程。

(4)符合有关安全要求的施工场地布置图及说明。

(5)符合国家有关安全规定的安全防护用具、机械设备、施工机具清单。

（6）施工现场防火措施。

（7）危险性较大工程及施工现场重大危险源清单和监控措施。

（8）项目安全技术控制要点。

（9）生产安全事故应急救援预案。

（10）施工人员安全教育计划、安全技术交底安排。

（11）安全生产专项费用使用计划。

### 2. 专项施工方案

根据《建设工程安全生产管理条例》《公路水运工程安全生产监督管理办法》，以及《公路工程施工安全技术规范》（JTG F90—2015）的规定，公路工程施工应在做好现场调查的前提下，对工程项目危险性较大的分部分项工程编制专项施工方案，并附具安全验算结果；对于超过一定规模的危险性较大的分部分项工程，还需组织专家对专项施工方案进行论证、审查，论证审查通过后方可实施。

（1）危险性较大工程的分类。危险性较大的分部分项工程，简称危大工程，是指在公路工程施工过程中存在的，可能导致作业人员群死群伤或造成重大财产损失、作业环境破坏或其他损失的工程。按照《公路工程施工安全技术规范》（JTG F90—2015）的规定，危险性较大工程的分类见表5-1。

表5-1 危险性较大工程的分类

| 序号 | 类别 | 需编制专项施工方案 | 需专家论证、审查 |
| --- | --- | --- | --- |
| 1 | 基坑开挖、支护、降水工程 | 1. 开挖深度不小于3 m的基坑（槽）开挖、支护、降水工程。<br>2. 深度小于3 m，但地质条件和周边环境复杂的基坑（槽）开挖、支护、降水工程 | 1. 深度不小于5 m的基坑（槽）的土（石）方开挖、支护、降水。<br>2. 开挖深度虽小于5 m，但地质条件、周围环境和地下管线复杂，或影响毗邻建（构）筑物安全，或存在有毒有害气体分布的基坑（槽）的土方开挖、支护、降水工程 |
| 2 | 滑坡处理和填、挖方路基工程 | 1. 滑坡处理。<br>2. 边坡高度大于20 m的路堤或地面斜坡坡率陡于1∶2.5的路堤，或不良地质地段、特殊岩土地段的路堤。<br>3. 土质挖方边坡高度大于20 m、岩质挖方边坡高度大于30 m，或不良地质、特殊岩土地段的挖方边坡 | 1. 中型及以上滑坡体处理。<br>2. 边坡高度大于20 m的路堤或地面斜坡坡率陡于1∶2.5的路堤，且处于不良地质、特殊岩土地段的路堤。<br>3. 土质挖方边坡高度大于20 m、岩质挖方边坡高度大于30 m且处于不良地质、特殊岩土地段的挖方边坡 |

续表

| 序号 | 类别 | 需编制专项施工方案 | 需专家论证、审查 |
|---|---|---|---|
| 3 | 基础工程 | 1.桩基础。<br>2.挡土墙基础。<br>3.沉井等深水基础 | 1.深度不小于15 m的人工挖孔桩或开挖深度不超过15 m，但地质条件复杂或存在有毒有害气体分布的人工挖孔桩工程。<br>2.平均高度不小于6 m且面积不小于1 200 m²的砌体挡土墙的基础。<br>3.水深不小于20 m的各类深水基础 |
| 4 | 大型临时工程 | 1.围堰工程。<br>2.各类工具式模板工程。<br>3.支架高度不小于5 m；跨度不小于10 m，施工总荷载不小于10 kN/m²；集中线荷载不小于15 kN/m。<br>4.搭设高度24 m及以上的落地式钢管脚手架工程；附着式整体和分片提升脚手架工程；悬挑式脚手架工程；吊篮脚手架工程；自制卸料平台、移动操作平台工程；新型及异型脚手架工程。<br>5.挂篮。<br>6.便桥、临时码头。<br>7.水上作业平台 | 1.水深不小于10 m的围堰工程。<br>2.高度不小于40 m墩柱、高度不小于100 m索塔的滑模、爬模、翻模工程。<br>3.支架高度不小于8 m；跨度不小于18 m，施工总荷载不小于15 kN/m²；集中线荷载不小于20 kN/m。<br>4.50 m及以上落地式钢管脚手架工程。用于钢结构安装等满堂承重支撑体系，承受单点集中荷载7 kN以上。<br>5.猫道、移动模架 |
| 5 | 桥涵工程 | 1.桥梁工程中的梁、拱、柱等构件施工。<br>2.打桩船作业。<br>3.施工船作业。<br>4.边通航边施工作业。<br>5.水下工程中的水下焊接、混凝土浇筑等。<br>6.顶进工程。<br>7.上跨或下穿既有公路、铁路、管线施工 | 1.长度不小于40 m的预制梁的运输与安装，钢箱梁吊装。<br>2.跨度不小于150 m的钢管拱安装施工。<br>3.高度不小于40 m的墩柱、高度不小于100 m的索塔等的施工。<br>4.离岸无掩护条件下的桩基施工。<br>5.开敞式水域大型预制构件的运输与吊装作业。<br>6.在三级及以上通航等级的航道上进行的水上水下施工。<br>7.转体施工 |

续表

| 序号 | 类别 | 需编制专项施工方案 | 需专家论证、审查 |
|---|---|---|---|
| 6 | 隧道工程 | 1.不良地质隧道。<br>2.特殊地质隧道。<br>3.浅埋、偏压及邻近建筑物等特殊环境条件隧道。<br>4.Ⅳ级及以上软弱围岩地段的大跨度隧道。<br>5.小净距隧道。<br>6.瓦斯隧道 | 1.隧道穿越岩溶发育区、高风险断层、沙层、采空区等工程地质或水文地质条件复杂地质环境；Ⅴ级围岩连续长度占总隧道长度10%以上且连续长度超过100 m；Ⅵ级围岩的隧道工程。<br>2.软岩地区的高地应力区、膨胀岩、黄土、冻土等地段。<br>3.埋深小于1倍跨度的浅埋地段；可能产生坍塌或滑坡的偏压地段；隧道上部存在需要保护的建筑物地段；隧道下穿水库或河沟地段。<br>4.Ⅳ级及以上软弱围岩地段跨度不小于18 m的特大跨度隧道。<br>5.连拱隧道；中夹岩柱小于1倍隧道开挖跨度的小净距隧道；长度大于100 m的偏压棚洞。<br>6.高瓦斯或瓦斯突出隧道。<br>7.水下隧道 |
| 7 | 起重吊装工程 | 1.采用非常规起重设备、方法，且单件起吊重量在10 kN及以上的起重吊装工程。<br>2.采用起重机械进行安装的工程。<br>3.起重机械设备自身的安装、拆卸 | 1.采用非常规起重设备、方法，且单件起吊重量在100 kN及以上的起重吊装工程。<br>2.起吊重量在300 kN及以上的起重设备安装、拆卸工程 |
| 8 | 拆除、爆破工程 | 1.桥梁、隧道拆除工程。<br>2.爆破工程 | 1.大桥及以上桥梁拆除工程。<br>2.一级及以上公路隧道拆除工程。<br>3.C级及以上爆破工程、水下爆破工程 |

（2）专项施工方案的主要内容。

危险性较大工程的专项施工方案，是指在公路工程建设中，施工单位在编制施工组织设计的基础上，针对危险性较大的分部分项工程单独编制的质量安全技术措施文件。

专项施工方案应包括下列主要内容。

1）工程概况：工程基本情况、施工平面布置、施工要求和技术保证条件。

2）编制依据：相关法律、法规，规范性文件、标准、规范及图纸（国标图集），施工组织设计等。

3）施工计划：包括施工进度计划、材料与设备计划。

4）施工工艺技术：技术参数、工艺流程、施工方法、检查验收等。

5）施工安全保证措施：组织保障、技术措施、应急预案、监测监控等。

6）劳动力计划：专职安全生产管理人员、特种作业人员等。

7）计算书及相关图纸。

（3）专项施工方案的审批与实施。

专项施工方案应由施工单位技术、安全、质量等部门的专业技术人员审核，经审核合格后，由施工单位技术负责人签字。分包单位制订的专项施工方案应由总承包单位技术负责人审核签字。

不需专家论证的专项施工方案，经施工单位审核合格后，报监理单位，由项目总监理工程师审核签字后即可实施。

超过一定规模的危险性较大的分部分项工程，简称超大工程，其专项施工方案，应由施工单位组织召开专家论证会。专家组成员应由5名及5名以上符合相关专业要求的专家组成。

专家论证的主要内容如下：

1）专项施工方案内容是否完整、可行。

2）专项施工方案计算书和验算依据是否符合有关标准规范。

3）安全施工方案的基本条件是否满足现场实际情况。

专项施工方案经论证后，专家组应提交论证报告，对专项施工方案提出通过、修改后通过或者不通过的一致意见，并在论证报告上签字。该报告作为专项施工方案修改完善的指导意见。

施工单位应根据论证报告修改完善专项施工方案，并经施工单位技术负责人、项目总监理工程师、建设单位技术负责人签字后，方可组织实施。

专项施工方案经论证后需要做重大修改的，施工单位应按照论证报告修改，并重新组织专家进行论证。

施工单位应严格按照专项施工方案组织施工，不得擅自修改、调整专项施工方案。如因设计、结构、外部环境等因素发生变化确需修改的，修改后的专项施工方案应重新履行审核程序；对于超过一定规模危险性较大工程的专项施工方案，修改后的专项施工方案应重新组织专家进行论证。

专项施工方案应按照如下要求实施：

1）专项方案实施前，施工单位方案编制人员或项目技术负责人应向现场管理人员和作业人员进行安全技术交底。

2）专项施工方案实施时，应落实项目负责人轮流带班生产制度。施工单位指定专人对专项施工方案实施情况进行现场监督和按规定进行监测。施工单位技术负责人应定期巡查专项施工方案实施情况。

3）在检查巡视中发现问题的，应责令整改并且立即采取有效安全防护措施；发现不按照专项施工方案施工的，应要求其立即整改；发现有危及人身安全紧急情况的，应立即组织作业人员撤离危险区域；发生险情或事故的，施工单位应停止作业，及时启动并实施相应的应急预案，防止事态恶化；险情或事故处理后，应对施工现场进行清理，全面核查安全生产条件，经有关部门同意后，方可恢复施工。

4）对于按规定需要验收的危险性较大的分部分项工程，施工单位、监理单位应组织有关人员进行验收。验收合格的，经施工单位项目技术负责人及项目总监理工程师签字后，方可进入下一道工序。

### 3. 安全技术交底

公路工程施工前应逐级进行安全技术交底，主要包括安全技术要求、风险状况、应急处置措施等内容。

安全技术交底制度是公路工程施工安全管理的一项重要制度。具体要求与内容见本书任务4.3。

## 5.1.2 施工现场标志标牌

### 1. 安全色与安全标志

安全标志和警示标识及其设置必须遵照国家标准或行业标准。目前，有关安全标志和警示标识方面的国家标准有《安全色》（GB 2893—2008）、《安全色光通用规则》（GD/T 14778 2008）、《安全标志及其使用导则》（GB 2894—2008）、《消防安全标志 第1部分：标志》（GB 13495.1—2015）、《消防安全标志设置要求》（GB 15630—1995）、《工作场所职业病危害警示标识》（GBZ 158—2003）等。

安全标志及其
使用导则
（GB2894-2008）

（1）安全色、对比色和安全色光。

1）安全色及其设置。安全色是表达安全信息（表示禁止、警告、指令、提示等）的颜色。安全色规定为红色、蓝色、黄色、绿色四种颜色，其含义和用途见表5-2。

表 5-2 安全色的含义和用途

| 颜色 | 含义 | 用途举例 |
|---|---|---|
| 红色 | 禁止、停止、危险、防火 | 禁止标志 |
| | | 停止信号，如机器、车辆上的紧急停止手柄或按钮，以及禁止人们触动的部位 |
| | | 提示消防设备、设施的信息 |
| 蓝色 | 必须遵守的规定的指令 | 指令标志，如必须佩戴个人防护用品，道路上指引车辆和行人行驶方向的指令 |
| 黄色 | 警告、注意 | 警告标志 |
| | | 警戒标志，如厂内危险机器和坑边周围的警戒线等 |
| | | 行车道中线 |
| | | 机械上齿轮箱内部 |
| | | 安全帽 |
| 绿色 | 安全 | 提示标志 |
| | | 车间内的安全通道 |
| | | 行人和车辆通行标志 |
| | | 消防设备和其他安全防护设备的位置 |

注：1. 蓝色只有与几何图形同时使用时才表示指令。
2. 为了不与道路两旁绿色行道树混淆，道路上的提示标志用蓝色

2）对比色及其设置。对比色为黑、白两种颜色，其设置和使用要求如下。

①安全色需要使用对比色时，应按照表 5-3 进行设置。

表 5-3 安全色和对比色

| 安全色 | 对比色 | 安全色 | 对比色 |
|---|---|---|---|
| 红色 | 白色 | 黄色 | 黑色 |
| 蓝色 | 白色 | 绿色 | 白色 |

②黑色用于安全标志的文字、图形符号和警告标志的几何图形。

③白色用于安全标志为红色、蓝色、绿色的背景色，也可用于安全标志的文字和图形符号。

④红色与白色、黄色与黑色间隔条纹，是两种醒目的标志，其含义及用途见表 5-4。

表 5-4　间隔条纹标志的含义及用途

| 颜色 | 含义 | 用途举例 |
| --- | --- | --- |
| 红色与白色 | 禁止或提示消防设备设施位置 | 道路上用的防护栏杆 |
| 黄色与黑色 | 危险位置 | 工矿生产经营单位内部的防护栏杆 |
| | | 起重机吊钩的滑轮架 |
| | | 铁路和道路交叉道口上的防护栏杆 |

3）安全色光及其通用规则。安全色光是表示安全信息含义的色光。安全色光为红色、黄色、绿色、蓝色四种色光；白色为辅助色光。使用安全色光要考虑周围环境的亮度以及同其他颜色的关系，且应使安全色光能够被正确辨认，同时还应注意安装位置的选择、周围环境的情况及便于维护。

安全色光表示事项及使用场所见表 5-5。

表 5-5　安全色光表示事项及使用场所

| 颜色 | 表示事项 | 使用场所 | 用途举例 |
| --- | --- | --- | --- |
| 红色光 | 禁止、停止、危险、紧急、防火 | 用于表示禁止、危险、紧急、防火等事项的场所 | 危险区禁止入内标志的色光 |
| | | | 一般信号灯"停止"的色光 |
| | | | 道路施工中的红色标志灯的色光 |
| | | | 一般车辆尾灯的色光 |
| | | | 一般车辆上堆积货物超出车的前方设置标志灯的色光 |
| | | | 后方或超高时挂在其端部的红灯的色光 |
| | | | 装载火药等危险物车辆的夜间标志的色光 |
| | | | 隧道或坑道内列车尾灯的色光 |
| | | | 坑道内危险处挂的标志灯的色光 |
| | | | 指示紧急停止按钮所在位置的色光 |
| | | | 通报紧急事态以及求救时用的发光信号的色光 |
| | | | 指示消防栓、灭火器、火警警报设备及其他消防用具所在位置灯使用的色光 |
| 黄色光 | 注意 | 用于有必要强调注意事项的场所 | 一般信号的"注意"色光 |
| | | | 表示列车在进口行驶方向标志灯的色光 |

续表

| 颜色 | 表示事项 | 使用场所 | 用途举例 |
|---|---|---|---|
| 绿色光 | 安全、通行、救护 | 用于表示有关安全、通行及救护的事项或其场所 | 矿坑内避险处悬挂的标志灯的色光 |
| | | | 一般信号"通行"的色光 |
| | | | 表示急救箱、担架、救护所、急救车灯位置的色光 |
| 蓝色光 | 引导 | 通常用于指引方向和位置 | 如表示停车场的方向及所在位置的色光 |
| 白色光 | 辅助色光 | 主要用于文字、箭头等；常用于指示方向和所到之处 | 如用该色标志的文字、箭头以达到"指引"的目的 |

（2）安全标志及其使用。

1）安全标志的类型。根据安全标志基本含义可将其分为禁止标志、警告标志、指令标志和提示标志四种类型，见表5-6。

安全标志

表5-6 安全标志的分类及含义

| 标志类型 | 含义 |
|---|---|
| 禁止标志 | 禁止人们不安全行为的图形标志，其基本形式是带斜杠的圆形边框 |
| 警告标志 | 提醒人们对周围环境的危险因素引起注意，以避免可能发生危险的图形标志，其基本形式是正三角形边框 |
| 指令标志 | 强制人们必须做出某种动作或采用防范措施的图形标志，其基本形式是圆形边框 |
| 提示标志 | 向人们提供某种信息（如标明安全设施或场所等）的图形标志，其基本形式是正方形边框 |

2）安全标志的使用和设置。安全标志的使用和设置应执行《安全标志及其使用导则》（GB 2894—2008）的规定。

①标志牌的设置高度。标志牌设置的高度应尽量与人眼的视线高度相一致。悬挂式和柱式的环境信息标志牌的下缘距地面的高度不宜小于2 m；局部信息标志的设置高度应视具体情况确定。

②使用安全标志牌的要求。

a. 标志牌应设在与安全有关的醒目地方，并使人们看见后，有足够的时间来注意它所表示的内容。环境信息标志宜设在有关场所的入口处和醒目处；局部信息标志应设在所涉及的相应危险地点或设备（部件）附近的醒目处。

b. 标志牌不应设在门、窗、架等可移动的物体上，以免这些物体位置移动后，人们看不见安全标志。标志牌前不得放置妨碍认读的障碍物。

c. 标志牌的平面与视线夹角应接近90°，观察者位于最大观察距离时，最小夹角不低于75°。

d. 标志牌应设置在明亮的环境中。

e. 多个标志牌在一起设置时，应按警告、禁止、指令、提示类型的顺序，先左后右、先上后下地排列。

f. 标志牌的固定方式分附着式、悬挂式和柱式三种。悬挂式和附着式的固定应稳固不倾斜，柱式的标志牌和支架应牢固地连接在一起。

g. 安全标志牌每半年至少检查一次，发现有破损、变形、褪色等不符合要求的情况时，应及时修整或更换。

（3）消防安全标志。

消防安全标志是指由安全色、边框、图像为主要特征的图形符号或文字构成的标志，用以表达与消防有关的安全信息。随着人们对消防安全意识的逐步提高，在重要场所和部位根据需要正确且恰当地设置较多的消防安全标志，能够起到教育人、警醒人，防止或减少火灾事故的重要作用。

消防安全知识

1）消防安全标志的分类。消防安全标志按照主题内容与适用范围分为五类。

①底色呈红色的火灾报警和手动控制装置的标志。

②底色呈绿色或红色的火灾时疏散途径的标志。

③底色呈红色的灭火设备的标志。

④底色呈黄色或红色的具有火灾、爆炸危险的地方或物质的标志。

⑤底色呈绿色或红色的方向辅助标志。

2）消防安全标志设置原则。

①紧急出口或疏散通道中的单向门必须在门上设置"推开"标志，在其反面应设置"拉开"标志。紧急出口或疏散通道中的门上应设置"禁止锁闭"标志。疏散通道或消防车道的醒目处应设置"禁止阻塞"标志。

②滑动门上应设置"滑动开门"标志，标志中的箭头方向必须与门的开启方向一致。

③要击碎玻璃板才能拿到钥匙或开门工具的地方及疏散中需要打开板面才能制造一个出口的地方必须设置"击碎板面"标志。

④建筑中的隐蔽式消防设备存放地点应相应地设置"灭火设备""灭火器"和"消防水

带"等标志。室外消防梯和自行保管的消防梯存放点应设置"消防梯"标志。远离消防设备存放地点的地方应将灭火设备标志与方向辅助标志联合设置。

⑤火灾报警按钮和固定灭火系统的手动启动器等装置附近必须设置"消防手动启动器"标志。在远离装置的地方，应与方向辅助标志联合设置。

⑥有火灾报警器或火灾事故广播喇叭的地方应相应地设置"发声警报器"标志。有火灾报警电话的地方应设置"火警电话"标志。对于设有公用电话的地方（如电话亭），也可设置"火警电话"标志。

⑦有地下消火栓、消防水泵接合器和不易被看到的地上消火栓等消防器具的地方，应设置"地下消火栓""地上消火栓"和"消防水泵接合器"等标志。

⑧在下列区域应相应地设置"禁止烟火""禁止吸烟""禁止放易燃物""禁止带火种""禁止燃放鞭炮""当心火灾——易燃物质""当心火灾——氧化物"和"当心爆炸——爆炸性物质"等标志：

a. 具有甲类、乙类、丙类火灾危险的生产厂区、厂房、仓库等的入口处或防火区内。

b. 具有甲类、乙类、丙类液体储罐、堆场等的防火区内。

c. 具有可燃、助燃气体储罐或罐区与建筑物、堆场的防火区内。

d. 民用建筑中燃油、燃气锅炉房，油浸变压器室，存放、使用化学易燃、易爆物品的商店、作坊、储藏间内及其附近。

e. 甲类、乙类、丙类液体及其他化学危险物品的运输工具上。

f. 森林和矿山等防火区内。

⑨遇水爆炸的物质或用水灭火会对周围环境产生危险的地方应设置"禁止用水灭火"标志。

⑩其他有必要设置消防安全标志的地方。

（4）工作场所职业病危害警示标识。

《工作场所职业病危害警示标识》（GBZ 158—2003）规定了在工作场所设置的可以使劳动者对职业病危害产生警觉，并采取相应防护措施的图形标志、警示线、警示语句和文字。该标准适用于可产生职业病危害的工作场所、设备及产品。根据工作场所实际情况，组合使用各类警示标识。

1）作业场所。使用或放置有毒物质和可能产生其他职业病危害的作业场所。

2）设备。可能产生职业病危害的设备上或其前方醒目位置。

3）产品外包装。可能产生职业病危害的化学品、放射性同位素和含放射性物质材料的产品外包装应设置醒目的警示标识和简要的中文警示说明。警示说明应载明产品特性、存在的有害因素、可能产生的危害后果、安全使用注意事项以及应急救治措施等内容。

4）储存场所。储存有毒物质和可能产生其他职业病危害的场所。

5）发生职业病危害事故的现场。

### 2. 公路工程施工现场标志标牌

（1）安全标志。

1）施工现场出入口、施工起重机械等设备出入通道口和沿线交叉口应设置安全标志，安全标志包括禁止标志、警告标志、指令标志和提示标志。其使用按照现行《安全标志及其使用导则》（GB 2894—2008）规定执行。

2）标志应采用坚固耐用的材料制作。有触电危险的场所应使用绝缘材料。边缘和尖角应适当倒棱，呈圆滑状，带有毛边处应打磨光滑。

3）标志的设置位置应合理、醒目，能使观测者引起注意、迅速判读、有必要的反应时间或操作距离。主要机具、设备及施工工序操作规程牌，应设置在操作室或操作区域。

4）标志不应设在门、窗、架等可移动的物体上。标志前不得放置妨碍认读的障碍物。

5）经常检查标志的状态，保持清洁醒目、完整无损。如发现破碎、变形、褪色等不符合要求的情况，则应及时修整或更换。

6）根据工程特点和不同的施工阶段，现场安全标志牌要及时、准确地增补、删减或变动，实施动态管理。

（2）安全标牌。

施工单位项目部驻地、工区驻地、拌和场、钢筋加工场、预制场、大型桥梁、互通立交、隧道洞口、港口施工区等集中作业区域应设置工程概况牌、质量安全目标牌、管理人员名单及监督电话牌、安全文明施工牌、重大风险源告知牌和施工现场布置图等。

1）工程概况牌。工程概况牌应标明工程名称、工程范围、建设单位、设计单位、质量安全监督单位、监理单位、施工单位等内容。

2）质量安全目标牌。质量安全目标牌应标明施工合同段的安全目标、考核指标、质量目标、分项工程　次验收合格率、创奖（杯）等内容。

3）管理人员名单及监督电话牌。管理人员名单及监督电话牌应对项目经理、技术负责人、安全负责人、工地相关负责人员、总监、监理工程师、现场监理员姓名及监督电话等进行公示。

4）安全文明施工牌。安全文明施工牌应将安全生产管理制度、文明生产管理制度相关内容在现场告知；必要时可将"三宝""四口""五临边"的相关内容一起宣传告知。

5）重大风险源告知牌。重大风险源告知牌应明确风险位置、风险源特征、风险防范措施、现场监督负责人及电话号码等内容。

6）施工现场布置图。施工现场布置图应对现场的布置采用图示方式表达，注明位置、面积、功能。

### 5.1.3 驻地和场站建设

施工场地标准化布置是工程施工过程中的重要组成部分。按照《公路工程施工安全技术规范》（JTG F90—2015）的规定，公路工程驻地和场站布置应满足以下要求。

（1）施工现场驻地和场站应选在地质良好的地段，应避开易发生滑坡、塌方、泥石流、崩塌、落石、洪水、雪崩等危险区域，宜避让取土、弃土场地。

（2）施工现场生产区、生活区、办公区应分开设置，距离集中爆破区应不小于 500 m。办公区、生活区宜避开存在噪声、粉尘、烟雾或对人体有害物质的区域，无法避开时应设在噪声、粉尘、烟雾或对人体有害物质所在区域最大频率风向的上风侧。

（3）施工现场原材料、半成品、成品、预制构件等堆放及机械、设备停放应整齐、稳固、规范、标志清楚，且不得侵占场内道路或影响安全。

（4）材料加工场应符合下列规定：

1）宜设围墙或围栏防护，实行封闭管理，并宜设排水设施。

2）场内应设置明显的安全警示标识及相关工种的操作规程。

3）加工棚宜采用轻钢结构，并应采取防雨雪、防风等措施。

（5）预制场、拌和场应符合下列规定：

1）应合理分区、硬化场地，并应设置排水设施。

2）拌和及起重设备基础的地基承载力应满足要求，材料及成品存放区地基应稳定。

3）料仓墙体强度和稳定性应满足要求，料仓墙体外围应设警戒区，距离宜不小于墙高2倍。

4）拌和及起重设备应设置防倾覆和防雷设施。

（6）施工现场变电站建设应符合现行《施工现场临时用电安全技术规范》（JGJ 46—2005）的有关规定。

（7）储油罐的设置应符合下列规定：

1）储油罐与在建工程的防火间距应不小于 15 m，并应远离明火作业区、人员密集区、建（构）筑物集中区。

2）储油罐顶部应设置遮阳棚。

3）应按要求配备泡沫灭火器、干粉灭火器、沙土袋、沙土箱等灭火消防器材及沙土等灭火消防材料。

4）应设防静电、防雷接地装置及加油车接地装置，接地电阻不得大于 10 Ω。

5）应悬挂醒目的禁止烟火等警示标识。

### 5.1.4 施工便道

（1）施工便道应根据运输荷载、使用功能、环境条件进行设计和施工，不得破坏原有水系，降低原有泄洪能力，并应符合下列规定：

1）双车道施工便道宽度不宜小于 6.5 m。

2）单车道施工便道宽度不宜小于 4.5 m，并宜设置错车道，错车道应设在视野良好地段，间距不宜大于 300 m。设置错车道路段的施工便道宽度不宜小于 6.5 m，有效长度不宜小于 20 m。

3）路拱坡度应根据路面类型和现场自然条件确定，并应大于 1.5%。

4）施工便道应根据需要设置排水沟和圆管涵等排水设施。

5）施工便道在急弯、陡坡、连续转弯等危险路段应进行硬化，设置警示标识，并根据需要设置防护设施。

6）施工便道中易发生落石、滑坡等危险路段应根据需要设置防护设施。

（2）施工便道与既有道路平面交叉处应设置道口警示标识，有高度限制的应设置限高架。

（3）施工便桥应根据使用要求和水文条件进行设计，并应设置限宽、限速、限载标志，建成后应验收。

### 5.1.5 临时用电

（1）施工现场临时用电应符合现行《施工现场临时用电安全技术规范》（JGJ 46—2005）的有关规定。

（2）施工用电设备数量在 5 台及 5 台以上，或用电设备容量在 50 kW 及以上时，应编制用电组织设计。

（3）施工现场临时用电工程专用的电源中性点直接接地的 220 V／380 V 三相四线制低压电力系统，必须符合下列规定：

1）采用三级配电系统。

2）采用 TN-S 接零保护系统。

3）采用二级保护系统。

（4）电线架设应符合下列规定：

1）架空线路宜避开施工作业面、作业棚、生活设施与器材堆放场地。

2）架空线路边线无法避开在建工程（含脚手架）时，其安全距离应符合表5-7的规定。

表5-7　外电架空线路边线外侧边缘与在建工程（含脚手架）间安全距离

| 外电线路电压等级/kV | <1 | 1~10 | 35~110 | 220 | 330~500 |
|---|---|---|---|---|---|
| 安全距离/m | 4 | 6 | 8 | 10 | 15 |

3）施工现场的机动车道与外电架空线路交叉时，架空线路的最低点与路面的垂直安全距离应符合表5-8的规定。

表5-8　施工现场的机动车道与外电架空线路交叉时的垂直安全距离

| 外电线路电压等级/kV | <1 | 1~10 | 35 |
|---|---|---|---|
| 垂直安全距离/m | 6 | 7 | 7 |

（5）铺设电缆线应符合下列规定：

1）施工现场开挖沟槽边缘与埋设电缆沟槽边缘的安全距离不得小于0.5 m。

2）地下埋设电缆应设防护管。

3）架空铺设电缆应沿墙或电杆做绝缘固定。

4）通往水上的岸电应用绝缘物架设，电缆线应留有余量，作业过程中不得挤压或拉拽电缆线。

（6）水上或潮湿地带的电缆线必须绝缘良好并具有防水功能，电缆线接头必须经防水处理。

（7）每台用电设备必须独立设置开关箱；开关箱必须装设隔离开关及短路、过载、漏电保护器，严禁设置分路开关；配电箱、开关箱的电源进线端严禁用插头和插座做活动连接。

（8）配电箱及开关箱设置应符合下列规定：

1）总配电箱应设在靠近电源的区域；分配电箱应设在用电设备或负荷相对集中的区域；开关箱与分配电箱的距离不得大于30 m，开关箱应靠近用电设备，与其控制的固定式用电设备水平距离不宜大于3 m。

2）动力配电箱与照明配电箱宜分别设置。合并设置的配电箱，动力和照明应分路设置。

3）配电箱、开关箱应装设在干燥、通风及常温场所，不得装设在存在瓦斯、烟气、潮气及其他有害介质的场所。

4）配电箱、开关箱应选用专业厂家定型、合格产品。

5）总配电箱中漏电保护器的额定漏电动作电流应大于 30 mA，额定漏电动作时间应大于 0.1 s，额定漏电动作电流与额定漏电动作时间的乘积不得大于 30 mA·s。开关箱中漏电保护器的额定漏电动作电流不得大于 30 mA，额定漏电动作时间不应大于 0.1 s。潮湿或有腐蚀介质场所的漏电保护器应采用防溅型产品，额定漏电动作电流不得大于 15 mA，额定漏电动作时间不得大于 0.1 s。

6）配电箱、开关箱应装设端正、牢固。固定式配电箱、开关箱的中心点与地面的垂直距离应为 1.4～1.6 m。移动式配电箱、开关箱应装设在坚固、稳定的支架上，其中心点与地面的垂直距离应为 0.8～1.6 m。

（9）遇有临时停电、停工、检修或移动电气设备时，则应关闭电源。

## 任务 5.2  通用作业

### 任务描述

公路工程项目建设施工，存在大量的施工通用作业，人工、材料、机械等一般在通用作业过程中流动、集中。因此，通用作业的安全与否在很大程度上决定了项目建设安全管理是否成功，通用作业是项目建设安全生产的基点和着手点。公路工程项目建设施工中涉及的通用作业主要有测量作业、支架与模板工程、钢筋工程、混凝土工程、电焊与气焊、起重吊装、高处作业、爆破作业、小型机具等，本次任务主要介绍上述通用作业施工的安全控制要点。

### 任务目标

1. 掌握支架与模板工程的安全技术要求。
2. 掌握钢筋工程的安全技术要求。
3. 掌握电焊与气焊、起重吊装、高处作业的安全技术要求。
4. 掌握公路工程常用的施工机具及其安全技术要求。

## 任务工作页

| 课程名称 | 公路施工安全管理 | 任务名称 | 通用作业 | 班级 | | 姓名 | |
|---|---|---|---|---|---|---|---|
| | | | | 日期 | | 成绩 | |

一、任务布置
1.掌握支架与模板工程的安全技术要求。
2.掌握钢筋工程的安全技术要求。
3.掌握电焊与气焊、起重吊装、高处作业的安全技术要求。
4.掌握公路工程常用的施工机具及其安全技术要求

二、任务实施
引导问题1：支架与模板工程一般属于＿＿＿＿＿＿工程，施工单位应编制施工组织设计和＿＿＿＿＿＿，并按照相关规定处理。

从事脚手架和模板支撑体系作业的人员，必须是经过考核合格的专业架子工，属于＿＿＿＿＿＿人员，应经建设主管部门考核合格，取得＿＿＿＿＿＿，方可上岗作业，并应符合特种作业人员管理的要求。

引导问题2：气焊作业中，对气瓶安全距离的要求有哪些？

引导问题3：起重吊装作业中，涉及哪几类作业人员？对其有哪些管理要求？

引导问题4：什么是高处作业？高处作业应采取哪些安全措施？

## 评价反馈

### 学生自评

| 班级： | 姓名： | 学号： |
|---|---|---|
| 任务5.2 | 通用作业 | |

| 评价项目 | 评价标准 | 分值 | 得分 |
|---|---|---|---|
| 支架与模板工程 | 掌握相关安全技术要求 | 15 | |
| 钢筋与混凝土工程 | 掌握相关安全技术要求 | 15 | |

续表

| 电焊与气焊、起重吊装、高处作业 | 掌握相关安全技术要求 | 15 | |
| --- | --- | --- | --- |
| 施工机具 | 掌握相关安全技术要求 | 15 | |
| 工作态度 | 态度端正，无无故缺勤、迟到、早退现象 | 10 | |
| 工作质量 | 能按时完成工作任务 | 10 | |
| 职业素质 | 认真严谨、实事求是，具有安全意识 | 10 | |
| 创新意识 | 能够通过任务拓展知识体系，乐于思考 | 10 | |
| 合计 | | 100 | |

### 强化训练

1. "十不吊"的内容有哪些？

2. "十不焊"的内容有哪些？

3. 架子把好"十道关"的具体含义是什么？

4. 见图 5-1（a）（b）（c），试分别确定基础高度 $h_b$，可能坠落范围半径 $R$，作业高度 $h_w$ 的值。

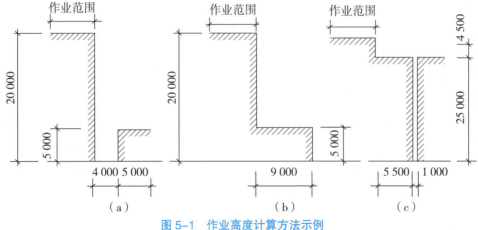

图 5-1 作业高度计算方法示例

### 相关知识点

#### 5.2.1 测量作业

（1）密林丛草间施工测量应探明周边环境，遵守护林防火规定，并应采取预防有害动物、植物伤人的个体防护措施。

（2）外电架空线路附近工作时，测量人员的身体和测量设备外沿与外电架空线路之间的安全距离应符合现行《施工现场临时用电安全技术规范》（JGJ 46—2005）的有关规定。安全距离无法实现时，应与有关部门协商，采取停电、迁移外电线路或改变工程位置等措施。

（3）不中断交通道路上测量，应设置交通安全标志，并应设专人指挥或警戒。测量人员应穿反光标志服。

（4）陡坡及不良地质地段测量，测量人员应系安全带、穿防滑鞋等，并应加强监护。桥墩等高处测量，测量人员应正确佩戴和使用个体防护用品。

（5）夜间测量照明应满足作业要求，测量人员应穿反光标志服。

（6）水上测量作业，测量船应悬挂号灯或号型，并应设专人负责瞭望。测量人员应穿救生衣。

（7）水上测量平台应稳固可靠，并应设置防护围栏和警示标识，作业时应派交通船守护。

（8）冰上测量前应掌握冰封情况，冰封情况应满足作业要求。冰封不稳定的河段及春季冰融期间不得进行冰上测量。

### 5.2.2　支架与模板工程

支架与模板工程一般属于危险性较大的工程，施工单位应编制施工组织设计和专项施工方案，并按照相关规定处理。

从事脚手架和模板支撑体系作业的人员必须是经过考核合格的专业架子工，属于特种作业人员，应经建设主管部门考核合格，取得特种作业人员操作资格证书，方可上岗作业。作业时应戴安全帽、穿防滑鞋、系安全带，并应符合特种作业人员管理的要求。

#### 1. 支架

（1）钢支架设计应符合现行《钢结构设计标准》（GB 50017—2017）的规定，支架钢管通用操作应符合现行《碳素结构钢》（GB/T 700—2006）、《建筑施工碗扣式钢管脚手架安全技术规范》（JGJ 166—2016）、《建筑施工扣件式钢管脚手架安全技术规范》（JGJ 130—2011）、《钢管脚手架扣件》（GB/T 15831—2023）的相关规定。

（2）定型组合模板应符合现行《组合钢模板技术规范》（GB/T 50214—2013）的规定。

（3）支架、模板的强度、刚度和稳定性，应按照现行《公路桥涵施工技术规范》（JTG/T 3650—2020）设计并验算，水中支架基础还应考虑水流冲刷的影响。

（4）支架周转材料使用前应按照现行《建筑施工扣件式钢管脚手架安全技术规范》

（JGJ 130—2011）、《建筑施工碗扣式钢管脚手架安全技术规范》（JGJ 166—2016）要求检查，达不到设计要求时不得使用。

（5）支架支撑体系应符合下列规定：

1）支架基础应根据所受荷载、搭设高度、搭设场地地质等情况进行设计及验算。

2）支架基础的场地应设排水措施，遇洪水或大雨浸泡后，应重新检验支架基础、验算支架受力。冻胀土基础应有防冻胀措施。

3）支架基础施工后应检查验收。

4）支架在安装完成后应检查验收。

5）使用前应预压。预压荷载应为支架需承受全部荷载的1.05~1.10倍。

6）预压加载、卸载应按预压方案要求实施，使用沙（土）袋预压时应采取防雨措施。

7）支架应设置可靠的接地装置。

（6）使用碗扣式、门式或扣件式钢管脚手架作为支架时，脚手架构造应分别符合现行《建筑施工碗扣式钢管脚手架安全技术规范》（JGJ 166—2016）、《建筑施工门式钢管脚手架安全技术标准》（JGJ/T 128—2019）和《建筑施工扣件式钢管脚手架安全技术规范》（JGJ 130—2011）的规定。扣件应符合现行《钢管脚手架扣件》（GB/T 15831—2023）的规定。

（7）桩、柱梁式支架应符合下列规定：

1）钢管桩的承载力应满足要求。

2）纵梁之间应设置安全、可靠的横向连接。

3）搭设完成后应检查验收。

4）跨通行道路时，应按照现行《道路交通标志和标线》（GB 5768）的要求设置交通标志。

5）跨通航水域时，应设置号灯、号型。

（8）跨通行道路、通航水域的支架应根据道路、水域通行情况设置防撞设施。

**2. 脚手架**

（1）使用要求。

1）脚手架的强度、刚度和稳定性应能承受施工期间可能产生的各项荷载。搭设高度24 m及24 m以上的落地式钢管脚手架的钢管、扣件应进行抽样检测，脚手架设计计算应以钢管抽样检测的壁厚及力学性能为依据。

2）不宜使用竹、木质脚手架。

3）搭设场地应平整、无杂物，并应设防水、排水设施。

4）脚手架地基与基础应根据所受荷载搭设高度、搭设场地等情况进行设计及验算。

5）脚手架应设排水措施，遇洪水或大雨浸泡后，应重新检验脚手架基础。冻胀土基础应设防冻胀措施。

6）脚手架的脚手板应满铺、固定，与结构物立面的距离不得大于 0.15 m。

7）脚手架拆除必须严格执行专项施工方案，拆除作业必须由上而下逐层进行，严禁上下同时作业。连墙件必须随脚手架逐层拆除，严禁提前拆除。

8）作业层上的施工荷载应符合设计要求，不得超载。不得将模板支架、缆风绳、泵送混凝土和砂浆的输送管等固定在脚手架上；严禁悬挂起重设备。

9）脚手架验收合格后，应按规定设置安全警示标识牌等。

10）脚手架使用期间，严禁擅自拆除架体结构杆件；如需拆除，则必须修改施工方案，并报请原方案审批人批准，确定补救措施后方可实施。

11）严禁在脚手架基础及邻近处进行挖掘作业。

12）临街搭设脚手架时，外侧应有防止坠物伤人的防护措施。

13）在脚手架上进行电焊、气焊作业时，必须有防火措施和专人看守。

14）工地临时用电线路的架设及脚手架接地、避雷措施等，应符合有关规定。

15）搭拆脚手架时，地面应设围栏和警戒标志，并派专人看守，严禁非操作人员入内。

16）遇六级及六级以上大风、雨雪、大雾天气时，应停止脚手架的搭设与拆除作业。雨、雪后脚手架作业应有防滑措施，并扫除积雪。

（2）构造要求

脚手架的构造根据形式不同，应分别符合现行《建筑施工碗扣式钢管脚手架安全技术规范》（JGJ 166—2016）、《建筑施工门式钢管脚手架安全技术标准》（JGJ/T 128—2019）和《建筑施工扣件式钢管脚手架安全技术规范》（JGJ 130—2011）的规定。扣件应符合现行《钢管脚手架扣件》（GB/T 15831—2023）的规定。脚手架构造如图 5-2 所示。

3. 模板

（1）模板加工制作应符合下列规定：

1）制作钢、木结合模板，钢、木加工场地应分开，并应及时清除锯末、刨花和木屑。

2）模板所用材料应堆放稳固。

3）模板堆放高度不宜超过 2 m。

（2）模板吊环不得采用冷拉钢筋，且吊环的计算拉应力不得大于 50 MPa。

（3）模板应按设计方案设置纵、横、斜向支撑和水平拉杆，拉杆不得焊接。

（4）大型钢模板应设置工作平台和爬梯。工作平台应设置防护栏杆、挡脚板和限载标志。

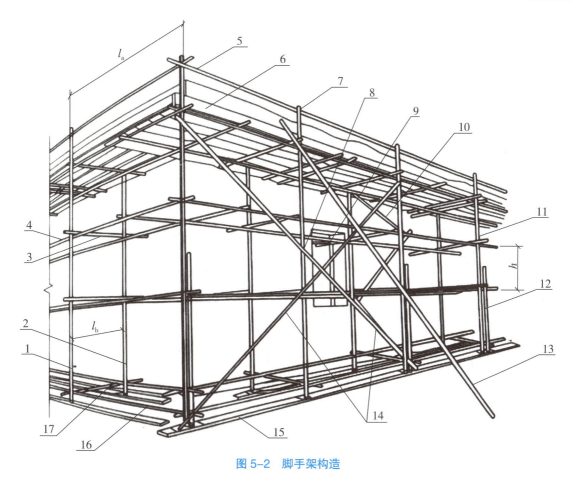

图 5-2 脚手架构造

1—外立杆；2—内立杆；3—横向水平杆；4—纵向水平杆；5—栏杆；6—挡脚板；7—直角扣件；8—旋转扣件；9—连墙件；10—横向斜撑；11—主立杆；12—副立杆；13—抛撑；14—剪刀撑；15—垫板；16—纵向扫地杆；17—横向扫地杆；$l_a$—纵向立杆间距（简称纵距）；$l_b$—横向立杆间距（横距）；$h$—步架高（简称步距）

（5）模板安装应符合下列规定：

1）吊装模板前，应检查模板和吊点。吊装应设专人指挥。模板未固定前，不得实施下道工序。

2）模板安装就位后，应立即支撑和固定。支撑和固定未完成前，不得升降或移动吊钩。

3）模板应按设计要求准确就位，且不宜与脚手架连接。

4）模板安装完成后节点连系应牢固。

5）基准面以上 2 m 安装模板应搭设脚手架或施工平台。

（6）模板存放应符合下列规定：

1）模板存放场地应坚实平整。

2）大型模板应存放在专用模板架内或卧倒平放，不得直靠其他模板或构件。特型模板应存放在专用模板架内。

3）突风频发区或台风到来前，存放的大型模板应采取加固措施。

4）清理模板或刷脱模剂时，模板应支撑牢固，两片模板间应留有足够的人行通道。

#### 4. 支架、模板的拆除

模板、支架拆除应符合下列规定：

（1）模板、支架的拆除期限和拆除程序等应按施工组织设计和施工方案要求进行，危险性较大模板、支架的拆除还应遵守专项施工方案的要求。

（2）模板、支架的拆除应遵循先拆非承重模板、后拆承重模板、自上而下、分层分段拆除的顺序和原则。

（3）承重模板应横向同时、纵向对称均衡卸落。

（4）简支梁、连续梁结构模板宜从跨中向支座方向依次循环卸落，悬臂梁结构模板宜从悬臂端开始顺序卸落。

（5）承重模板、支架，应在混凝土强度达到设计要求后拆除。

（6）模板、支架的拆除应设立警戒区，非作业人员不得进入。

（7）拆除人员应使用稳固的登高工具、防护用品。

### 5.2.3 钢筋工程

（1）钢筋加工机械所有转动部件应有防护罩。

（2）钢筋冷弯作业时，弯曲钢筋的作业半径内和机身不设固定销的一侧不得站人或通行。

（3）钢筋冷拉作业区两端应装设防护挡板，冷拉钢筋卷扬机应置于视线良好位置，并应设置地锚。钢筋或牵引钢丝两侧 3 m 内及冷拉线两端不得站人或通行。

（4）钢筋对焊机应安装在室内或防雨棚内，并应设可靠的接地、接零装置。多台并列安装对焊机的间距不得小于 3 m。对焊作业闪光区四周应设置挡板。

（5）作业高度超过 2 m 的钢筋骨架应设置脚手架或作业平台，钢筋骨架应有足够的稳定性。

（6）吊运预绑钢筋骨架或成捆钢筋应确定吊点的数量、位置和捆绑方法，不得单点起吊。

（7）作业平台等临时设施上存放钢筋不得超载。

## 5.2.4 混凝土工程

### 1. 混凝土拌和

（1）混凝土拌和前应确认搅拌、供料、控制等系统运行正常。

（2）作业过程中，在储料区内和提升斗下，严禁人员进入。

（3）维修、保养或检查清理搅拌系统、供料系统时应封闭下料门、切断电源、锁定安全保护装置、悬挂"严禁合闸"安全警示标识，并派专人看守。

（4）水泥隔离垫板的刚度及稳定性应满足要求。袋装水泥应交错整齐码放，高度不得超过 10 袋，且不得靠墙。砂石料堆放不得超过规定高度。

### 2. 混凝土浇筑

（1）混凝土浇筑的顺序、速度应符合施工方案的要求，不得随意更改。

（2）吊斗灌筑混凝土应设专人指挥起吊、运送、卸料，人员、车辆不得在吊斗下停留或通行，不得攀爬吊斗。

（3）泵送混凝土应符合下列规定：

1）混凝土输送泵应安装稳固，管道布设应平顺，安装应固定牢靠，接头和卡箍应密封、紧固。

2）泵送前应检查泵送和布料系统。首次泵送前应进行管道耐压试验。泵送混凝土时，操作人员应随时监视各种仪表和指示灯，发现异常应立即停机检查。

3）输送泵出料软管应设专人牵引、移动，布料臂下不得站人。

4）混凝土输送管道接头拆卸前，应释放输送管内剩余压力。

5）清理管道时应设警戒区，管道出口端前方 10 m 内不得站人。

6）混凝土输送泵停止作业后，各部位操纵开关、调整手柄、手轮、控制杆、旋塞等均应复位，液压系统应卸荷。

混凝土浇筑过程中应检查模板、支架、钢筋骨架的稳定、变形情况，发现异常应立即停止作业，并应整修加固。

### 3. 混凝土振捣

混凝土振捣应符合下列规定：

（1）检修或作业停止时，应切断电源。

（2）不得用电缆线、软管拖拉或吊挂振捣器。

（3）装置振捣器的构件模板应坚固、牢靠。

（4）操作振捣器作业时，应穿戴好绝缘鞋和绝缘手套。

### 4. 混凝土养护

混凝土养护应符合下列规定：

（1）覆盖养护时，预留孔洞周围应设置安全护栏或盖板，并应设置安全警示标识，不得随意挪动。

（2）洒水养护时，应避开配电箱和周围电气设备。

（3）蒸汽、电热养护时，应设围栏和安全警示标识，并应配置足够、适用的消防器材，非作业人员不得进入养护区域。

## 5.2.5 电焊与气焊

### 1. 一般规定

（1）电工、焊接与热切割作业人员应按照有关规定经专业机构培训，并应取得相应的从业资格。

（2）电工、焊接与热切割作业人员应按规定正确佩戴、使用劳动防护用品。

（3）面罩及护目镜应符合现行《职业眼面部防护 焊接防护 第1部分：焊接防护具》（GB/T 3609.1—2008）的有关规定。防护服应符合现行《防护服装 阻燃防护 第2部分：焊接服》（GB 8965.2—2009）的有关规定，并应根据具体的焊接和切割操作特点选择。

（4）使用过危险化学品的容器、设备、桶槽、管道、舱室等，动火前必须清洗，并经测爆合格。

（5）密闭空间内实施焊接及切割，气瓶及焊接电源应置于密闭空间外。

（6）密闭空间焊接作业应设置通风、绝缘、照明装置和应急救援装备。

（7）密闭空间焊接作业应设专人监护，金属容器内照明设备的电压不得超过12 V。

（8）高处电焊、气割作业，作业区周围和下方应采取防火措施，按要求配备消防器材，并应设专人巡视。

（9）雨天严禁露天电焊作业。潮湿区域，作业人员必须在干燥绝缘物体上焊接作业。

### 2. 气焊

（1）储存、搬运、使用氧气瓶、乙炔瓶除应符合现行《焊接与切割安全》（GB 9448—1999）的有关规定外，还应符合下列规定：

1）气瓶、阀门、焊具、胶管等均不得沾污油脂，作业人员不得使用油污手套操作。

2）压力表、安全阀、橡胶软管和回火保护器等均应定期校验或试验，标志应清晰。

气瓶的使用

3）使用的气瓶应稳固竖立或装在专用车（架）或固定装置上。

4）气瓶与实际焊接或切割作业点的距离应大于 10 m，无法达到的应设置耐火屏障。

5）气割作业氧气瓶与乙炔瓶之间的距离不得小于 5 m。

6）电焊、气焊作业点和气瓶存放点应按规定配备灭火器材。

（2）储装气体的罐瓶及其附件应合格、完好和有效，氧气瓶、乙炔瓶设防振圈，夏季高温有防暴晒措施，乙炔瓶必须设回火阀，立放牢固，严禁使用乙炔专业减压器、回火防止器及其他附件缺损的乙炔瓶。

（3）备用待用的氧气瓶、乙炔瓶应分别存于氧气间、乙炔间，存放间距应大于 10 m，并设置安全警示标识及配备灭火器材。

（4）各种气瓶应有标准色标，氧气瓶为蓝色瓶身、白色字样；乙炔瓶为白色瓶身、红色字样。气瓶不应平放，宜使用专用小推车。

### 3. 电焊

（1）电焊机一次侧电源线长度不得大于 5 m；二次侧焊接电缆线应采用防水绝缘橡胶护套铜芯软电缆，长度不宜大于 30 m，且进出线处应设置防护罩。

（2）电焊钳的绝缘和隔热性能应满足要求，钳柄与导线应连接牢固，电缆芯线不得外露。

（3）电焊机应置于干燥、通风的位置，露天使用电焊机应设防雨、防潮装置，移动电焊机时应切断电源。

（4）电焊机外壳接地电阻不得大于 4 Ω，接地线不得使建（构）筑物的金属结构、管道、轨道或其他金属物体搭接形成焊接回路。

（5）不宜使用交流电焊机。使用交流电焊机时，除应在开关箱内装设一次侧漏电保护器外，还应安装二次侧空载降压触电保护器。

### 4. 十不焊

为保证焊接作业安全，须做到以下"十不焊"。

（1）未取得焊工特殊工种操作证，不焊。

（2）要害部门和重要场所未经批准，不焊。

（3）不了解焊接地点周围情况，不焊。

（4）不了解焊接物内部情况，不焊。

（5）装过易燃、易爆物品的容器，未经彻底清洗，不焊。

（6）用可燃材料做保温、隔声的部位，不焊。

（7）密闭或有压力的容器管道内，不焊。

焊接作业"十不焊"

（8）焊接部位旁有易燃易爆物品，不焊。

（9）附近有与明火作业相抵触的作业，不焊。

（10）禁火区内未办理动火审批手续，不焊。

### 5.2.6 起重吊装

#### 1. 一般规定

（1）起重吊装应符合现行《建筑施工起重吊装工程安全技术规范》（JGJ 276—2012）和《起重机械安全规程 第1部分：总则》（GB/T 6067.1—2010）的有关规定。

（2）起重机械司机、起重信号司索工、起重机械安装拆卸工应按照有关规定经专业机构培训，并应取得相应的从业资格。

（3）起重作业人员应穿防滑鞋、戴安全帽，高处作业时应按规定佩挂安全带。

（4）吊装作业应设警戒区，警戒区不得小于起吊物坠落影响范围。

（5）作业前应检查起重设备安全装置、钢丝绳、滑轮、吊索、卡环、地锚等。

（6）吊点位置应符合设计规定，设计无规定的应经计算确定。

（7）流动式起重设备通行的道路、作业场地应平整坚实，吊装前支腿应全部打开，并应按要求铺设垫木。

（8）高空吊装梁等大型构件应在构件两端设溜绳。

（9）安装所使用的螺栓、钢楔（或木楔）、钢垫板、垫木和电焊条等材质应符合设计要求。

（10）吊装大、重、新结构构件和采用新的吊装工艺应先进行试吊。

（11）起重机与架空输电线的安全距离应满足现行《施工现场临时用电安全技术规范》（JGJ 46—2005）的规定。当需要在小于规定的安全距离范围内进行作业时，必须采取严格的安全保护措施，并应按照相关规定经有关部门批准。

（12）双机抬吊宜选用同类型或性能相近的起重机，负载分配应合理，单机荷载不得超过额定起重量的80%。两机应协调起吊和就位，起吊速度应平稳缓慢。

（13）起重机严禁吊人。

（14）严禁采用斜拽、斜吊，严禁超载吊装，严禁吊装起吊重量不明、埋于地下或黏结在地面上的构件。

（15）吊起的构件上不得堆放或悬挂零星物件。

（16）作业人员严禁在已吊起的构件下或起重臂下旋转范围内作业或通行。

（17）吊装作业临时固定工具应在永久固定的连接稳固后拆除。

（18）雨、雪后，吊装前应清理积水、积雪，并应采取防滑和防漏电措施，作业前，应先试吊。

### 2. 吊索吊具

（1）起重吊装设备所使用的钢丝绳及锁具，应具备生产资质的制造厂商提供的出厂合格证和材质证明。

（2）钢丝绳吊索的安全系数应符合下列规定：

1）当利用吊索上的吊钩、卡环钩挂重物上的起重吊环时，安全系数不得小于6。

2）当用吊索直接捆绑重物，且吊索与重物棱角间采取了妥善的保护措施时，安全系数不得小于6。

（3）吊钩吊环应定期检查，表面应光滑，不得有剥痕、刻痕、锐角、裂痕。

（4）一台起重设备的两个主吊钩起吊同一重物时，两钩升降应协调，两吊索开口度不应大于60°，且每个钩的吊重不得大于其额定负荷。卸扣使用时不得超过规定载荷，严禁钢丝绳在卸扣两侧起重。

（5）起重机的吊钩和吊环严禁补焊。当出现下列情况之一时，应予更换：

1）表面有裂纹、破口。

2）钩尾和螺纹部分等危险截面及钩颈有永久变形。

3）挂绳处断面磨损超过原高度10%。

4）钩衬套磨损超过原厚度50%。

5）板钩芯轴（销子）磨损超过其尺寸的3%~5%。

6）开口度比原尺寸增加15°，开口扭转变形超过10°。

（6）当起重设备制动器的制动鼓表面磨损达1.5~2.0 mm（小直径取小值，大直径取大值）时，应更换制动鼓；当起重设备制动器的制动带磨损超过原厚度50%时，应更换制动带。

### 3. 门式起重机

（1）门式起重机的产品标准应符合现行《通用门式起重机》（GB/T 14406—2011）的相关规定。

（2）门式起重机轨道的铺设应符合设备安装规定，轨道接地电阻不应大于4 Ω。

（3）门式起重机应加装声光报警装置，行走时应发出声光报警信号。

（4）门式起重机吊钩应设置灵敏有效的防脱钩装置。

（5）门式起重机作业前应进行空载运转，在确认各机构运转正常、制动可靠、各限位开关灵敏有效后，方可作业。

（6）重物提升和下降操作应平稳匀速，在提升大件时不得快速，同时防止栓拉绳摆动。

（7）门式起重机行走轨道端头应设置车挡及防缓冲装置。

（8）门式起重机小车、大车行走前，应检查行走限位器是否可靠有效。

（9）门式起重机停止使用时，应使用夹轨器，临时停止时使用垫木固定。

（10）露天作业的门式起重机，当遇六级及六级以上大风或停止作业时，锁紧夹轨器，并将吊钩升到顶端位置，吊钩上不得悬挂重物。防抗台风时宜加设缆风绳。

### 4. 轮胎式起重机

（1）作业地面应坚实平整，支脚必须支垫牢靠，回转半径内不得有障碍物。两台或多台起重机吊运同一重物时，钢丝绳应保持垂直，各台起重机升降应同步，各台起重机不得超过各自的额定起重能力。

（2）吊起重物时，应将重物吊离地面 10 cm 左右，停机检查制动器的灵敏性和可靠性，以及重物绑扎的牢固程度，确认情况正常后，方可继续工作。作业中不得悬吊重物行走。

（3）起升或降下重物时，速度要均匀、平衡、保持机身的稳定，防止重心倾斜。严禁起吊的重物自由下落。

（4）配备必要的灭火器，驾驶室内不得存放易燃品。雨天作业，制动带淋雨打滑时，应停止作业。

（5）在输电线路下作业时，起重臂、吊具、辅具、钢丝绳等与输电线的距离不得小于表 5-9 的规定。

表 5-9　起重机与架空线路边线的最小安全距离

| 电压/kV<br>安全距离/m | <1 | 10 | 35 | 110 | 220 | 330 | 500 |
|---|---|---|---|---|---|---|---|
| 沿垂直方向 | 1.5 | 3.0 | 4.0 | 5.0 | 6.0 | 7.0 | 8.5 |
| 沿水平方向 | 1.5 | 2.0 | 3.5 | 4.0 | 6.0 | 7.0 | 8.5 |

（6）工作完毕，应将机车停放在坚固的地面上，吊钩收起，各制动器刹牢，操纵杆放到空挡位置。

### 5. 十不吊

为了保证起重吊装作业安全，须做到以下"十不吊"。

（1）超载或被吊物重量不清，不吊。

（2）指挥信号不明确，不吊。

起重吊装作业"十不吊"

(3)捆绑、吊挂不牢或不平衡,可能引起滑动时,不吊。

(4)被吊物上有人或浮置物时,不吊。

(5)结构或零部件有影响安全工作的缺陷或损伤时,不吊。

(6)遇有拉力不清的埋置物件时,不吊。

(7)工作场地昏暗,无法看清场地、被吊物和指挥信号时,不吊。

(8)被吊物棱角处与捆绑钢绳间未加衬垫时,不吊。

(9)歪拉斜吊重物时,不吊。

(10)容器内装的物品过满时,不吊。

### 5.2.7 高处作业

我国现行标准《高处作业分级》(GB/T 3608—2008)规定了高处作业的术语和定义、高度计算方法及分级。

高处作业分级
GB/T 3608-2008

#### 1. 高处作业概念

(1)高处作业:在距坠落高度基准面 2 m 或 2 m 以上有可能坠落的高处进行的作业。

(2)坠落高度基准面:通过可能坠落范围内最低处的水平面。

(3)可能坠落范围:以作业位置为中心,可能坠落范围半径为半径划成的与水平面垂直的柱形空间。

(4)可能坠落范围半径:为确定可能坠落范围而规定的相对于作业位置的一段水平距离,以 m 表示。可能坠落范围半径用 $R$ 表示,其大小取决于与作业现场的地形、地势或建筑物分布等有关的基础高度,具体的规定是在统计分析了许多高处坠落事故案例的基础上做出的。

(5)基础高度:以作业位置为中心、6 m 为半径,划出的垂直于水平面的柱形空间内的最低处与作业位置间的高度差,以 $h_b$ 表示,单位为 m。

(6)高处作业高度:作业区各作业位置至相应坠落高度基准面的垂直距离中的最大值,以 $h_w$ 表示,单位为 m。

#### 2. 高处作业分级

(1)高处作业高度分为 2~5 m(包括 5 m)、5~15m(包括 15m)、15~30 m(包括 30 m)及 30 m 以上四个区段。

(2)直接引起坠落的客观危险因素分为以下 11 种:

1)阵风风力五级（风速 8.0 m/s）以上。

2)《工作场所职业病危害作业分级 第 3 部分：高温》（GBZ/T 229.3—2010）规定的Ⅱ级或Ⅱ级以上的高温条件。

3)平均气温等于或低于 5 ℃的作业环境。

4)接触冷水温度等于或低于 12 ℃的作业环境。

5)作业场地有冰、雪、霜、水、油等易滑物。

6)作业场所光线不足，能见度差。

7)作业活动范围与危险电压带电体的距离小于表 5–10 的规定。

表 5–10 作业活动范围与危险电压带电体的距离

| 危险电压带电体的电压等级/kV | 距离/m | 危险电压带电体的电压等级/kV | 距离/m |
| --- | --- | --- | --- |
| ≤10 | 1.7 | 220 | 4.0 |
| 35 | 2.0 | 330 | 5.0 |
| 63~110 | 2.5 | 500 | 6.0 |

8)摆动，立足处不是平面或只有很小的平面，即任一边小于 500 mm 的矩形平面、直径小于 500 mm 的圆形平面或具有类似尺寸的其他形状的平面，致使作业者无法维持正常姿势。

9)《工作场所有害因素职业接触限值 第 2 部分：物理因素》（GBZ 2.2—2007 规定的Ⅲ级或Ⅲ级以上的体力劳动强度。

10)存在有毒气体或空气中含氧量低于 0.195 的作业环境。

11)可能会引起各种灾害事故的作业环境和抢救突然发生的各种灾害事故的作业环境。

（3）不存在（2）条列出的任一种客观危险因素的高处作业按表 5–11 规定 A 类分级。存在（2）条列出的一种或一种以上的客观危险因素的高处作业按表 5–11 规定 B 类分级。

表 5–11 高处作业分级

| 分类法 | 作业高度/m | | | |
| --- | --- | --- | --- | --- |
| | $2 \leq h_w \leq 5$ | $5 < h_w \leq 15$ | $15 < h_w \leq 30$ | $h_w > 30$ |
| A | Ⅰ | Ⅱ | Ⅲ | Ⅳ |
| B | Ⅱ | Ⅲ | Ⅳ | Ⅳ |

### 3. 高处作业高度计算方法

（1）可能坠落范围半径 $R$ 根据 $h_b$ 确定，见表 5-12。

表 5-12 可能坠落范围半径　　　　　　　　　　　　　　　　　　m

| 基础高度 | $2 \leqslant h_b \leqslant 5$ | $5 < h_b \leqslant 15$ | $15 < h_b \leqslant 30$ | $h > 30$ |
|---|---|---|---|---|
| 可能坠落范围半径 $R$ | 3 | 4 | 5 | 6 |

（2）高处作业高度计算方法。根据定义，确定基础高度 $h_b$；根据 $h_b$，确定可能坠落范围半径 $R$；根据定义，确定作业高度 $h_w$。

### 4. 高处作业安全管理

（1）一般规定。

高处作业应符合现行《建筑施工高处作业安全技术规范》（JGJ 80—2016）的有关规定。

高处作业防护

1）高处作业不得同时上下交叉进行。

2）高处作业下方警戒区设置应符合现行《高处作业分级》（GB/T 3608—2008）的有关规定。

3）高处作业人员不得沿立杆或栏杆攀登。高处作业人员应定期进行体检。诊断患有心脏病、贫血、高血压、癫痫病、恐高症及其他不适合高处作业的疾病时，不得从事高处作业。

4）高空作业人员应头戴安全帽，身穿紧口工作服，脚穿防滑鞋，腰系安全带。在有坠落可能的部位作业时，必须把安全带挂在牢固的结构上，安全带应高挂低用，不可随意缠在腰上，安全带长度不应超过 3 m。作业时要严格遵守各项劳动纪律和安全操作规程，严禁酒后和过度疲劳的人员进行登高作业。

5）高处作业中的安全标志、工具、仪表、电气等设施和各种设备，必须在施工前进行检查，确认其完好，方能投入使用。

6）施工中对高处作业的安全技术设施，发现有缺陷或隐患时，则必须及时解决；危及人身安全时，则必须停止作业。

7）高处作业安全设施的主要受力杆件构造应符合规定。

8）因作业需要临时拆除或变动安全防护设施时，必须经施工负责人同意，采取相应的可靠措施，作业后应立即恢复。

9）高处作业现场所有可能坠落的物件均应预先撤除或固定。所存物料应堆放平稳，随身作业工具应装入工具袋。

10）高处作业上下应设置联系信号或通信装置，并指定专人负责。

11）雨雪季节应采取防滑措施。遇有六级以上强风、浓雾等恶劣气候，不得进行露天攀登或悬空高处作业。台风暴雨后，应对高处作业安全设施逐一加以检查，发现有松动、变形、损坏或脱落等现象时，立即修理、完善。

（2）安全防护。

1）高处作业场所临边应设置安全防护栏杆，并应符合下列规定：

①防护栏杆应能承受1 000 N的可变荷载。

②防护栏杆下方有人员及车辆通行或作业的，应挂密目安全网封闭，防护栏杆下部应设置高度不小于0.18 m的挡脚板。

③防护栏杆应由上、下两道横杆组成，上杆离地高度应为1.2 m，下杆离地高度应为0.6 m。

④横杆长度大于2 m时，应加设栏杆柱。

2）高处作业场所的孔、洞应设置防护设施及警示标识。

3）安全网质量应符合现行《安全网》（GB 5725—2009）的有关规定：

①安全网安装应系挂安全网的受力主绳，不得系挂网格绳。安装完毕应进行检查、验收。

②安全网安装或拆除应根据现场条件采取防坠落安全措施。

③作业面与坠落高度基准面高差超过2 m且无临边防护装置时，临边应挂设水平安全网。作业面与水平安全网之间的高差不得超过3.0 m，水平安全网与坠落高度基准面的距离不得小于0.2 m。

4）安全带使用除应符合现行《坠落防护 安全带》（GB 6095—2021）的规定外，还应符合下列规定：

①安全带除应定期检验外，使用前尚应进行检查。织带磨损、灼伤、酸碱腐蚀或出现明显变硬、发脆以及金属部件磨损出现明显缺陷或受到冲击后发生明显变形的，应及时报废。

②安全带应高挂低用，并应扣牢在牢固的物体上。

③安全带的安全绳不得打结使用，安全绳上不得挂钩。

④缺少或不易设置安全带吊点的工作场所宜设置安全带母索。

⑤安全带的各部件不得随意更换或拆除。

⑥安全绳有效长度不应大于2 m，有两根安全绳的安全带，单根绳的有效长度不应大于

1.2 m。严禁将安全绳用作悬吊绳。

5）严禁安全绳与悬吊绳共用连接器；新更换安全绳的规格及力学性能必须符合规定，并加设绳套。

（3）梯道。

1）高处作业上下通道应根据现场情况，选用钢斜梯、钢直梯、人行塔梯，各类梯子安装应牢固可靠。

2）钢斜梯使用应符合下列规定：

①长度不宜大于 5 m，扶手高度宜为 0.9 m，踏步高度不宜大于 0.2 m，梯宽宜为 0.6~1.1 m。

②长度大于 5 m 的应设梯间平台，并分段设梯。

3）钢直梯应符合下列规定：

①攀登高度不宜大于 8 m，踏棍间距宜为 0.3 m，梯宽宜为 0.6~1.1 m。

②高度大于 2 m 应设护笼，护笼间距宜为 0.5 m，直径宜为 0.75 m，并设纵向连接。

③高度大于 8 m 应设梯间平台，并分段设梯。

④高度大于 15 m 应每 5 m 设一梯间平台，平台应设防护栏杆。

4）高架桥等大型构件作业场所上下通道宜采用人行塔梯。

5）人行塔梯宜采用专业厂家定型产品。

6）自行搭设人行塔梯应根据施工需要和工况条件设计，踏步高度不宜大于 0.2 m，踏步梯应设置防滑设施和安全护栏。

7）人行塔梯安装应符合下列规定：

①顶部和各节平台应满铺防滑面板并牢固固定，四周应设置安全护栏。

②人行塔梯基础应稳固、四脚应垫平，并应与基础固定。

③塔梯连接螺栓应紧固，并应采取防退扣措施。

④人行塔梯高度超过 5 m 时应设连墙件。

⑤用电线路不宜装设在塔梯上，必须装设时，线路与塔梯间应绝缘。

⑥人行塔梯通往作业面通道的两侧宜用钢网封闭。

（4）吊篮。

1）吊篮作业应符合现行《高处作业吊篮》（GB/T 19155—2017）的有关规定，且应使用专业厂家制作的定型产品，不得自行制作吊篮。

2）高处作业吊篮安装拆卸工应按照有关规定经专业机构培训，并应取得相应的从业资格。

3）登高梯上端应固定，吊篮和临时工作台应绑扎牢靠。

4）吊篮和工作台的脚手板必须铺平绑牢，严禁出现探头板。

### 5.2.8　爆破作业

（1）从事爆破工作的爆破员、安全员、保管员应按照有关规定经专业机构培训，并取得相应的从业资格。

（2）爆破作业单位实施爆破项目前，应按规定办理审批手续，批准后方可实施爆破作业。

（3）爆破作业和爆破器材的采购、运输、储存等应按照现行《民用爆炸物品安全管理条例》和《爆破安全规程》（GB 6722—2014）执行。

（4）预裂爆破、光面爆破、大型土石方爆破、水下爆破以及重要设施附近及其他环境复杂、技术要求高的工程爆破应编制爆破设计方案，制定相应的安全技术措施；其他爆破可编制爆破说明书，并经有关部门审批同意。

（5）经审批的爆破作业项目，爆破作业单位应于施工前 3 天发布公告，并在作业地点张贴，施工公告内容应包括工程名称、建设单位、设计施工单位、安全评估单位、安全监理单位、工程负责人及联系方式、爆破作业时限等。

（6）爆破作业必须设警戒区和警戒人员，起爆前必须撤出人员并按规定发出声、光等警示信号。

（7）爆炸源与人员、其他保护对象的安全距离应按地震波、冲击波和飞散物三种爆破效应分别计算，取最大值。

（8）钻孔装药应拉稳药包提绳，配合送药杆进行。在雷管和起爆药包放入之前发生卡塞时，应用长送药杆处理，装入起爆药包后，不得使用任何工具冲击和挤压。

（9）盲炮检查应在爆破 15 min 后实施，发现盲炮，应立即设置安全警戒，及时报告并由原爆破人员处理。电力起爆发生盲炮时，应立即切断电源，爆破网络应置于短路状态。

（10）雷电、暴雨雪天不得实施爆破作业。强电场区爆破作业不得使用电雷管，遇能见度不超过 100 m 的雾天等恶劣天气不得实施露天爆破作业。

（11）水下电爆网路的主线和连接线应强度高、电阻小、防水、柔韧、绝缘。波浪、流速较大水域中的爆破主线应呈松弛状态，并应与伸缩性小的导向绳固定。

（12）投药船离开投放药包地点前，应进行详细检查，船底、船舵、螺旋桨、缆绳和其他附属物不得挂有药包、导线等物品。

（13）水下爆破引爆前，警戒区内不得滞留船舶和人员。

### 5.2.9　小型机具

（1）小型机具应有出厂合格证和操作说明书。

（2）小型机具应制定管理制度，建立台账，并按要求维修、保养和使用。

（3）作业人员应了解所用机具性能并熟悉掌握其安全操作常识，施工中应正确佩戴各类安全防护用品。

（4）各种机具不得"带病"运转。运转中发现不正常时，则应先停机检查，排除故障后方可使用。

（5）不得站在不稳定的地方使用电动或气动机具，必须使用时应有专人监护。

（6）齿轮传动、皮带传动、联轴器传动的小型机具应设有安全防护装置。

（7）手持式电动工具应配备安全隔离变压器、漏电保护器、控制箱和电源连接器。

（8）小型起重机具使用应符合下列规定：

1）千斤顶应垂直安装在坚实可靠的基础上，底部宜用枕木等垫平。

2）电动葫芦应设缓冲器，轨道两端应设挡板。电动葫芦不得超载起吊，起吊过程中，手不得握在绳索与吊物之间。

3）卷扬机卷筒上的钢丝绳应排列整齐，不得在转动中用手拉或脚踩钢丝绳。作业中，不得跨越卷扬机钢丝绳。卷筒剩余钢丝绳不得少于3圈。

（9）严禁两台及两台以上手拉葫芦同时起吊重物。

（10）手持式电动工具的作业应符合现行《手持式、可移式电动工具和园林工具的安全　第1部分：通用要求》（GB/T 3883.1—2014）的规定。

## 任务5.3　路基路面工程

### 任务描述

路基路面工程施工易产生机械伤害、爆炸、触电、中毒、滑坡、泥石流、坍塌等安全事故，安全生产管理难度较大。本节主要介绍路基工程施工安全一般规定、土方工程、石方工程、防护工程、特殊路基的施工安全要求以及路面工程施工安全一般规定、基层与底基层、路面面层施工的安全要求。

## 任务目标

1. 掌握路基工程安全技术要求。
2. 掌握路面工程安全技术要求。

## 任务工作页

| 课程名称 | 公路施工安全管理 | 任务名称 | 路基路面工程 | 班级 | | 姓名 | |
|---|---|---|---|---|---|---|---|
| | | | | 日期 | | 成绩 | |

一、任务布置

1. 掌握路基工程施工依据的主要公路交通行业技术规范。
2. 掌握路面工程施工依据的主要公路交通行业技术规范

二、任务实施

引导问题1：公路路基工程施工安全技术要求，除应满足《公路工程施工安全技术规范》（JTG F90—2015）的要求外，还应满足公路交通行业规范＿＿＿＿＿＿＿＿＿＿的相关要求。

引导问题2：路堑开挖有哪些安全技术要求？

引导问题3：《公路路基施工技术规范》（JTG/T 3610—2019）中，对哪几类挡土墙的施工做出了规定？请熟悉相关规定。

引导问题4：《公路路基施工技术规范》（JTG/T 3610—2019）中，有哪几种特殊路基？

引导问题5：我国的公路工程路面根据材料不同，主要有＿＿＿＿＿＿路面和＿＿＿＿＿＿路面两种。

## 评价反馈

### 学生自评

| 班级： | | 姓名： | | | 学号： | |
|---|---|---|---|---|---|---|
| 任务5.3 | | | 路基路面工程 | | | |
| 评价项目 | | 评价标准 | | | 分值 | 得分 |
| 路基工程 | | 掌握路基工程相关安全技术要求 | | | 30 | |

续表

| 路面工程 | 掌握路面工程相关安全技术要求 | 30 | |
|---|---|---|---|
| 工作态度 | 态度端正，无无故缺勤、迟到、早退现象 | 10 | |
| 工作质量 | 能按时完成工作任务 | 10 | |
| 职业素质 | 认真严谨、实事求是，具有安全意识 | 10 | |
| 创新意识 | 能够通过任务拓展知识体系，乐于思考 | 10 | |
| 合计 | | 100 | |

### 强化训练

1. 路基工程施工中，主要有哪些危险源？分别可采取哪些安全措施？
2. 路面工程施工中，主要有哪些危险源？分别可采取哪些安全措施？

### 相关知识点

#### 5.3.1 路基工程

**1. 一般规定**

（1）路基施工前应掌握影响范围内地下埋设的各种管线情况，制定安全措施。施工中发现危险品及其他可疑物品时，则应立即停止施工，按照规定报请有关部门处理。

（2）路基施工应做好施工期临时排水设施总体规划，临时排水设施应与永久性排水设施综合考虑，并与工程影响范围内的自然排水系统相协调。

（3）机械作业范围内不得同时进行人工作业。

（4）施工机械设备不宜在坡度大的边坡区域作业，必要时应采取防止设备倾覆的措施。

（5）多台机械同时作业时，各机械之间应保持安全距离。

（6）路基边坡、边沟、基坑边缘地段上作业的机械应采取防止机械倾覆、基坑坍塌的安全措施。

（7）弃方除应符合现行《公路路基施工技术规范》（JTG/T 3610—2019）的有关规定外，还应符合下列规定：

1）施工前，应现场核实弃土场的具体情况，弃土场四周应设立警示标识。

2）弃方不得影响排洪、通航，不得加剧河岸冲刷。水库、湖泊、岩溶漏斗及暗河口处不得弃方，桥墩台、涵洞口处不得弃方。

公路路基施工技术规范 JTG/T-3610-2019

3）弃方作业应遵循"先支护、后弃土"的原则。

（8）清理淤泥或处理空穴前，应查明地质情况，采取保证人员和机械安全的防护措施。

### 2. 土方工程

（1）取土场（坑）的边坡、深度等应满足设计要求，且不得危及周边建（构）筑物等既有设施的安全。

（2）取土场（坑）底部应平顺并设有排水设施，取土场（坑）边周围应设置警示标识和安全防护设施，宜设置夜间警示和反光标识。

（3）地面横向坡度陡于1:10的区域，取土坑应设在路堤上侧。

（4）取土坑与路基间的距离应满足路基边坡稳定的要求，取土坑与路基坡脚间的护坡道应平整密实，表面应设1%~2%向外倾斜的横坡。

（5）路堑开挖应采取保证边坡稳定的措施，边坡有防护要求的应开挖一级防护一级，且应自上而下开挖，不得掏底开挖、上下同时开挖、乱挖超挖。开挖应按施工方案执行，并应符合下列规定：

1）宜按规定监测土体稳定性。

2）应采取临时排水措施。

3）应及时排除地表水、清除不稳定孤石。

（6）深挖路堑施工应及时施作临时排水设施。边坡应严格按设计坡度开挖，并应监测边坡的稳定性。

（7）填方作业区边缘应设置明显的警示标识，并应做好临时排水设施。

（8）高填方路堤施工应符合下列规定：

1）路堤预留宽度应符合设计要求。

2）应及时施作边坡临时排水设施。

3）作业区边缘应设置明显的警示标识。

4）应进行位移监测。

（9）靠近结构物处挖土应采取安全防护措施。路基范围内暂时不能迁移的结构物应预留土台，并应设警示标识。

### 3. 石方工程

（1）爆破作业前应设置警戒区。

（2）石方开挖严禁采用硐室爆破。

（3）近边坡部分宜采用光面爆破或预裂爆破。

（4）高填方路基施工应符合《公路工程施工安全技术规范》（JTG F90—2015）第6.3.8

（5）深挖路堑施工过程中，应及时施作临时排水设施。边坡应严格按设计坡度开挖，并应监测边坡的稳定性。

### 4. 防护工程

（1）砌筑施工应符合下列规定：

1）边坡防护作业应设警戒区，并应设置明显的警示标识。

2）砌筑作业人员应佩戴安全帽、防滑鞋等防护用品。

3）高度超过 2 m 作业应设置脚手架，并应符合《公路工程施工安全技术规范》（JTG F90—2015）第 5.7 节"高处作业"的有关要求。

4）砌筑作业中，脚手架下不得有人操作及停留，不得重叠作业。

5）不得自上而下顺坡卸落、抛掷砌筑材料。

6）高处运送材料宜使用专用提升设备。

7）高边坡的防护应编制专项安全方案。

（2）砂浆喷射作业应严格执行操作规程，边坡喷射砂浆应自下而上顺序施作。

（3）人工开挖支挡抗滑桩施工除应符合现行《公路路基施工技术规范》（JTG/T 3610—2019）的有关规定外，还应符合下列规定：

1）现场应配备气体浓度检测仪器，进入桩孔前应先通风 15 min 以上，并经检查确认孔内空气符合现行《环境空气质量标准》（GB 3095—2012）规定的三级标准浓度限值。人工挖孔作业时，应持续通风，现场应至少备用 1 套通风设备。

2）土石层变化处和滑动面处不得分节开挖。应及时加固防护护壁内滑裂面。

3）同排桩施工应跳槽开挖，相邻桩孔不得同时开挖，相邻两孔中的一孔浇筑混凝土，另一孔内不得有作业人员。

4）土层或破碎岩石中挖孔桩应采用钢筋混凝土护壁，并应根据计算确定护壁厚度和配筋量。

5）孔内作业人员应戴安全帽、系安全带、穿防滑鞋，安全绳应系在孔口。作业人员应通过带护笼的直梯进出，人员上下不得携带工具和材料。作业人员不得利用卷扬机上下桩孔。

6）绞车、绞绳、吊斗、卷扬机等设备应完好，起吊设备应装设限位器和防脱钩装置。

7）孔口处应设置护圈，护圈应高出地面 0.3 m。孔口应设置护栏和临时排水沟，夜间应悬挂示警红灯。孔口四周不得堆积弃渣、无关机具及其他杂物。

8）非爆破开挖的挖孔桩雨期施工，孔口应设置防雨棚，雨天孔内不得施工。

9）在含有有毒有害气体的地区，孔内作业应至少每 2 h 检测一次有毒有害气体及含氧量，保持通风，同时应配备不少于 5 套满足施救需要的隔绝式压缩氧自救器等应急救援器材。

10）孔深不宜超过 15 m，孔径不宜小于 1.2 m。

11）孔深超过 15 m 的桩孔内应配备有效的通信器材，作业人员在孔内连续作业不得超过 2 h；桩周支护应采用钢筋混凝土护壁，护壁上的爬梯应每间隔 8 m 设一处休息平台。孔深超过 30 m 的应配备作业人员升降设备。

12）孔口应设专人看守，孔内作业人员应检查护壁变形、裂缝、渗水等情况，并与孔口人员保持联系，发现异常应立即撤出。

13）挖孔作业人员的头顶部应设置护盖。弃渣吊斗不得装满，出渣时，孔内作业人员应位于护盖下。

14）孔内照明电压应为安全电压，应使用防水带罩灯泡，电缆应为防水绝缘电缆。

15）孔内爆破作业应专门设计，采用浅眼松动爆破法，并应严格控制炸药用量，炮眼附近孔壁应加强防护或支护。孔深不足 10 m，孔口应做覆盖防护。爆破作业的安全管理应按照现行《爆破安全规程》（GB 6722—2014）中的有关规定执行。爆破前，相邻桩孔人员必须撤离。

16）混凝土护壁应随挖随浇，每节开挖深度应符合专项施工方案要求，且不得超过 1 m。护壁外侧与孔壁间应填实。混凝土护壁浇筑前，上下段护壁的钩拉钢筋应绑扎牢固。护壁模板应在混凝土强度达到 5 MPa 以上后拆除。

（4）挡土墙施工除应符合现行《公路路基施工技术规范》（JTG/T 3610—2019）的有关规定外，还应符合下列要求：

1）挡土墙施工应设警戒区。

2）回填作业应在挡土墙墙身的强度达到设计强度的 75% 后实施，墙背 1.0 m 以内不宜使用重型振动压路机碾压。

3）挡土墙墙高大于 2 m 时，施工应符合《公路工程施工安全技术规范》（JTG F90—2015）第 5.7 节"高处作业"的有关规定。

4）锚杆挡土墙施工前，应清除岩面松动石块，并整平墙背坡面。

（5）锚杆、锚索预应力张拉应符合施工工艺要求。

（6）张拉作业应设警戒区，操作平台应稳固，张拉设备应安装牢固。

（7）张拉过程中操作人员不得离岗，千斤顶后方不得站人。

### 5. 特殊路基

（1）滑坡地段路基施工应符合下列规定：

1）路基施工应加强对滑坡区内其他工程和设施的保护。滑坡区内有河流时，施工不得使河流改道或压缩河道。

2）滑坡影响范围内应设安全警示标识，根据现场情况设置围挡等防护措施。

3）滑坡影响范围内不得设置临时生产、生活设施或停放机械、堆放机具等。

4）施工前应先做好截、排水设施，并应随开挖随铺砌。施工用水不得浸入滑坡地段。

5）滑坡体上开挖路堑和修筑抗滑支挡构筑物时，应分段跳槽开挖，不得大段拉槽开挖，并随挖、随砌、随填、随夯；开挖与砌筑时应加强支撑和临时锚固，并监测其受力状态；采用抗滑桩挡土墙共同支挡时，应先做抗滑桩后再做挡土墙。

6）冰雪融化期不得开挖滑坡体，雨后不得立即施工，夜间不得施工。

（2）崩塌与岩堆地段施工应符合下列规定：

1）施工前应对影响范围进行评估，并应对既有建（构）筑物和交通设施等采取相应的安全防护或迁移措施。

2）施工前应先清理危岩，并根据现场情况修建拦截建（构）筑物等防护措施。防治工程应及时配套完成。

3）刷坡时应明确刷坡范围，并设置围挡和警示标识。

4）爆破开挖时应采取控制爆破技术，并加强现场防护及爆破后的检查。

（3）岩溶地区施工应符合下列规定：

1）施工前应根据洞穴的位置和分布情况，设置明显的警示标识和防护设施。

2）洞内存在有害气体和物质未排除前人员不得进入。不稳定洞穴应采取临时支撑等安全措施。

3）应先疏导、引排对路基稳定有影响的岩溶水、地面水。

4）注浆处理时，应观测注浆压力和周边情况，发现异常，应及时采取相应措施。

（4）泥石流地区施工取土和弃土应避开泥石流影响。

（5）采空区施工应符合下列规定：

1）施工前应在施工现场对采空区塌陷影响范围进行标识，并设置警示标识，规定作业人员和施工机械作业范围。

2）路基边沟及排水沟底部，应采取防止地表水渗漏到采空区内的措施。

（6）在同一个雪崩区，防雪工程应自雪崩源头开始施工，上一单项工程未完成时，相邻的下一个单项工程不得施工。

（7）沿江、河、水库等地区施工应符合下列规定：

1）沿河、沿溪地区的高填方、半挖半填、拓宽路段的新老交界面应按设计要求采取保证路基稳定的措施，峡谷地段宜采用石质填料。

2）汛期应采取防洪措施。

### 5.3.2 路面工程

#### 1. 一般规定

（1）施工中，拌和楼、发电站（机）、运输车、滑模摊铺机、轨道摊铺机、沥青摊铺机等大型机械设备及其辅助机械（具）操作手不得擅自离开操作台。

（2）施工现场出入口、沿线各交叉口等处应设置明显警示、警告标志，并应设专人指挥。

（3）机械设备停放位置应平整，周围应设置明显的警示标识，夜间应设置警示灯。

（4）开挖下承层沟槽或施作伸缩缝应设置明显的安全警示标识。

（5）夜间施工，现场作业人员应身穿反光服，路口、危险路段和桥头引道应设置警示灯或反光标志，施工设备均应有照明设备和明显的警示标识，照明应满足夜间施工要求。

（6）隧道内摊铺沥青混凝土路面应符合下列规定：

1）应采用机械通风排烟，隧道内空气中的有毒气体和可燃气体的浓度不得超过相关规定。

2）隧道内作业人员应佩戴符合要求的防毒面具。

3）隧道内应有照明和排风等设施，作业人员应穿反光服。

#### 2. 基层与底基层

（1）消解石灰，浸水过程中不得投料、翻拌，人员应远避并采取个体防护措施。

（2）拌和作业开机前应警示，拌和机前不得站人，拌和过程中人员不得跨越皮带或调整皮带运输机。

（3）混合料运输应按指定线路行走，不得超载、超速。卸料升斗时，人员不得在车斗的正下方停留。

（4）整平和摊铺作业应临时封闭交通、设明显的警示标识，下承层内的各类检查井应稳固封盖，辅助作业人员应面向压路机方向作业，设备之间应保持安全距离。

（5）碾压作业应符合下列规定：

1）多台压路机同时作业时，各机械之间应保持安全距离。

2）作业人员应在行驶机械后方清除轮上黏附物。

3）碾压区内人员不得进入，确需人员进入的应安排专人监护。

### 3. 沥青面层

（1）封层、透层、黏层施工应符合下列规定：

1）喷洒前应做好检查井、闸井、雨水口的安全防护。

2）洒布车行驶中不得使用加热系统。洒布地段不得使用明火。

3）小型机具洒布沥青时，喷头不得朝上，喷头 10 m 范围不得站人，不得逆风作业。

4）大风天气，不得喷洒沥青。

（2）沥青储存地点应配备灭火器、消防砂等消防设施，并应设置警示标识。

（3）沥青脱桶、导热油加热沥青作业应采取防火、防烫伤措施。

（4）沥青混合料拌和作业除应符合《公路工程施工安全技术规范》（JTG F90—2015）第 7.2.2 条规定外，还应符合下列规定：

1）拌和机点火失效时，应关闭喷燃器油门，并应通风清吹后再行点火。

2）拌和过程中人员不得在石料溢流管、升起的料斗下方站立或通行。

3）沥青罐内检查不得使用明火照明。

4）沥青拌和站应配备灭火器、消防砂等消防设施。

（5）沥青路面摊铺、碾压应符合《公路工程施工安全技术规范》（JTG F90—2015）第 7.2 节"基层与底基层"的有关规定。

### 4. 混凝土面层

（1）拌和及运输应符合现行《公路工程施工安全技术规范》（JTG F90—2015）第 5.4 节"混凝土工程"的规定。

（2）摊铺作业布料机与振平机应保持安全距离。

（3）切缝、刻槽作业范围应设警戒区。

## 任务 5.4　桥涵工程

### 任务描述

桥涵工程施工工序复杂，施工难度大，影响因素多，现场安全隐患多，是公路工程施工中危险性较大的类型之一。桥涵施工中可能出现坍塌、高处坠落、机械伤害、触电等安全事故。本任务主要讲解桥涵施工的一般要求及主要工序的安全施工要求。

公路施工安全管理

## 任务目标

1. 掌握预应力混凝土工程的安全技术要求。
2. 掌握桥梁基础工程的类型和主要安全技术要求。
3. 掌握桥梁下部结构的组成及施工安全技术要求。
4. 掌握桥梁上部结构的组成及施工安全技术要求。

## 任务工作页

| 课程名称 | 公路施工安全管理 | 任务名称 | 桥涵工程 | 班级 | | 姓名 | |
|---|---|---|---|---|---|---|---|
| | | | | 日期 | | 成绩 | |

一、任务布置
1.掌握预应力混凝土张拉施工的安全技术要求。
2.掌握钻孔灌注桩施工的安全技术要求。
3.掌握桥梁下部结构施工的安全技术要求。
4.掌握梁式桥上部结构施工的安全技术要求

二、任务实施

引导问题1：桥涵工程施工安全技术要求，除应满足《公路工程施工安全技术规范》（JTG F90—2015）的要求外，还应满足公路交通行业规范_____的相关要求。

引导问题2：桥梁由四个基本部分组成，即_____、_____、_____和____。其中，下部结构包括_____、_____和_____。

引导问题3：桥梁按照受力体系分类，可分为_____、_____、_____、_____和_____。

引导问题4：桥涵工程施工中有哪些危险性较大的工程？

引导问题5：预应力混凝土张拉施工中，需满足哪些安全技术要求？

引导问题6：拱桥施工中，对拱架的拆除有哪些安全管理规定？

## 评价反馈

### 学生自评

| 班级： | | 姓名： | | 学号： | |
|---|---|---|---|---|---|
| 任务5.4 | | 桥涵工程 | | | |
| 评价项目 | 评价标准 | | | 分值 | 得分 |
| 预应力混凝土工程 | 掌握相关安全技术要求 | | | 15 | |
| 桥梁基础工程 | 掌握相关安全技术要求 | | | 15 | |
| 桥梁下部结构 | 掌握相关安全技术要求 | | | 15 | |
| 桥梁上部结构 | 掌握相关安全技术要求 | | | 15 | |
| 工作态度 | 态度端正，无无故缺勤、迟到、早退现象 | | | 10 | |
| 工作质量 | 能按时完成工作任务 | | | 10 | |
| 职业素质 | 认真严谨、实事求是，具有安全意识 | | | 10 | |
| 创新意识 | 能够通过任务拓展知识体系，乐于思考 | | | 10 | |
| 合计 | | | | 100 | |

## 强化训练

桥涵工程施工中，主要有哪些危险源？分别可采取哪些安全措施？

## 相关知识点

### 5.4.1 一般规定

（1）桥涵工程施工前，应详细核对技术设计、图纸、文件。高墩、大跨、深水、结构复杂的大型桥梁施工，应对施工安全技术措施做专题调查研究，采取切实可靠的先进技术、设备和防护措施。中、小桥涵工程施工应制订有针对性的安全技术措施计划。每个单项工程，在开工前应根据规范要求制定安全操作细则，并向施工人员进行安全技术交底。

（2）桥涵施工前，应对施工现场、机具设备及安全防护设施等进行全面检查，确认符合安全要求后方可施工。

（3）桥涵工程施工的辅助结构、临时工程及大型设施等，均应按有关规定做好安全防护措施，各项安全设施完成后，应经检验合格，方能使用。

（4）特殊结构的桥涵，采用新技术、新工艺、新材料、新设备时，必须制定相应的有针对性的安全技术措施,通过试验和检验,证明可行后方可实施。

(5)桥涵工程施工,应尽量避免双层或多层同时作业

(6)架桥机临近、穿越、跨越高压线时应设防电护网。

(7)架桥机作业平台处应设密目式安全网,人员行走平台及楼梯周边应设置护栏。

(8)跨既有公路施工,通行区应搭设安全通道,安全通道应满足通行要求,施工作业面底部应悬挂安全网。安全通道应设防撞设施及限高、限宽、减速标志和设施,梁式桥的模板支架及其他设施宜在防撞栏等上部构造施工完成后拆除。

(9)泥浆池、沉淀池周围应设置防护栏杆和警示标识。

(10)手持式电动工具应按规定加设漏电保护器。

(11)高处露天作业、缆索吊装及大型构件起重吊装时,应根据作业高度和现场风力大小对作业的影响程度,制定适于施工的风力标准。遇有六级(含六级)以上大风等恶劣天气时上述施工应停止作业。

(12)对于通航江河上的桥涵工程,施工前应与当地港航监督部门联系,制定有关通航、作业安全事宜,办理水上施工许可证等必要的手续,否则,不得开始施工。

### 5.4.2 预应力混凝土工程

#### 1. 预应力张拉机具设备要求

(1)预应力张拉机具设备及仪表应由专人使用和管理,并应按规定定期维护、校验、标定。

(2)张拉用的千斤顶与压力表应配套标定、配套使用,标定应在国家授权的法定计量技术机构定期进行,标定时千斤顶活塞的运行方向应与实际张拉工作状态一致。当处于下列情况之一时,应重新进行标定:

1)使用时间超过6个月;

2)张拉次数超过300次;

3)使用过程中千斤顶或压力表出现异常情况;

4)千斤顶检修或更换配件后。

#### 2. 张拉作业的一般安全规定

(1)施工现场已具备确保全体操作人员和设备安全的必要的预防措施。

(2)张拉作业应设警戒区,无关人员,严禁入内。

(3)张拉及放张程序应符合设计要求。张拉过程中出现异常现象(如油表振动剧烈,

发生漏油，电机声音异常，发生断丝、滑丝等），则应立即停止张拉作业，检查、排除异常。

（4）预应力钢束（钢丝束、钢绞线）张拉施工前，还应做好下列工作：

1）检查张拉设备工具（如千斤顶、油泵、压力表油管、顶楔器及液控顶压阀等）是否符合施工安全的要求。压力表应按规定周期进行检定。

2）锚环和锚塞使用前，应认真仔细检查及试验，经检验合格后，方可使用。

3）高压油泵与千斤顶之间的连接点各接口必须完好无损，螺母拧紧。油泵操作人员要戴防护眼镜。

4）油泵开动时，进、回油速度与压力表指针升降保持一致，并平稳均匀。安全阀保持灵敏可靠。

5）张拉前，操作人员要确定联络信号。张拉两端应设便捷的通信设备。

（5）在已拼装或悬浇的箱梁上进行张拉作业，应事先搭好张拉作业平台，并保证张拉作业平台、拉伸机支架搭设牢固，平台四周应加设护栏。高处作业时，应设上下扶梯及安全网。施工用的吊篮，应安挂牢固，必要时可另备安全保险设施。

（6）张拉时，千斤顶的对面及后面严禁站人，作业人员应站在千斤顶的两侧，以防锚具及销子弹出伤人。

（7）钢束张拉应严格按规定程序进行。在事先穿好钢丝束，并经检查确认合格后，方可张拉。张拉作业中，应集中精力，仪表要看准，记录要准确无误。

（8）张拉时，张拉方向与预应力钢材在一条直线上。

（9）台座两端应设置防护措施。张拉时，沿台座长度方向每隔 4~5 m 应放一防护架。工作人员不得站在台座两端或进入台座。

（10）当预应力钢筋张拉到控制张拉力后，宜停 2~3 min 再打紧夹具或拧紧螺母，此时，操作人员应站在侧面。

（11）张拉钢束完毕，退销时，应采取安全防护措施，防止销子弹出伤人。卸销子时，不得强击。

（12）张拉时和完毕后，对张拉施锚两侧均应妥善保护，不得压重物。张拉完毕，尚未灌浆前，梁端应设围护和挡板。严禁撞击锚具、钢束及钢筋。不得在梁端附近作业或休息。

（13）精轧螺纹钢筋张拉前，除对张拉台座检查外，还应对锚具、连接器进行试验检查。

（14）预应力钢筋冷拉时，在千斤顶的端部及非张拉端部均不得站人，以防钢筋断裂、螺母脱落、张拉设备出现事故而伤人。

（15）钢筋张拉或冷拉时，螺栓端杆、套筒螺栓必须有足够的长度，夹具应有足够的夹紧能力，防止锚夹不牢，滑出伤人。

（16）管道压浆时，应严格按照规定压力进行。施压前应调整好安全阀，先进行检验，确认无误后，方可作业。管道压浆时，操作人员戴防护眼镜和其他防护用品。关闭阀门时，作业人员应站在侧面，以确保安全。

### 3. 先张法施工的安全要求

（1）张拉端后方应设立防护挡墙。

（2）正式施工前应进行试张拉。

（3）张拉及放张过程中预制台座区域及张拉台座两端不得站人。

（4）已张拉的预应力钢筋不得电焊、站人。

（5）先张法张拉施工，张拉台座应经设计验算，强度、刚度和稳定性应符合要求。

（6）先张法张拉施工，除遵守张拉作业一般安全规定外，先张法张拉台座结构，应满足设计要求。张拉前，对台座、横梁及各种张拉设备、仪器等进行详细检查，合格后方可施工；先张法张拉施工中和未浇筑混凝土之前，周围不得站人和进行其他作业。浇筑混凝土时，严防振动。张拉完毕后，应妥善保护张拉施锚两端。

（7）先张法张拉施工中浇筑混凝土时，振捣器不得撞击钢丝（钢束）。用卷扬机滑轮组张拉小型构件时，张拉完成后，应切断电源和卡固钢丝绳。现浇混凝土，不得停留时间过长。养生期内应妥善防护，确保安全。

### 4. 后张法施工的安全要求

（1）对预应力筋施加预应力之前，应对构件进行检查，外观尺寸应符合质量标准要求。张拉时，结构或构件混凝土的强度、弹性模量（或龄期）应符合设计规定；设计未规定时，混凝土的强度应不低于设计强度等级值的80%，弹性模量应不低于混凝土28 d弹性模量的80%。当块体拼装构件的竖缝采用砂浆接缝时，砂浆强度不低于15 MPa。

（2）预应力筋的张拉顺序应符合设计要求，当设计未规定时，可采取分批、分段对称张拉。

（3）高处张拉作业应搭设张拉作业平台、张拉千斤顶吊架，平台应加设防护栏杆和上下扶梯。

（4）梁端应设围护和挡板。

（5）张拉作业时千斤顶后方不得站人。

（6）预应力筋张拉锚固后，孔道应尽早压浆，且应在48 h内完成。否则，应采取避免预应力筋锈蚀的措施。压浆用水泥浆的强度应符合设计规定。

（7）管道压浆作业人员应佩戴护目镜。

（8）后张法张拉时，应检查混凝土强度，必须达到设计要求强度后，方可进行张拉。

（9）对后张预制构件，在管道压浆前不得安装就位，在压浆强度达到设计要求后方可移运和吊装。孔道压浆应填写施工记录。

### 5.4.3 桥梁基础工程

#### 1. 钻（挖）孔灌注桩施工

（1）钻（挖）孔灌注桩施工作业应符合下列规定：

1）施工作业区域应设置警戒区。

2）临近堤防及其他水利、防洪设施施工应符合相关部门的有关规定。

3）山坡上钻（挖）孔灌注桩施工应清除坡面上的危石和浮土；存在裂缝的坡面或可能坍塌区域应采取必要的防护措施。

4）停止施工的钻、挖孔桩，孔口应加盖防护，四周应设置护栏及明显的警示标识，夜间应悬挂示警红灯。

5）钻机等高耸设备应按规定设置避雷装置。

6）钢筋笼下放应采用专用吊具。钢筋笼孔口连接时，孔内钢筋笼应固定牢靠。作业人员不得在钢筋笼内作业，安全带不得扣挂在钢筋笼上。

7）浇筑混凝土时，孔口应设防坠落设施。

（2）钻孔灌注桩钻机施工作业应符合下列规定：

1）施工场地及行走道路应平坦坚实，满足钻机正常工作和移动的要求。

2）钻机安设应平稳、牢固。

3）发生卡钻时，不得强提，应查明原因并处理。

4）停钻时，钻头、钻杆应置于孔外安全位置。严禁将钻头停留孔内过久。

5）钻机电缆线接头应绑扎牢固，不得透水、漏电；电缆线不得浸泡于水、泥浆中，不得挤压电缆线及风水管路。

（3）冲击钻机的卷扬机应制动良好，钻架顶部应设置行程开关。钢丝绳应无死弯和断丝，安全系数不应小于12；钢丝绳夹数量应与钢丝绳直径相匹配，并应设置保险绳夹。

（4）回旋钻机成孔应符合下列规定：

1）回旋钻机钻进时，高压胶管下不得站人。水龙头与胶管应连接牢固。钻机旋转时，不得提升钻杆。

2）钻机移动不得挤压电缆线及管路。

3）潜水钻机钻孔时，每完成一根钻孔桩后应检查电机的密封状况。

（5）旋挖钻机成孔应符合下列规定：

1）钻孔作业过程中，应观察主机所在地面变化情况，发现下沉现象则应及时停机处理。因故长时间停机应挂牢套管口保险钩。

2）场内墩位间转移旋挖钻机应预先检查转移路线、放倒机架，并应设专人指挥。

（6）岩溶、采空区和其他特殊地区钻孔灌注桩施工作业应符合下列规定：

1）施工前，应核对桩位处的地质勘察资料；地质情况有疑问时，应补充完善地质资料。

2）发生漏浆及坍孔等现象，应立即停止作业，采取保证平台、钻机和作业人员安全的措施。

（7）大直径、超长桩钢护筒作为平台支撑时，最小埋置深度应满足工作平台受力和稳定性要求。

（8）无法采用机械成孔且无地下水或有少量地下水、无不良地质的地区，可采用人工挖孔。

（9）人工挖孔桩作业应制订专项施工方案，并应符合《公路工程施工安全技术规范》（JTG F90—2015）第 6.5.3 条的规定。

## 2. 沉入桩施工

（1）钢筋混凝土桩、预应力混凝土桩和钢管桩的吊运、存放和运输应符合现行《公路桥涵施工技术规范》（JTG/T 3650—2020）的有关规定。

公路桥涵施工技术规范
（JTG-TF50-2011）

（2）沉入桩施工应符合下列规定：

1）沉桩施工区域应设置明显的安全警示标识，非作业人员不得进入施工区域。

2）起吊桩或桩锤作业人员不得在桩、桩锤下方或桩架龙门口停留或作业。

3）吊点应符合设计要求，桩身应设溜绳，桩身不得碰撞桩锤或桩机。

（3）锤击沉桩作业应符合下列规定：

1）打桩机移动轨道应铺设平顺、轨距一致，轨道与轨枕应钉牢，钢轨端部应设止轮器，打桩机应设夹轨器。

2）应设专人指挥打桩机移动，机体应平稳，按要求配重。桩锤应置于机架最低位置，打桩机应按要求配重。

3）滚杠滑移打桩机，工作人员不得在打桩机架内操作。

4）应经常检查维护打桩架及起重工具。检查维护的桩锤应放落在地面或平台上。工作状态不得维护打桩机。

5）锤击沉桩应按要求观测邻近建（构）筑物和周边土体的沉降和位移，发现异常应停止沉桩并采取措施处理。

6）沉桩时，桩锤、送桩与桩应保持在同一轴线上。

（4）振动沉桩作业应符合下列规定：

1）沉桩时，作业人员应远离基桩。沉桩过程遇异常情况应立即停振，并妥善处理。

2）桩机停止作业时应立即切断动力源。

3）电动振动锤使用前应测定电动机的绝缘值，且不得小于 0.5 MΩ，并应对电缆芯线进行通电试验。电缆绝缘层应完好无损。电缆线应采取有效地防止磨损、碰撞的保护措施。沉桩或拔桩作业时，电动振动锤的电流不得超过规定值。

（5）水上沉桩除应符合《公路工程施工安全技术规范》（JTG F90—2015）第 8.4.1 条~第 8.4.4 条的规定外，还应符合下列规定：

1）固定平台、自升式平台应搭设牢固。打桩机底座应与打桩平台连接牢靠。

2）打桩船沉桩应符合《公路工程施工安全技术规范》（JTG F90—2015）第 5.8.18 条的有关规定。

（6）拔桩的起重设备应配超载限制器，不得强制拔桩。

### 3. 沉井施工

（1）沉井制作场地应符合现行《公路桥涵施工技术规范》（JTG/T 3650—2020）的有关规定。

（2）筑岛制作沉井应符合下列规定：

1）筑岛围堰应牢固、抗冲刷。

2）筑岛围堰顶高程应高于施工期间可能出现的最高水位 0.7 m 以上，同时应考虑波浪的影响。

（3）施工机械设备应在坚实的基础上作业，其承载力应满足设备施工要求。

（4）沉井顶部作业应搭设作业平台，平台结构应依跨度、荷载经计算确定，作业平台的脚手板应满铺且绑扎牢固，临边防护、通道等设施应符合《公路工程施工安全技术规范》（JTG F90—2005）第 5.7 节"高处作业"的有关规定。

（5）制作沉井应同步完成直爬梯或梯道预埋件的安设，各井室内应悬挂钢梯和安全绳。

（6）沉井照明应充足，作业施工用电应符合现行《施工现场临时用电安全技术规范》

（JGJ 46—2005）的规定。

（7）沉井内的水泵、水力机械、管道、起重等施工设备应安装牢固。

（8）沉井内的潜水作业应符合《公路工程施工安全技术规范》（JTG F90—2015）第5.9节"潜水作业"的有关规定。

（9）施工过程中，应安排专人负责观察现场情况，发现涌水、涌砂时，井内作业人员应及时撤离。

（10）下沉前，应对周边的建（构）筑物和施工设备采取有效的防护措施。下沉过程中，应对邻近建（构）筑物、地下管线进行监测，发现异常应停止作业，并采取相应措施。

（11）沉井取土下沉应符合下列规定：

1）不宜采用爆破法进行沉井内取土，必须爆破时应经专项设计。

2）开挖沉井刃脚或井内横隔墙附近时，无关人员不得进入现场。

3）井内起重作业应符合《公路工程施工安全技术规范》（JTG F90—2015）第5.6节"起重吊装"的有关规定。

（12）采用配重下沉沉井，配重物件应堆码整齐，沉井纠偏应逐级增加荷载，并连续观测。

（13）高压射水辅助下沉时，高压水不得直接对人或机械设备、设施喷射。

（14）空气幕辅助下沉的储气罐应放置在通风遮阳位置，不得暴晒或高温烘烤。

（15）沉井顶端距地面小于1 m时，应在井口四周架设防护栏杆和相关安全警示标识。

（16）沉井接高应停止沉井内取土作业。倾斜的沉井不得接高。

（17）浮式沉井应制订专项施工方案，浮运、就位、下沉等施工阶段应设专人观测沉井的稳定性。

（18）沉井内潜水清理作业应符合《公路工程施工安全技术规范》（JTG F90—2015）第5.9节"潜水作业"的有关规定。

（19）浇筑沉井封底混凝土应搭设工作平台。

### 4. 地下连续墙施工

（1）地下连续墙施工应编制专项施工方案，在堤防等水利、防洪设施及其他既有构筑物周边施工应进行风险评估，施工过程中应持续观测。

（2）地下连续墙施工应设警戒区，施工现场和施工道路应平整，地基承载力应满足施工要求。

（3）地下连续墙安放钢筋笼、浇筑混凝土应符合《公路工程施工安全技术规范》（JTG F90—2015）第8.3节"钻（挖）孔灌注桩"的有关规定。

（4）开挖作业应在地下连续墙的混凝土达到设计强度后进行。开挖挡土墙结构的地下连续墙时，应严格按照程序设置围檩支撑或土中锚杆。

#### 5. 围堰施工

（1）围堰内作业应及时掌握水情变化信息，遇有洪水、流冰、台风、风暴潮等极端情况，应立即撤出作业人员。

（2）土石围堰施工应符合现行《公路桥涵施工技术规范》（JTG/T 3650—2020）的有关规定。

（3）钢板（管）桩围堰施工除应符合《公路工程施工安全技术规范》（JTG F90—2015）第 8.4 节"沉入桩"的有关规定外，还应符合下列规定：

1）地下水位高或水中围堰应采取可靠的止水措施。

2）水中围堰抽水应及时加设围檩和支撑系统。

3）水上作业应符合《公路工程施工安全技术规范》（JTG F90—2015）第 5.8 节"水上作业"的有关规定。

（4）双壁钢围堰施工应符合下列规定：

1）应按设计要求制造钢围堰，焊缝应检验，并应进行水密试验。

2）浮船或浮箱上组装双壁钢围堰，钢围堰应稳固。

3）双壁钢围堰浮运、吊装应制订专项施工方案。

4）水上作业应符合《公路工程施工安全技术规范》（JTG F90—2015）第 5.8 节"水上作业"的有关规定。

5）钢围堰接高和下沉作业过程中，应采取保持围堰稳定的措施。悬浮状态不得接高作业。

6）施工过程中应注意监测水位变化，围堰内外的水头差应在设计范围内。

（5）钢吊（套）箱围堰施工应符合下列规定：

1）应验算悬吊装置、吊杆的安全性以及有底钢吊（套）箱的抗浮性。

2）吊装所用设备、机具，状态应良好。

3）吊（套）箱就位后应及时与四周的钢护筒连成整体。

4）吊（套）箱内排水应在封底混凝土强度符合设计规定后进行，排水不应过快，并应加强监测吊箱变化情况，及时设置内支撑。

（6）围堰拆除应符合专项施工方案的要求，内外水位应保持一致，拆除时应设置稳固装置，潜水作业应符合《公路工程施工安全技术规范》（JTG F90—2015）第 5.9 节"潜水作业"的有关规定。

#### 6. 明挖地基施工

（1）挖基施工宜在枯水或少雨季节进行，并应连续施工，有支护的基坑应采取防碰撞措施，基坑附近有管网或其他结构物时，应有可靠的防护措施。中等以上降雨期间基坑内不得施工。

（2）基坑内作业前，应全面检查边坡滑塌、裂缝、变形以及基坑涌水、涌砂等情况，并应翔实记录。坑沿顶面出现裂缝、坑壁松塌或遇有涌水、涌砂影响基坑边坡稳定时，应立即加固防护，在确认安全后方可恢复施工。

（3）大型深基坑除应遵循边开挖、边支护的原则施工外，还应建立边坡稳定信息化动态监控系统。

（4）开挖和降水施工应符合下列规定：

1）开挖应视地质和水文情况、基坑深度按规定坡度分层进行，不得采用局部开挖深坑或从底层向四周掏土的方法施工。

2）开挖影响邻近建（构）筑物或临时设施时，应采取安全防护措施。

3）开挖过程中应监测边坡的稳定性、支护结构的位移和应力、围堰及邻近建（构）筑物的沉降与位移、地下水水位变化、基底隆起等项目。

4）基坑顶面应设置截水沟。多年冻土地基上开挖基坑，坑顶截水沟距基坑上边缘不得小于10 m，排出水的位置应远离基坑。

5）排水作业不得影响基坑安全，排水困难时，应采用水下挖基方法，并应保持基坑中原有水位。

6）爆破开挖宜采用浅眼松动爆破法。爆破作业应符合现行《爆破安全规程》（GB 6722—2014）的规定。

7）开挖影响既有道路车辆通行时，应制订交通组织方案。

8）冻结法开挖时，制冷设备的电源应采用不同供电所双路输电，应分层冻结、逐层开挖，不得破坏周边冻结层，基础工程施工应在冻融前完成。

9）弃方不得阻塞河道、影响泄洪。

10）基坑周边1 m范围内不得堆载、停放设备。

11）深基坑四周距基坑边缘不小于1 m处应设立钢管护栏、挂密目式安全网，靠近道路侧应设置安全警示标识和夜间警示灯带。

（5）坑壁及支护施工应符合下列规定：

1）应根据水文、地质、开挖方式及施工环境条件等因素，确定坑壁的支护措施，并严格执行。

2）顶面有动载的基坑，其边沿与动载之间应留有不小于 1 m 宽的护道，动荷载较大时宜适当加宽护道；水文和地质条件较差时，应采取加固措施。

3）支护结构应通过设计计算确定，支护结构和支撑的强度、刚度及稳定性应满足基坑开挖施工的要求。

4）直接喷射混凝土加固坑壁，喷射前应清除坑壁上的松软层及岩渣。锚杆、预应力锚索和土钉支护施工参数应通过抗拉拔力试验确定。

5）加固坑壁应按照设计要求逐层开挖、逐层加固，坑壁或边坡上有明显出水点处应设置导管排水。

### 5.4.4 桥梁下部结构

#### 1. 承台与墩台施工

（1）承台施工模板和混凝土作业应符合《公路工程施工安全技术规范》（JTG F90—2015）第 5.2 节"支架及模板工程"和第 5.4 节"混凝土工程"的有关规定。

（2）现浇墩、台身、盖梁施工除应符合现行《公路桥涵施工技术规范》（JTG/T 3650—2020）的有关规定外，还应符合下列规定：

1）脚手架及作业平台应搭设牢固，不得与模板及其支撑体系联结，高处作业应符合《公路工程施工安全技术规范》（JTG F90—2015）第 5.7 节"高处作业"的有关规定。

2）墩身高度超过 40 m 宜设施工电梯，电梯司机应按照有关规定经过专门培训，并应取得相应的资格证书。

3）墩身钢筋绑扎高度超过 6 m 应采取临时固定措施。

4）模板工程应符合《公路工程施工安全技术规范》（JTG F90—2015）第 5.2 节"支架及模板工程"的有关要求，设置防倾覆设施，高墩且风力较大地区的墩身模板，应考虑风力影响。

5）混凝土浇筑应符合《公路工程施工安全技术规范》（JTG F90—2015）第 5.4 节"混凝土工程"的有关规定。

（3）预制墩身吊装应符合《公路工程施工安全技术规范》（JTG F90—2015）第 5.6 节"起重吊装"的有关规定。

#### 2. 高墩翻模施工

高墩翻模施工应符合下列规定：

（1）翻模应专门设计，刚度、强度应满足施工要求。

（2）翻模分节分块的质量应满足起重设备的使用规定，吊装作业应符合《公路工程施工安全技术规范》（JTG F90—2015）第 5.6 节"起重吊装"的有关规定。

（3）每层模板均应设工作平台，安全防护设施应符合《公路工程施工安全技术规范》（JTG F90—2015）第 5.7 节"高处作业"的有关规定。

（4）夜间不宜进行翻模作业。

#### 3. 高墩爬（滑）模与滑模施工

高墩爬（滑）模施工应符合下列规定：

（1）爬（滑）模系统应专门设计，刚度、强度应满足施工要求。安全防护设施应符合《公路工程施工安全技术规范》（JTG F90—2015）第 5.7 节"高处作业"的有关规定。

（2）液压系统顶升应保持同步、平稳。

（3）拆模应在混凝土强度达 2.5 MPa 以上后实施。爬升时，承载体受力处的强度应大于 15 MPa。

（4）应经常检查、及时更换预埋爬锥配套螺栓。

（5）爬（滑）模不宜夜间升降。

### 5.4.5 桥梁上部结构

#### 1. 钢筋混凝土和预应力梁式桥施工

（1）支架现浇施工应符合下列规定：

1）支架、模板和混凝土浇筑应符合现行《公路工程施工安全技术规范》（JTG F90—2015）第 5.2 节"支架及模板工程"和第 5.4 节"混凝土工程"的有关规定。

2）支架在承重期间，不得随意拆除任何受力杆件。承重模板支架应在张拉完成后拆除。

3）梁体底模、支架应严格按设计要求顺序卸载。

（2）移动模架施工应符合下列规定：

1）模架应按产品的操作手册拼装，并由移动模架设计制造厂家派专人现场指导安装与调试。

2）首孔梁浇筑位置就位后应按设计要求进行预压。

3）混凝土的浇筑过程中，应随时检查模架的关键受力部位和支撑系统，应采取有效措施及时处理；移动过孔时，应监控模架的运行状态。

4）每完成一孔梁的施工，均应对模架的关键部位及支撑系统进行检查，发现问题应及时处理。

5）模架横向移动和纵向移动过孔时，应解除作用于模架上的全部约束。纵向移动时两侧的承重钢梁应保持同步。模架在移动过孔时的抗倾覆系数不得小于1.5。

（3）装配式桥施工应符合下列规定：

1）装配式桥构件移动、存放和吊装时的混凝土强度不应低于设计吊装强度；设计未规定时，不得低于设计强度的80%。

2）存梁台座应坚固稳定，且应高出地面0.2 m以上，存放地点应设置排水系统。梁、板构件存放支点位置应符合设计规定。上下层垫木应在同一条竖线上；叠放的高度宜按构件强度、台座地基的承载力、垫木强度及叠放的稳定性等计算确定，大型构件不宜超过2层，小型构件不宜超过6层。

3）架桥机的抗倾覆稳定系数不得小于1.3；架桥机过孔时，起重小车应位于对稳定最有利的位置，且抗倾覆稳定系数不得小于1.5。架桥机的安装、使用、检修、检验等应符合现行《架桥机安全规程》（GB 26469—2011）的有关要求。

4）梁、板构件移动吊点位置应符合设计规定，经冷拉的钢筋不得用作构件吊环，吊环应顺直，吊绳与起吊构件的交角小于60°时应设置吊梁或起吊扁担。

5）吊移高宽比较大的预应力混凝土 T 形梁和 I 形梁应采取防止梁体侧向弯曲的有效措施。

6）架桥机纵向移动应一次到位，不得中途停顿。起吊天车提升与携梁行走不得同时进行，天车携梁应平稳前移。停止作业的架桥机应临时锚固。

7）运梁、架设应在相邻梁片之间的横向主筋焊接完成后实施。

8）架梁和湿接缝施工期间应设置母索系统。

9）梁、板安装及架桥机移动过孔期间，作业区域下方应设警戒区。

10）就位后的梁、板应及时固定，T 形梁、I 形梁应与先安装的构件形成横向连接。

（4）悬臂浇筑除应符合现行《公路桥涵施工技术规范》（JTG/T 3650—2020）的有关规定外，还应符合下列规定：

1）挂篮制作加工完成后应进行试拼装。现场组拼后，应检查验收，并应按最大施工组合荷载的1.2倍做荷载试验。

2）挂篮行走滑道铺设应平顺，锚固应稳定。行走前应检查行走系统、吊挂系统、模板系统等。

3）挂篮应在混凝土强度符合要求后移动，墩两侧挂篮应对称平稳移动；就位后应立即锁定；挂篮每次移动后，应经检查验收。

4）雨雪天或风力超过挂篮设计移动风力时，不得移动挂篮。

（5）悬臂拼装应符合下列规定：

1）梁段装车、装船运输应平稳安放，梁段与车、船之间应安装防倾覆固定装置。

2）梁段起吊时混凝土强度应符合设计规定。

3）拼装施工前应按施工荷载对起吊设备进行强度、刚度和稳定性验算，其安全系数不得小于2。梁段起吊安装前，应对起吊设备进行全面安全技术检查，并应分别进行1.25倍设计荷载的静荷和1.1倍设计荷载的动荷起吊试验。梁段正式起吊拼装前，起吊条件应符合要求。

4）天气突然变化、卷扬机电机过热或其他机械设备出现故障时，应暂停吊运作业，并应采取相应的应急避险措施。

（6）顶推施工应符合现行《公路桥涵施工技术规范》（JTG/T 3650—2020）的有关规定，墩台上宜设置导向装置，顶推过程中，宜监测梁体的轴线位置、墩台的变形、主梁及导梁控制界面的挠度和应力变化等；发现异常，应停止顶推并处理。

（7）整孔预制安装箱梁施工应符合现行《公路桥涵施工技术规范》（JTG/T 3650—2020）的有关规定，架设安装时，箱梁在起落过程中应保持水平；顶落梁时梁体的两端应同步缓慢起落，并不得冲击临时支座。

### 2. 拱桥施工

（1）各类拱桥施工涉及高空作业，安全防护设施均应符合现行《公路工程施工安全技术规范》（JTG F90—2015）第5.7节"高处作业"的有关规定。

（2）拱架浇（砌）筑拱圈应符合下列规定：

1）拱架及模板应进行专项设计，强度、刚度和稳定性应满足最不利工况要求。落地式拱架弹性挠度不得大于相应结构跨度的1/2 000，且不得超过50 mm；拱式拱架弹性挠度不得大于相应结构跨度的1/1 000，且不得超过100 mm。拱架抗倾覆稳定系数不得小于1.5，并应满足现行《公路工程施工安全技术规范》（JTG F90—2015）第5.2节"支架及模板工程"的有关规定。

2）拱架正式施工前应进行预压，预压应符合现行《公路工程施工安全技术规范》（JTG F90—2015）第5.2节"支架及模板工程"的有关规定。

3）拱圈混凝土浇筑或圬工砌筑顺序应按设计要求实施，两端应同步、对称浇（砌）筑。浇（砌）筑时应观测拱架变形情况，发现异常应及时处理。

4）拱架拆除应设专人指挥，不得使用机械强行拽拉拱架。

5）现浇混凝土拱圈的拱架应按设计要求拆除，设计无规定时应在拱圈混凝土达到设计强度的 85% 后拆除。浆砌圬工拱桥的拱架应在砂浆强度达到设计强度的 85% 后拆除。

6）拱架应纵向对称均衡拆除、横向同时拆除。

7）满布式落地拱架应从拱顶向拱脚依次循环拆除。

8）多孔拱桥拱架应多孔同时或各连续孔分阶段拆除；桥墩允许承受单孔施工荷载的可单孔拆除。

（3）混凝土拱肋、横撑、斜撑施工应符合现行《公路工程施工安全技术规范》(JTG F90—2015) 第 8.12.2 条的规定，应在拱肋、横撑、斜撑混凝土强度达到 100% 后，按设计要求的顺序拆除支架。

（4）悬臂浇筑混凝土拱圈除应符合现行《公路工程施工安全技术规范》(JTG F90—2015) 第 8.11.4 条的规定外，还应符合下列规定：

1）扣塔、扣索、锚碇组成的系统强度、刚度和稳定性应满足最不利工况要求。

2）扣索应在拱圈混凝土达到设计规定的强度后分批、分级张拉，扣索、锚索的钢丝绳和卡具的安全系数应大于 2。

3）应按设计要求调索，并应设专人检查张拉段和扣锚段工作状况，记录索力和位移变化。

4）扣索和锚索应在合龙段混凝土强度符合设计规定的强度或达到设计强度的 85% 后拆除，挂篮应在拱脚处拆除。

（5）斜拉扣挂法悬拼拱肋施工应符合下列规定：

1）扣塔架设及扣锚索张拉应搭设操作平台及张拉平台。

2）扣塔上应设缆风索，缆风索安全系数应大于 2。

3）扣索、锚索应逐根分级、对称张拉、放张，扣索、锚索安全系数应大于 2。

（6）拱上吊机施工拱肋应符合下列规定：

1）拱上吊机抗倾覆稳定性应满足最不利工况要求。

2）过程中扣索、锚索施工应满足现行《公路工程施工安全技术规范》(JTG F90—2015) 第 8.12.5 条的相关规定。

3）拱上吊机前行到位后，前支后锚应牢固。非工作状态时应收拢吊钩，臂杆应与钢梁固定。

4）吊机纵、横移轨道上应配备止轮器。

（7）钢管拱肋内混凝土应按设计顺序两端对称浇筑。

（8）转体施工应符合下列规定：

1）桥梁转体的转动体系、锚固体系、动力体系等应进行专项设计。

2）转体施工前，应掌握转体作业期间的天气情况，遇恶劣天气不得进行转体施工。

3）正式转体前应进行试转，明确转动角速度、拱圈悬臂端线速度、牵引力等相关技术参数。

4）转体完成后应及时约束固定，并应浇筑施工球铰处混凝土。

5）合龙段施工时，悬臂端的临时压重及卸载应按照设计方案要求的质量、位置及顺序作业。

（9）有平衡重平转施工应符合下列规定：

1）转体前，应核对平衡体的质量和转动体系的重心；采用临时配重，应设置锚固设施。

2）转动体系应平衡可靠。抗倾覆安全系数应大于1.5，四周的保险支腿应稳固。

3）转动铰低于水面应设围堰保护，低于地平面应在基坑周围砌护墙，围堰和基坑周围应设护栏，非转体作业人员不得入内。

4）扣索和后锚索应牢固可靠。扣索张拉应符合设计要求，应检测扣索的索力，允许偏差不得超过 ±3%。

5）采用内、外锚扣体系时，扣索宜采用钢绞线和带镦头锚的高强钢丝等高强材料，其安全系数应大于2；大跨径拱桥采用多扣点张拉时，应确保张拉过程同步。

6）扣索张拉到位、拱圈卸架后，应进行24 h观测，检验锚固、支撑体系的可靠程度。

7）转动时应控制转动速度，千斤顶应同步牵引。转动角速度应控制在0.01~0.02 rad/min，拱圈悬臂端的线速度应控制在1.5~2.0 m/min。

8）钢丝绳牵引索应在千斤顶直接顶推启动后再牵引转动。

9）接近止动距离时应按方案要求进行止动操作，并应设专人负责限位工作。

10）合龙段混凝土达到设计强度后，应分批、分级松扣，拆除扣、锚索。

（10）无平衡重平转施工应符合下列规定：

1）尾索张拉、扣索张拉、拱体平转、合龙卸扣作业应监测索力、轴线、高程等。

2）无平衡重平面转体锚固体系的抗剪强度、抗滑稳定性应符合设计要求。锚碇系统两方向的平撑及尾索应形成三角稳定体。转动体系应灵活自如、安全可靠。位控体系应能控制转动体的转动速度和位置。

3）两组尾索应上下左右对称、均衡张拉，桥轴向和斜向的尾索应分次、分组交叉张拉，各尾索的内力应均衡。

4）扣索张拉前，应检查支撑、锚梁、轴套、拱铰、拱体和锚碇等部位（件）。扣索应锚固可靠，拱圈（肋）卸架应对称拴扣风缆。

5）扣索应对称于拱体按由下向上的次序分级张拉。张拉过程中各索内力相对偏差应控制在 5 kN 以内。

6）风缆的走速在启动和就位阶段应控制在 0.5~0.6 m/min，中间阶段应控制在 0.8~1.0 m/min。

7）合龙后扣索应对称、均衡、分级拆除，拆除过程中应监控拱轴线及扣索内力。

（11）竖转法施工应符合下列规定：

1）扣索应选用钢丝绳或钢绞线，钢丝绳的安全系数不得小于 6，钢绞线的安全系数不得小于 2，锚碇的抗拔、抗滑安全系数不得小于 2。

2）索塔的偏载、荷载变化和风力等不得超出设计要求。

3）转动铰应转动灵活，接触面应满足局部承压要求；索塔顶端滚轴组鞍座内应无异物；拱上多余约束应解除。

4）遇恶劣天气不得进行转体施工。

5）转动前应进行试转，竖转速度应控制在 0.005~0.01 rad/min。

6）转动过程中扣索应同步提升，速度应均匀、可控，并应不间断观测吊塔顶部位移、检测后锚索与扣索的索力差，并应控制在允许范围以内。

7）拱顶两侧应对称拴扣缆风索，释放索距应与扣索提升同步。

（12）吊杆（索）、系杆施工应搭设稳定、安全的施工平台，张拉应同步、对称。

（13）拱上结构应符合下列规定：

1）缆索吊装或斜拉扣挂系统应符合现行《公路工程施工安全技术规范》（JTG F90—2015）第 8.12.6 条的有关规定。

2）拱上结构施工应符合现行《公路桥涵施工技术规范》（JTG/T 3650—2020）的有关规定。

### 3. 斜拉桥施工

（1）混凝土索塔施工应符合下列规定：

1）参加索塔施工的人员应体检，患高血压、心脏病、高空作业禁忌证及医生认为其他不适合从事高空作业的人员不得从事索塔施工作业。

2）塔式起重机上部应装设测风仪。塔式起重机停机作业后，吊臂应按顺风方向停放。

3）索塔施工作业，应在劲性骨架、模板、塔式起重机等构筑物顶部设置有效的避雷设施，并应定期检测防雷接地电阻。

4）索塔、横梁等悬空作业，应形成绕索塔塔身封闭的高空作业系统，每层施工面应设置安全平网和立网，立网高度不得小于 1.5 m，平网应随施工高度提升，网格、网距、受力等应符合要求。

5）索塔施工应设警戒区，通往索塔人行通道的顶部应设防护棚。

6）索塔上部、下部、塔腔内部等通信联络应畅通有效。

7）起重作业应执行现行《公路工程施工安全技术规范》（JTG F90—2015）第5.6节"起重吊装"的有关规定。

8）索塔施工超过40 m时应设置施工升降机。

9）索塔施工机具、设备和物料的提升和吊运应使用专用吊具。

10）采用泵送浇筑塔身混凝土，混凝土泵管应附墙设置，泵管附墙件应经计算、审核，应定期检查。

11）索塔施工平台四周及塔腔内部应按要求配备消防器材。

12）索塔施工应设置劲性骨架，劲性骨架的刚度、强度应能满足钢筋架立、模板安装的要求。

13）倾斜索塔施工应验算索塔内力，并应分高度设置水平横撑或拉杆。

（2）索塔横梁及塔身合龙段施工应符合下列规定：

1）支架系统应进行专门设计，其强度、刚度和稳定性应满足最不利工况要求。

2）支架焊接、拴接作业应设置牢固的作业平台。

3）支架系统安装完成后，应组织验收，并应详细记录。

4）横梁与索塔采用异步施工时，上部索塔、下部横梁均应采取防止高空坠落和物体打击的安全措施。

5）下横梁和中横梁钢筋混凝土施工时，在支撑模板的分配梁四周应安装不低于1.2 m的安全护栏，护栏外侧应满挂安全网。

6）索塔横梁及塔身合龙段预应力施工，应搭设操作平台，防护设施应符合现行《公路工程施工安全技术规范》（JTG F90—2015）第5.7节"高处作业"的有关规定。

7）在横梁、塔身合龙段内部空心段拼装、拆除模板时，应配备消防器材和照明设施，必要时应采取通风措施。

（3）钢梁施工应符合下列规定：

1）钢梁施工应编制专项施工方案，超过一定规模的危险性较大工程应按要求进行专家论证。

2）钢梁构件和梁段运输应采取临时固定措施。

3）钢梁存放场地应平整、稳固、排水良好，基础承载力应满足要求，钢梁存放堆码不得大于两层。

4）吊装作业应设置缆风绳等软固定设施。

5）非定型桥面悬臂吊机应进行专门设计，委托具有相应资质的专业单位加工制造，并组织验收。

6）梁段吊装前，应检查桥面悬臂吊机的前支点和后锚固点等关键受力部位。

7）不得用桥面悬臂吊机调整梁段之间的缝宽及梁端高程。

8）压锚前应校验液压千斤顶、测力设备。压索前应检查张拉系统，连接丝杆与斜拉索应顺直。

9）在现场高空焊接、拴接梁段，宜采用桥梁永久检修小车作为焊接、栓接操作平台。梁段焊缝探伤作业人员应穿带有防辐射功能的防护背心。

10）已拼接的桥面钢箱梁临边应设置防护栏杆。

11）钢箱梁悬拼过程中，箱梁内应保持通风，箱梁内照明应使用安全电压。

12）主梁施工过程中，在梁端安装斜拉索后，应在梁端采取控制斜拉索的措施。

13）大跨径斜拉桥施工安排应合理，长悬臂状态下的主梁施工不宜在大风或台风季节进行；不可避免时，应验算长悬臂主梁的稳定性，并应采取临时抗风加固措施。

（4）混凝土主梁挂篮悬浇除应符合现行《公路工程施工安全技术规范》（JTG F90—2015）第8.11节挂篮施工的规定外，还应符合下列规定：

1）挂篮安装调试后，应按最大施工组合荷载的1.2倍做荷载试验。

2）采用挂篮浇筑主梁0号段及相邻梁段浇筑施工时，应设置可靠的支架系统，施加在支架上的临时施工荷载应包括悬浇挂篮的质量。

3）浇筑混凝土前，应检查挂篮锚固、水平限位、吊带等部件。

4）浇筑混凝土应保持挂篮对称平衡，偏载量不得超过设计规定。

5）挂篮后端应与已完成的梁段锚固，稳定系数不得小于2。

6）挂篮行走速度应小于0.1 m/min，前移滑道应铺设平整、顺直，不得偏移。前移时应检查后锚固及各部件受力情况，后锚固的稳定系数不得小于2。就位后，后锚固点应立即锁定。

7）挂篮后锚固解除后，挂篮应沿箱梁中轴线对称向两端推进，每前进0.5 m应观测一次。

（5）斜拉索施工应符合下列规定：

1）在船上放置索盘架，应保持放索船平衡。索盘架底部与船体甲板应焊牢，索盘架的4个承重点应置于船体骨架上，索架应焊斜支撑。

2）斜拉索展开时，索头小车应保持平衡，操作人员与索体距离不得小于1 m。

3）塔端挂索施工平台应搭设牢固，作业平台关键部位焊接应牢固，平台四周及人员上下平台的通道应设置防护栏杆，护栏外侧应满挂安全网。人员上下通道跳板应满铺。

4）塔内脚手架应稳定可靠，操作平台应封闭，操作平台底应挂安全网。作业人员不得向索孔外扔物品。

5）塔腔内应设人员疏散安全通道。

6）塔腔内照明应采用安全电压，并应配备消防器材。塔腔内不得存放易燃、易爆物品。

7）塔端挂索前，应检查塔顶卷扬机、导向轮钢丝绳及卷扬机与塔顶平台的连接焊缝。

8）挂索前，应检查塔腔内撑脚千斤顶、手拉葫芦及千斤顶的吊点情况。

9）挂索或桥面压索前，应检查张拉机具。连接丝杆与斜拉索应顺直，夹板应无变形，焊缝应无裂纹，螺栓应无损伤。

10）梁端移动挂索平台应搭设牢固，滑车及轨道应保持完好。

11）塔腔内放软牵引索应同步，安装工具夹片应及时。

12）千斤顶、油泵等机具及测力设备应校验。张拉杆的安全系数应大于2，每挂5对索应用探伤仪检查一次张拉杆，不得使用有裂纹、疲劳及变形的张拉杆。

### 4. 悬索桥施工

（1）重力式锚碇基坑作业应符合下列规定：

1）基坑开挖施工除应符合现行《公路工程施工安全技术规范》（JTG F90—2015）第8.8节"明挖地基"的有关规定外，还应沿等高线自上而下分层进行开挖，及时支护坑壁，在坑外和坑底应分别设置截水沟和排水沟。

2）夜间施工基坑周围应设置警示灯。

（2）重力式锚碇基础施工应符合下列规定：

1）沉井作为锚碇基础施工除应符合现行《公路工程施工安全技术规范》（JTG F90—2015）第8.5节"沉井"的有关规定外，还应在施工下沉过程中注意观察江边堤防等水利设施的稳定情况，发现异常应及时采取相关措施。

2）地下连续墙基础的施工除应符合现行《公路工程施工安全技术规范》（JTG F90—2015）第8.6节"地下连续墙"的有关规定外，还应在基坑开挖前对地下连续墙基底的基岩裂隙进行压浆封闭，并应采取防渗措施。

3）高处作业和脚手架施工应符合现行《公路工程施工安全技术规范》（JTG F90—2015）第5.7节"高处作业"的有关规定。

（3）隧道锚洞室开挖和岩锚开挖宜在开挖场所附近选取一处地质相似的地方进行爆破

试验，对爆破施工方案的各种参数应进行试验和修正，并应据此确定爆破方案。

（4）索塔施工应符合现行《公路桥涵施工技术规范》（JTG/T 3650—2020）和《公路工程施工安全技术规范》（JTG F90—2015）第 8.13 节"斜拉桥"的有关规定。

（5）索鞍吊装施工应符合下列规定：

1）对设置在塔顶或鞍部顶面的起重支架及附属的起重装置等应进行专门设计，其强度、刚度和稳定性应符合要求。

2）地面各作业施工区域场地应设置警戒区，并应设置地面安全通道、作业卷扬机防护顶棚等安全防护设施。

3）起重支架在索鞍吊装作业前，应进行荷载试验。试吊加载的重量分别为设计吊重的80%、100%、110% 和 125%，其中 80% 和 125% 加载时为静载试验，100% 和 110% 加载时为动载试验。

4）索鞍吊装时应垂直起吊，吊装过程中构件下方不得站人或有人员过往。

5）索鞍吊装施工还应按现行《公路工程施工安全技术规范》（JTG F90—2015）第 5.6 节"起重吊装"、第 5.7 节"高处作业"的有关规定执行。

（6）猫道施工设计应符合下列规定：

1）猫道应根据悬索桥的跨径、主缆线形、施工环境条件等因素进行专门设计，其结构形式和各部尺寸应满足主缆工程施工的需要。

2）猫道的线形宜与主缆空载时的线形平行。猫道面层宜由阻风面积小的两层大、小方格钢丝网组成，面层顶部与主缆下沿的净距宜为 1.3~1.5 m；猫道的净宽宜为 3~4 m，扶手高宜为 1.2~1.5 m；猫道在桥纵向应左右对称于主缆中心线布置，猫道间宜设置横向人行通道。

3）猫道的强度、刚度和抗风稳定性应符合要求；猫道承重索计算时，其荷载组合与安全系数应符合表 5-13 的规定。

表 5-13　施工猫道承重锁强度计算荷载组合及安全系数取值

| 荷载组合 | | 安全系数 | 备注 |
| --- | --- | --- | --- |
| 静力结构强度验算 | 恒载 | ≥3.5 | |
| | 恒载+活载 | ≥3.0 | |
| | 恒载+活载+温度荷载 | ≥3.0 | 温度荷载按温降15 ℃考虑 |
| 风荷载组合结构强度验算 | 恒载+活载+施工阶段风荷载组合 | ≥3.0 | 按6级风力考虑 |
| | 恒载+最大阵风荷载组合 | ≥2.5 | |

4）承重索的锚固系统每端宜设大于 2 m 的调整长度。

5）猫道锚固系统及其他各种预埋件应满足设计受力要求，拉杆应按照设计要求调整，拉杆加工制作单位应按规定具备相关资质，拉杆制作完成后应做探伤和抗拉试验。

（7）先导索施工应符合下列规定：

1）先导索施工前应对施工方案进行专项论证，并应加强先导索跨越区域的监控。

2）采用火箭牵引先导索施工，应由专业机构操作，并按规定经相关部门批准。火箭发射及着陆区域应设置安全警戒区。

3）采用拖轮牵引先导索施工，拖力应满足牵引技术要求，并应经海事、航道管理部门批准，施工期间应封航。

4）采用直升机、无人机牵引先导索施工，直升机、无人机性能应满足牵引技术要求，并应按规定经有关部门批准。

5）恶劣天气不得进行先导索牵引作业。

（8）猫道架设应符合下列规定：

1）猫道架设应遵循横桥向对称、顺桥向边跨和中跨平衡的原则，裸塔塔顶的变位及扭转应控制在设计允许范围内。

2）承重索及其他钢丝绳投入使用前应严格验收，严禁使用断丝、变形、锈蚀等超出相应规定的钢丝绳，施工过程中应注意检查和防护。

3）承重索和抗风缆采用钢丝绳时，架设前应通过预张拉消除钢丝绳非弹性变形，预张拉荷载不得小于其破断拉力的 0.5 倍。

4）横桥向架设承重索，两侧应同步架设，数量差不宜超过 1 根；顺桥向架设承重索，边跨与中跨应连续架设，且中跨的承重索宜采用托架法架设。

5）面层及横向通道铺设，宜从索塔塔顶开始，同时向跨中和锚碇方向对称、平衡架设安装，并应设置牵引及反拉系统，控制面层铺设下滑速度。

6）猫道面层应每隔 0.5 m 绑扎一根防滑木条，每 3 m 交替设置面层小横梁和大横梁，并应与猫道牢固连接。

7）猫道外侧应设置扶手绳及钢丝密目网。

8）猫道单根承重索宜采用整根钢丝绳，接长的连接方式应安全、可靠，应进行工艺评定，并应进行静载试验，连接部位实际抗拉力应大于钢丝绳最小破断力。

（9）猫道拆除应符合下列规定：

1）猫道拆除前应制订专项施工方案，对承重索、扶手绳、横向通道等构件应进行受力计算，拆除使用的各种机具应满足受力要求。

2）猫道拆除前应收紧承重索。

3）猫道面层和底梁宜按中跨从塔顶向跨中方向、边跨从塔顶向锚碇方向的顺序分段拆除。

4）猫道下放前，下放的垂直方向不得有障碍物。

5）猫道拆除前，影响拆除作业区域的翼缘板不得施工。

（10）主缆施工应符合下列规定：

1）索股放索速度不得超过方案规定值，索股牵引过程中应有专人跟踪牵引锚头，且宜在沿线设观测点监测索股的运行状况。

2）索股整形入鞍时，握索器与索股应连接可靠，索股应保持在限位轮中，操作人员不得处于索股下方。

3）索股锚头入锚后应临时锚固，索鞍位置处调整好的索股应临时压紧固定，不得在鞍槽内滑移。

（11）索夹与吊索施工应符合下列规定：

1）在满足施工需要的前提下，应减小猫道面层开孔面积，并应在开孔位置四周绑扎防滑木条，设立警示标识。

2）索夹在主缆上定位后，应紧固螺栓。紧固同一索夹的螺栓时，各螺栓受力应均匀。

3）采用缆索吊安装索夹及吊索时，应符合现行《公路工程施工安全技术规范》（JTG F90—2015）第5.6节"起重吊装"、第5.7节"高处作业"的有关规定。

4）吊运物体时，作业人员不得沿主缆顶面行走。

5）猫道上摆放索夹的位置处应铺设木板。

6）缆索吊吊装索夹、吊索时，运行速度应平稳，作业人员应在吊运构件到位稳定后作业。

7）制动不良不得吊运作业。

（12）加劲梁施工应符合下列规定：

1）加劲梁安装前应制订专项施工方案，并应对桥位处的自然环境条件进行勘察，掌握当地的有关气象资料。

2）安装加劲梁的吊机、吊索具等应进行专门设计，加劲梁吊装作业前应按各工况进行试吊，试吊荷载为最大梁段质量的1.2倍。

3）钢箱加劲梁接头焊缝的施焊宜从桥面中轴线向两侧对称进行，接头焊缝强度和刚度不符合要求时，不得解除临时刚性连接。

4）钢桁架梁吊装，桥面吊机、铰接设备、吊索牵引机具、片架运输台车、行走轨道铰点过渡梁和移动操作台车等设备应做专项设计、加工及试验。桥面吊机应满足拼装过程中顺桥向坡度变化的要求，底盘应设止滑保险装置。

5）吊装设备应安排专人负责监测，发现吊绳松弛、油泵漏油、吊具偏位等情况应立即停止作业。

6）吊装加劲梁，梁体上不得搭载人员、材料及设备。

7）顶推安装钢箱梁型自锚式悬索桥加劲梁应符合现行《公路工程施工安全技术规范》（JTG F90—2015）第8.11.3条、第8.11.6条的有关规定，顶推设备的能力不得小于2倍的计算顶推力；拼装平台、临时墩墩顶均应设导向及纠偏装置。

### 5. 钢桥施工

（1）钢桥安装应编制专项施工方案，应附具临时支架、支承、吊机等临时结构和钢桥结构本身在不同受力状态下的强度、刚度及稳定性验算结果。

（2）平板拖车运输钢桥构件应符合下列规定：

1）平板拖车速度宜小于5 km/h。

2）牵引车上应悬挂安全标志。超高的部件应有专人照看，并应配备适当工具清除障碍。

3）除驾驶员外，还应指派1名助手，协助瞭望。平板拖车上不得坐人。

4）重车下坡应缓慢行驶，不得紧急制动。驶至转弯或险要地段时，应降低车速，同时注意两侧行人和障碍物。

5）装卸车应选择平坦、坚实的路面为装卸地点。装卸车时，机车、平板车均应驻车制动。

（3）水上运输钢桥构件应符合下列规定：

1）水上运输前，应根据所经水域的水深、流速、风力等情况，制订运输方案，并按规定审批。

2）需临时封闭航道时，应按规定报相关管理部门批准，并办理相关手续。

3）装船前应进行稳性验算。

4）驳船装载的钢桥构件应安放平稳。拖轮牵引驳船行进速度应缓慢，不得急转弯。

（4）轨道平车运输钢桥构件应符合下列规定：

1）轨道路基宽度、平整度、强度应满足施工要求。铺设轨道应平直、圆顺，轨距应在允许误差值之内，轨道半径不得小于25 m，纵坡不宜大于2%，纵坡大于2%的区域应采取相应的安全措施。轨道与其他道路交叉时，应按规定铺设交叉道口。

2）轨道平车运输大型构件前，应检查平车的转向托盘或转盘、支撑制动器等。

3）大型构件运输过程中应检查构件的稳定状况及轨道平车运行情况，发现异常应停止作业。

4）下坡时应以溜绳控制速度，并应人工拖拉止轮木块跟随前进。

（5）钢桥安装应设置避雷设施并应符合现行《建筑物防雷设计规范》（GB 50057—2010）的规定。

（6）起重吊装作业应符合现行《公路工程施工安全技术规范》（JTG F90—2015）第5.6节"起重吊装"的有关规定。

（7）水上安装应符合现行《公路工程施工安全技术规范》（JTG F90—2015）第5.8节"水上作业"的有关规定。

（8）构件组拼和钢桥安装属于高处作业时，应符合现行《公路工程施工安全技术规范》（JTG F90—2015）第5.7节"高处作业"的有关规定。

（9）钢梁杆件组装，应在平整的作业台上进行，基础承载力应满足要求。

（10）支架上拼装钢梁应符合下列规定：

1）冲钉和粗制螺栓总数不得少于孔眼总数的1/3，其中冲钉不得多于2/3。

2）冲钉和粗制螺栓总数不得少于6个，少于6个时，应将全部孔眼插入冲钉或粗制螺栓。

3）采取悬臂或半悬臂法拼装钢梁时，联结处冲钉数量应按所承受荷载计算决定，且不得少于孔眼总数的一半，其余孔眼宜布置精制螺栓，冲钉和精制螺栓应均匀布置。

4）高强度螺栓栓合梁拼装时，其余孔眼宜布置高强度螺栓。吊装杆件时，应在杆件完全固定后松钩卸载。

（11）装拆脚手架、上紧螺栓、铆合等不得交叉作业。杆件拼装对孔应采用冲钉探孔。

（12）钢梁上的各种电动机械和电缆线、照明线路等，应保持绝缘良好。

（13）拼装杆件时，应安好梯子、溜绳、脚手架。斜杆应安拴保险吊具。杆件起吊时，应先试吊。

（14）架梁用的扳手、小工具、冲钉及螺栓等应存放在工具袋内，不得抛掷。多余的料具应及时清理。

（15）悬臂拼装法施工应符合下列规定：

1）吊机应按设计就位、锚固，并应做动、静荷载试验。

2）构件起吊前，应检查构件，吊环应无损伤，接合面不得有凸出外露物，构件上不得有浮置物件。

3）构件应垂直起吊，并应保持平衡稳定，不得碰撞已安装构件和其他作业设施。

4）构件起升后，运送构件的车辆或船舶应迅速撤出。

5）卷扬机电机过热或其他机械设备出现故障时，应暂停吊运作业。

（16）钢桥顶推施工应符合现行《公路工程施工安全技术规范》（JTG F90—2015）第8.11.6条的有关规定。

（17）钢桥现场检验检测涉及高处作业时应符合现行《公路工程施工安全技术规范》（JTG F90—2015）第5.7节"高处作业"的有关规定。

（18）钢桥的X射线探伤作业应符合现行《工业探伤放射防护标准》（GBZ 117—2022）的规定。

#### 6. 桥面及附属工程

（1）桥面系施工前，上下行桥之间空隙处应满布安全网。

（2）反开槽安装的伸缩装置槽口应临时铺设钢板或砂袋，并应在开槽处设置警示标识。

（3）桥面清扫垃圾、冲洗弃渣等应集中收集后运往指定地点，不得直接抛往桥下。

（4）混凝土防撞护栏的施工应符合下列规定：

1）装配式梁式桥防撞护栏施工前，边梁应与中梁连接牢固。

2）单柱墩桥梁防撞护栏应两侧对称施工。

### 5.4.6 涵洞与通道

（1）顶进法施工涵洞或通道桥涵应编制专项施工方案。

（2）涵洞基坑和顶进工作坑开挖应符合现行《公路工程施工安全技术规范》（JTG F90—2015）第8.8节"明挖地基"的有关规定。

（3）现场浇筑涵洞或通道桥涵时，支架、模板应安装牢固，应符合现行《公路工程施工安全技术规范》（JTG F90—2015）第5.2节"支架及模板工程"的有关规定。

（4）顶进前应编制公路中断和抢修预案，并应配备抢修人员和物资。

（5）雨期不宜顶进作业，无法避开时，应采取防洪、排水措施。

（6）顶进作业时，地下水水位应降至涵洞或通道桥涵基础底面1 m以下，且降水作业应控制土体沉降。

（7）顶进前，应注浆加固易坍塌土体，并应通过现场试验确定注浆参数，注浆时土体不得隆起。

（8）传力柱支承面应密贴，方向应与顶力轴线一致。宜4~8 m加一道横梁，应采用填土压重等防止传力柱崩出伤人的措施，传力柱上方不得站人。顶进时应安排专人密切观察传力柱的变化，有拱起、弯曲等变形时，应立即停止顶进，进行调整。

（9）顶入路基后，宜连续顶进。

（10）顶进挖土时，应派专人监护。发现异常情况时，作业人员及机械应立即撤离危险区域，并应视情况采取交通安全保障措施。

（11）顶进挖土作业应坚持"勤挖快顶"的原则。不得掏洞取土、逆坡挖土。顶进暂停期内不得挖土。

（12）挖土机械不得碰撞加固设施和桥涵主体结构。人工清理开挖工作面时，挖土机械应退出开挖面。

（13）支点桩不得爆破拆除。

## 任务 5.5　隧道工程

### 任务描述

本任务主要介绍隧道工程的安全技术要求，包括一般规定，洞口与明洞，开挖，装渣与运输，支护，衬砌，辅助坑道，防水和排水，通风、防尘及防有害气体，不良地质和特殊岩土地段的安全要求。

### 任务目标

1. 掌握隧道工程的一般安全技术要求。
2. 掌握隧道工程各工序的主要风险源及预防措施。
3. 掌握隧道工程各工序的安全技术要求。

### 任务工作页

| 课程名称 | 公路施工安全管理 | 任务名称 | 隧道工程 | 班级 | | 姓名 | |
|---|---|---|---|---|---|---|---|
| | | | | 日期 | | 成绩 | |
| 一、任务布置<br>1.掌握隧道工程的一般安全技术要求。<br>2.掌握隧道工程各工序的主要风险源及预防措施。<br>3.掌握隧道工程各工序的安全技术要求 ||||||||

续表

| 二、任务实施 |
| --- |
| 引导问题1：隧道工程施工的主要工序有哪些？ |
| |
| 引导问题2：隧道工程施工常见的事故类型有哪些？ |
| |
| 引导问题3：隧道工程施工各工序的主要风险源有哪些？ |
| |

## 评价反馈

### 学生自评

| 班级： | 姓名： | | 学号： | |
| --- | --- | --- | --- | --- |
| 任务5.5 | 隧道工程 | | | |
| 评价项目 | 评价标准 | | 分值 | 得分 |
| 隧道工程施工主要危险源 | 掌握隧道工程施工各工序存在的主要危险源 | | 30 | |
| 针对各类危险源的安全措施 | 能够针对各类风险源制定相应的安全措施 | | 30 | |
| 工作态度 | 态度端正，无无故缺勤、迟到、早退现象 | | 10 | |
| 工作质量 | 能按时完成工作任务 | | 10 | |
| 职业素质 | 认真严谨、实事求是，具有安全意识 | | 10 | |
| 创新意识 | 能够通过任务拓展知识体系，乐于思考 | | 10 | |
| 合计 | | | 100 | |

## 强化训练

1. 隧道工程施工中有哪些危险性较大的分部分项工程？
2. 隧道工程施工有哪些主要特点？对安全管理工作有何影响？

## 相关知识点

### 5.5.1 一般规定

（1）隧道施工前应开展安全风险评估，辨识施工过程中的主要危险源及危害因素，制定安全防护措施，并应根据工程建设条件、技术复杂程度、地质与环境条件、施工管理模式，以及工程建设经验对隧道工程实施动态风险控制和跟踪处理。

（2）隧道施工应按设计文件规定的施工方法制订施工方案，地质条件发生变化时，应及时进行设计变更。

（3）压力容器操作人员应按照有关规定经专业机构培训，并应取得相应的从业资格。

（4）施工现场布设应符合下列规定：

1）临时设施的设置除应符合现行《公路工程施工安全技术规范》（JTG F90—2015）第4.1节"驻地和场站建设"的有关规定外，还应避开高边坡、陡峭山体下方、深沟、河流、池塘边缘等区域。

2）弃渣场地应设置在不易溃塌、不产生滑坡的安全地段，不得堵塞河流、泄洪通道。

3）隧道内供风、供水、供气管线与供电线路应分别架设，照明和动力线路应分层架设。

4）供电线路架设应遵循"高压在上、低压在下，干线在上、支线在下，动力线在上、照明线在下"的原则。110 V以下线路距地面不得小于2 m，380 V线路距地面不得小于2.5 m，6~10 kV线路距地面不得小于3.5 m。

（5）隧道洞口管理应符合下列规定：

1）隧道洞口应设专人负责进出人员登记及材料、设备与爆破器材进出隧道记录和安全监控等工作。

2）隧道施工应建立洞内外通信联络系统。

3）长、特长及高风险隧道施工应设置稳定可靠的视频监控系统、门禁系统和人员识别定位系统。

（6）隧道洞口与桥梁、路基等同一个工点有多个单位同时施工或洞内不同专业交叉作业时，应共同制定现场安全措施。

（7）隧道内施工不得使用以汽油为动力的机械设备。

（8）通风机、抽水机等隧道安全设备应配备备用设备。

（9）隧道内作业台车、台架应满足施工安全要求，高处作业安全防护设施应符合现行

《公路工程施工安全技术规范》（JTG F90—2015）第 5.7 节"高处作业"的有关规定。

（10）隧道洞口、开关箱、配电箱、台车、台架、仰拱开挖等危险区域应设置明显的警示标识。洞内施工设备均应设反光标识。

（11）隧道内应按要求配备消防器材。

（12）应根据危险源辨识情况编制隧道坍塌、突水突泥、触电、火灾、爆炸、窒息、有害气体等应急预案并应配备相应的应急资源。

（13）高压富水隧道钻孔作业应采取防突水、突泥冲出的反推或拴锚等措施。

（14）不良地质隧道地段应遵循"早预报、预加固、弱爆破、短进尺、强支护、早封闭、勤量测、快衬砌"的原则施工。

（15）超前地质预报和监测方案应作为必要工序统一纳入施工组织管理。

（16）施工隧道内不得明火取暖。

（17）隧道内严禁存放汽油、柴油、煤油、变压器油、雷管、炸药等易燃易爆物品。

### 5.5.2　洞口与明洞

（1）洞口施工前，应先清理洞口上方及侧方可能滑塌的表土、灌木及山坡危石等。

（2）洞口的截、排水系统应在进洞前完成，并应与路基排水顺接，不得冲刷路基坡面、桥台锥体、农田屋舍，土质截水沟、排水沟应随挖随砌。

（3）石质边、仰坡应采用预留光爆层法或预裂爆破法，不得采用深眼大爆破或集中药包爆破开挖。

（4）洞口边、仰坡坡面防护应符合要求，洞口施工应监测边、仰坡变形。

（5）洞口开挖应先支护后开挖、自上而下分层开挖、分层支护。不得掏底开挖或上下重叠开挖。陡峭、高边坡的洞口应根据设计和现场需要设安全棚、防护栏杆或安全网，危险段应采取加固措施。洞口工程应及早完成。

（6）洞口附近存在建（构）筑物且使用爆破掘进的，应采用控制爆破技术，并应监测振动波速及建（构）筑物的沉降和位移。

（7）洞口施工应采取措施保护周围建（构）筑物、既有线、洞口附近交通道路。

（8）洞口开挖宜避开雨期、融雪期及严寒季节。

（9）明洞施工应符合下列规定：

1）明洞开挖前，洞顶及四周应设防水、排水设施。

2）明洞应自上而下开挖。石质地段开挖应控制爆破炸药用量，开挖后应立即施作边坡防护。

3）开挖松软地层边、仰坡应随挖随支护。

4）衬砌强度未达到设计的70%、防水层未完成时，不得回填。

5）明洞槽不宜在雨天开挖。

### 5.5.3 开挖

（1）长度小于300 m的隧道，起爆站应设在洞口侧面50 m以外；其余隧道洞内起爆站距爆破位置不得小于300 m。

（2）装药、起爆、通风、盲残炮处置等应符合现行《爆破安全规程》（GB 6722—2014）的有关规定。

（3）爆破后应按先机械后人工的顺序找顶，并应安全确认。

（4）机械开挖应根据断面和作业环境选择机型、划定安全作业区域，并应设置警示标识。

（5）人工开挖应设专人指挥，作业人员应保持安全操作距离。

（6）两座平行隧道开挖，同向开挖工作面纵向距离应根据两隧道间距、围岩情况确定，且不宜小于2倍洞径。

（7）隧道双向开挖面间相距15～30 m时，应改为单向开挖。停挖端的作业人员和机具应撤离。土质或软弱围岩隧道应加大预留贯通的安全距离。

（8）涌水段开挖宜采用超前钻孔探水查清含水层厚度、岩性、水量与水压。

（9）全断面法施工应符合下列要求：

1）应控制一次同时起爆的炸药量。

2）地质条件较差地段应对围岩进行超前支护或预加固。

（10）台阶法和环形开挖预留核心土法施工，除应符合现行《公路隧道施工技术规范》（JTG/T 3660—2020）的有关规定外，还应符合下列规定：

1）围岩较差、开挖工作面不稳定时，应采用短进尺、上下台阶错开开挖或预留核心土措施，宜采用喷射混凝土、注浆等措施加固开挖工作面。

2）应根据围岩条件和初期支护钢架间距确定台阶上部开挖循环进尺，上台阶每循环开挖支护进尺Ⅴ、Ⅵ级围岩不应大于1榀钢架间距，Ⅳ级围岩不得大于2榀钢架间距。

3）围岩较差、变形较大的隧道，上部断面开挖后应立即采取控制围岩及初期支护变形量的措施。

4）台阶下部断面一次开挖长度应与上部断面相同，且不得超过1.5 m。

5）台阶下部开挖后应及时喷射混凝土封闭。

（11）中隔壁法施工应符合现行《公路隧道施工技术规范》（JTG/T 3660—2020）的有关规定，且同侧上、下层开挖工作面应保持 3~5 m 距离。

（12）双侧壁导坑法施工应符合下列规定：

1）及时施工初期支护并尽早封闭成环。

2）侧壁导坑形状应近似于椭圆形断面。

3）导坑跨度宜为隧道跨度的 1/3。

4）左右导坑前后距离不宜小于 15 m。

5）导坑与中间土体同时施工时，导坑应超前 30~50 m。

（13）仰拱开挖施工应符合下列规定：

1）Ⅳ级及以上围岩仰拱每循环开挖长度不得大于 3 m，不得分幅施作。

2）仰拱与掌子面的距离，Ⅲ级围岩不得超过 90 m，Ⅳ级围岩不得超过 50 m，Ⅴ级及以上围岩不得超过 40 m。

3）底板欠挖硬岩应采用人工钻眼松动、弱爆破方式开挖。

4）开挖后应立即施作初期支护。

5）栈桥等架空设施强度、刚度和稳定性应满足施工要求；栈桥基础应稳固；桥面应做防侧滑处理；两侧应设限速警示标识，车辆通过速度不得超过 5 km/h。

### 5.5.4　装渣与运输

（1）装渣与运输应符合现行《公路隧道施工技术规范》（JTG/T 3660—2020）的有关规定。

（2）运渣车辆应状态完好、制动有效，不得载人，不得超载、超宽、超高运输。

（3）装渣、卸渣及运输作业场地的照明应满足作业人员安全的需要，隧道内停电或无照明时，不得作业。

（4）长、特长隧道施工有轨运输应配备载人列车，并设专人操作。

（5）无轨运输应设置会车场所、转向场所及行人的安全通路。

### 5.5.5　支护

（1）围岩自稳程度差的地段应先进行超前支护、预加固处理，并应符合设计要求。

（2）应随时观察支护各部位，支护变形或损坏时，作业人员应及时撤离现场。

（3）喷射混凝土、锚杆、钢筋网、超前小导管、管棚支护施工应符合现行《公路隧道施工技术规范》（JTG/T 3660—2020）的有关规定。焊接作业区域内不得有易燃、易爆物品，下方不得有人员站立或通行。

（4）钢架施工除应符合现行《公路隧道施工技术规范》（JTG/T 3660—2020）的有关规定外，还应符合下列规定：

1）钢架底脚基础应坚实、牢固。

2）相邻的钢架应连接成整体。

3）已安装的钢架发生扭曲变形时，应及时逐榀更换，不得同时更换相邻的钢架。

4）下部开挖后，钢架应及时接长、落底，钢架底脚不得左右同时开挖。

5）拱脚开挖后应立即安装拱架、施作锁脚锚杆，锁脚锚杆数量、长度、角度应符合设计要求。

6）拱脚不得脱空，不得有积水浸泡。

7）临时钢架支护应在隧道钢架支撑封闭成环并满足设计要求后拆除。

### 5.5.6 衬砌

（1）软弱围岩及不良地质隧道的二次衬砌应及时施作，二次衬砌距掌子面的距离Ⅳ级围岩不得大于 90 m，Ⅴ级及以上围岩不得大于 70 m。

（2）隧道内不得加工钢筋。

（3）衬砌钢筋安装应设临时支撑，临时支撑应牢固可靠并有醒目的安全警示标识。

（4）钢筋焊接作业在防水板一侧应设阻燃挡板。

（5）衬砌台车应经专项设计，衬砌台车、台架组装调试完成应组织验收，并应试行走，日常使用应按规定维护保养。

（6）拱架、墙架和模板拆除应符合现行《公路隧道施工技术规范》（JTG/T 3660—2020）的有关规定。

（7）仰拱应分段一次整幅浇筑，并应根据围岩情况严格限制分段长度。

### 5.5.7 辅助坑道

（1）横洞、平行导坑施工应符合现行《公路隧道施工技术规范》（JTG/T 3660—2020）的有关规定。平行导坑宜采用单车道断面，间隔 200 m 左右应设置一处错车道。错车道的有效长度宜为 1.5 倍施工车辆的长度。

（2）开挖前应妥善规划并完成斜井、竖井井口周边的截水、排水系统，防冲刷设施、斜井洞门、竖井锁口圈应及早施作。

（3）开挖前应检查斜井、竖井与正洞连接处的围岩稳定情况，应根据检查结果确定并实施超前预加固措施。开挖后，应及时支护和监控量测。

（4）斜井施工应符合下列规定：

1）无轨运输斜井内运输道路应硬化，并应采取防滑措施；长隧道斜井无轨运输道路综合纵坡不得大于10%；单车道的斜井，每隔一定距离应设置错车道，其长度应满足安全行车要求。

2）无轨运输进洞载物车辆车速不得大于 8 km/h，空车车速不得大于 15 km/h；出洞爬坡车速不得大于 20 km/h。

3）有轨运输井口应设置挡车器，并设专人管理；在挡车器下方 5～10 m 及接近井底前 10 m 处应各设一道防溜车装置；长大斜井每隔 100 m 应分别设置防溜车装置，井底与通道连接处应设置安全索；车辆行驶时，井内严禁人员通行与作业。

4）有轨运输井身每 30～50 m 应设置躲避洞，井底停车场应设避车洞，井底附近的固定设备应置于专用洞室。

5）斜井口、井下及提升绞车应有联络信号装置。每次提升、下放与停留应有明确的信号规定。

6）斜井中牵引运输速度不得大于 5 m/s，接近洞口与井底时不得大于 2 m/s。升降加速度不得大于 0.5 m/s$^2$。

7）斜井提升设备应按规定装设符合要求的防止过卷装置、防止过速装置、限速器、深度指示器、警铃、常用闸和保险闸等保险装置。

8）斜井提升、连接装置和钢丝绳应符合安全使用的要求，并应定期检查。

9）人员不得乘斗车上下；当斜井垂直深度超过 50 m 时，应有运送人员的专用设施。

10）运送人员的车辆应设顶盖，并装有可靠的防坠器；车辆中应装有向卷扬机司机发送紧急信号的装置。

（5）竖井施工应符合现行《公路隧道施工技术规范》（JTG/T 3660—2020）的有关规定，提升机、罐笼、绞车应符合现行《矿井提升机和矿用提升绞车 安全要求》（GB 20181—2006）和《罐笼安全技术要求》（GB 16542—2010）的有关规定，还应符合下列规定：

1）井口应配置井盖，除升降人员和物料进出外，井盖不得打开。井口应设防雨设施，通向井口的轨道应设挡车器。井口周围应设防护栏杆和安全门，防护栏杆的高度不得小于 1.2 m。

2）竖井井架应安装避雷装置。

3）竖井吊桶、罐笼升降作业应制定操作规程，并严格执行。

4）每次爆破后，应有专人清除危石和掉落在井圈上的石渣，并检查初期支护和临时支撑，清理完后方可正常工作。当工作面附近或未衬砌地段发现落石、支撑发响、大量涌水时，作业人员应立即撤出井外，并报告处理。

### 5.5.8 防水和排水

（1）隧道防水板施工作业台架应设置消防器材及防火安全警示标识，并应设专人负责。照明灯具与防水板间距离不得小于 0.5 m，不得烘烤防水板。

（2）隧道排水作业应符合下列规定：

1）隧道内反坡排水方案应根据距离、坡度、水量和设备情况确定。抽水机排水能力应大于排水量的 20%，并应有备用台数。

2）隧道内顺坡排水沟断面应满足隧道排水需要。

3）膨胀岩、土质地层、围岩松软地段应铺砌水沟或用管槽排水。

4）遇渗漏水面积或水量突然增加，应立即停止施工，人员撤至安全地点。

（3）斜井及竖井排水应符合下列规定：

1）斜井应边掘进边排水；涌水量较大地段应分段截排水。

2）竖井、斜井的井底应设置排水泵站；排水泵站应设在铺设排水管的井身附近，并应与主变电所毗邻；泵站应留有增加水泵的余地。

3）水箱、集水坑处应挂设警示牌标识，并对设备进行挡护。

### 5.5.9 通风、防尘及防有害气体

（1）施工通风应符合下列规定：

1）隧道施工独头掘进长度超过 150 m 时应采用机械通风；通风方式应根据隧道长度、断面大小、施工方法、设备条件等确定，主风流的风量不能满足隧道掘进要求时，应设置局部通风系统。

2）隧道施工通风应纳入工序管理，由专人负责。

3）隧道施工通风应能提供洞内各项作业所需要的最小风量，风速不得大于 6 m/s；每人供应新鲜空气不得小于 3 m³/min，内燃机械作业供风量不宜小于 4.5 m³/(min·kW)；全断面开挖时风速不得小于 0.15 m/s，导洞内不得小于 0.25 m/s。

4）长及特长隧道施工应配备备用通风机和备用电源。

5）通风机应装有保险装置，发生故障时应自动停机。

6）通风管沿线应每 50~100 m 设立警示标识或色灯。

7）通风管安装作业台架应稳定牢固，并应经验收合格。

8）主风机间歇时，受影响的工作面应停止工作。

（2）防尘、防有害气体应符合下列规定：

1）作业过程中，空气中的氧气含量不得低于 19.5%；不得用纯氧通风换气。

2）空气中的一氧化碳（CO）、二氧化碳（$CO_2$）、氮氧化物（$NO_x$）等有害气体浓度不得超过表 5-14 中的容许值。

表 5-14　工作场所空气中有毒物质容许浓度　　　　　　　　　　　　mg/m³

| 中文名（CAS No.） | | MAC | TWA | STEL |
|---|---|---|---|---|
| 二氧化氮（$NO_2$） | | — | 5 | 10 |
| 二氧化硫（$SO_2$） | | — | 5 | 10 |
| 二氧化碳（$CO_2$） | | — | 9 000 | 18 000 |
| 一氧化氮（NO） | | — | 15 | 30 |
| 一氧化碳（CO） | 非高原 | — | 20 | 30 |
| | 海拔为 2 000~3 000 m | 20 | — | — |
| | 海拔大于 3 000 m | 15 | — | — |

注：TWA—时间加权平均容许浓度（8 h）；MAC—最高容许浓度，指在一个工作日内任何时间都不应超过的浓度；STEL—短时间接触容许浓度（15 min）。

3）空气中粉尘浓度应符合表 5-15 的规定。

表 5-15　工作场所空气中粉尘容许浓度　　　　　　　　　　　　mg/m³

| 中文名 | | TWA | STEL |
|---|---|---|---|
| 白云石粉尘 | 总尘 | 8 | 10 |
| | 呼尘 | 4 | 8 |
| 沉淀$SiO_2$（白炭黑） | 总尘 | 5 | 10 |
| 大理石粉尘 | 总尘 | 8 | 10 |
| | 呼尘 | 4 | 8 |
| 电焊烟尘 | 总尘 | 4 | 6 |
| 沸石粉尘 | 总尘 | 5 | 10 |

续表

| 中文名 | | TWA | STEL |
|---|---|---|---|
| 硅灰石粉尘 | 总尘 | 5 | 10 |
| 硅藻土粉尘（游离$SiO_2$含量小于10%） | 总尘 | 6 | 10 |
| 滑石粉尘（游离$SiO_2$含量小于10%） | 总尘 | 3 | 4 |
| | 呼尘 | 1 | 2 |
| 煤尘（游离$SiO_2$含量小于10%） | 总尘 | 4 | 6 |
| | 呼尘 | 2.5 | 3.5 |
| 膨润土粉尘 | 总尘 | 6 | 10 |
| 石膏粉尘 | 总尘 | 8 | 10 |
| | 呼尘 | 4 | 8 |
| 石灰石粉尘 | 总尘 | 8 | 10 |
| | 呼尘 | 4 | 8 |
| 石墨粉尘 | 总尘 | 4 | 6 |
| | 呼尘 | 2 | 3 |
| 水泥粉尘（游离$SiO_2$含量小于10%） | 总尘 | 4 | 6 |
| | 呼尘 | 1.5 | 2 |
| 炭黑粉尘 | 总尘 | 4 | 8 |
| 矽尘 含10%~50%游离$SiO_2$的粉尘 | 总尘 | 1 | 2 |
| 矽尘 含10%~80%游离$SiO_2$的粉尘 | 总尘 | 0.7 | 1.5 |
| 矽尘 含80%以上游离$SiO_2$的粉尘 | 总尘 | 0.5 | 1 |
| 矽尘 含10%~50%游离$SiO_2$ | 呼尘 | 0.7 | 1 |
| 矽尘 含50%~80%游离$SiO_2$ | 呼尘 | 0.3 | 0.5 |
| 矽尘 含80%以上游离$SiO_2$ | 呼尘 | 0.2 | 0.3 |
| 稀土粉尘（游离$SiO_2$含量小于10%） | 总尘 | 2.5 | 5 |
| 萤石混合性粉尘 | 总尘 | 1 | 2 |
| 云母粉尘 | 总尘 | 2 | 4 |
| | 呼尘 | 1.5 | 3 |
| 珍珠岩粉尘 | 总尘 | 8 | 10 |
| | 呼尘 | 4 | 8 |
| 蛭石粉尘 | 总尘 | 3 | 5 |

续表

| 中文名 | | TWA | STEL |
|---|---|---|---|
| 重晶石粉尘 | 总尘 | 5 | 10 |
| 其他粉尘 | | 8 | 10 |

注：1.TWA—时间加权平均容许浓度（8 h）；STEL—短时间接触容许浓度（15 min）。
2."其他粉尘"指不含有石棉且游离$SiO_2$含量低于10%，不含有毒物质，尚未制定专项卫生标准的粉尘。
3."总尘"指直径为40 mm的滤膜，按标准粉尘测定方法采样所得的粉尘。
4."呼尘"即呼吸性粉尘，指按呼吸性粉尘采样方法所采集的可进入肺泡的粉尘粒子，其空气动力学直径均在7.07 μm以下，空气动力学直径为5 μm粉尘粒子的采样效率为50%。

4）隧道施工应采取综合防尘措施，并应配备专用检测设备及仪器。隧道内存在矽尘的作业场作，每月应至少取样分析空气成分一次、测定粉尘浓度一次。

5）隧道作业人员应配备防尘口罩、耳塞等个人劳动保护用品，并应定期体检。

### 5.5.10 不良地质和特殊岩土地段

（1）富水软弱破碎围岩隧道施工应符合下列规定：

1）施工过程应加强对隧道围岩和支护结构变形、地下水变化的监测，并应依据监测结论动态调整设计和施工参数。

2）应严格控制开挖循环进尺，初期支护应及时施作。

3）应遵循"防、排、堵、截"相结合的原则治水。

4）施工中出现浑水、突水突泥、顶钻、高压喷水、出水量突然增大、坍塌等突发性异常情况应立即停止施工、分析异常原因，并应妥善处理。

（2）岩溶地质隧道施工应符合下列规定：

1）应先开展地质调查，并根据综合地质预报对溶洞里程、影响范围、规模、类型、发育程度和填充物、储水及补给情况、岩层稳定程度以及与隧道的相对位置等做出预测分析，制定防范措施。

2）应遵循"因地制宜、综合治理"的原则施工。

3）隧道溶洞与地表水存在水力联系时，宜在旱季进行溶洞处理和隧道施工。

4）岩溶段爆破开挖应严格控制单段起爆药量和总装药量，控制爆破震动。

5）应备用足够数量的排水设备。

（3）含水沙层和风积沙隧道施工应符合下列规定：

1）含水沙地段开挖应遵循"先治水、后开挖"的原则，风积沙地段开挖应遵循"先加固、后开挖"的原则；循环进尺应严格控制，并应加强监控量测。

2）开挖完成后应及时支护、尽早衬砌、封闭成环。施工过程中应遇缝必堵，严防沙粒从支护缝隙中漏出。

（4）黄土隧道施工应符合下列规定：

1）施工前应验证黄土的年代、成因、含水率、强度、压缩性、孔隙率、抗水性等情况，掌握详细的地质信息。

2）进洞前，洞口的防排水系统应施作完毕。应采取回填夯实、填土反压、改变地表水径流等方法处理地表和浅埋段的冲沟、陷穴、裂缝。

3）宜在旱季开挖洞口，雨期施工应采取控制措施。

4）含水率较大的地层应及时排水，不得浸泡墙脚、拱脚。

5）施工中应密切观察垂直节理。

6）施工中应密切监测拱脚下沉情况。

（5）膨胀岩土地质隧道施工应符合下列规定：

1）施工前应查明膨胀岩土岩性、规模、各向异性程度、吸水性、围岩强度比、水文地质、膨胀机理等情况，选择合适的施工方法和预控措施。

2）除常规监测项目外，还应加强监测围岩净空位移、围岩压力，并应根据监测结果及时调整预留变形量和支护参数。

3）应控制开挖循环进尺，逐次开挖断面各分部，分部开挖不得超前独进。

4）隧道开挖断面轮廓应圆顺。

5）隧道开挖后应尽快初喷混凝土封闭岩面，并应控制施工用水，加强施工用水管理，岩面不得受水浸泡。

（6）岩爆地质隧道施工应符合下列规定：

1）施工中应加强围岩特性、岩爆强度等级、水文地质情况等的预报、预测和分析。

2）宜在围岩内部应力释放后采用短进尺开挖，每循环进尺宜为1.0～2.0m，光面爆破的开挖面周壁宜圆顺。

3）拱部及边墙应布设预防岩爆锚杆，施工机械重要部位应加装防护钢板。

4）每循环内对暴露的岩面应加大监测及找顶频次。

5）施工过程中应密切观察岩面剥落、监听岩体内部声响情况，出现岩爆迹象，作业人员应及时撤离。

（7）软岩大变形地质隧道施工应符合下列规定：

1）施工过程中应加强围岩岩性、地应力、水文地质、地质构造、变形机理分析，确定可能产生的变形程度与危害。

2）施工过程中应监测拱顶下沉、周边位移、底鼓、围岩内部位移、支护结构变形等情况，并应依据监测结果及时调整支护参数和预留变形量。发现变形异常应及时处理。

3）应严格控制循环进尺，仰拱、二衬应及时施作、封闭成环。

（8）含瓦斯隧道施工应符合下列规定：

1）施工前应编制专项施工方案、超前地质预报方案、通风设计方案、瓦斯监测方案、应急预案、作业要点手册等。

2）应建立专门机构，并设专人做好瓦斯检测、记录和报告工作，瓦斯监测员应按照相关规定经专门机构培训，并应取得相应的从业资格。

3）各作业面应配备瓦检仪，高瓦斯工点和瓦斯突出地段应配置高浓度瓦检仪和自动检测报警断电装置，瓦斯隧道人员聚集处应设置瓦斯自动报警仪。

4）瓦斯检测应至少选择瓦斯压力法、综合指标法、钻屑指标法、钻孔瓦斯涌出初速度法、"R值指标法"中的两种方法，并需相互验证。

5）瓦斯含量低于 0.5% 时，应每 0.5～1 h 检测一次；瓦斯含量高于 0.5% 时，应随时检测，发现问题立即报告。煤与瓦斯突出较大、变化异常时应加大检测频率。

6）进入隧道施工前，应检测开挖面及附近 20 m 范围内、断面变化处、导坑上部、衬砌与未衬砌交界处上部、衬砌台车内部、拱部塌穴等易积聚瓦斯部位、机电设备及开关附近 20 m 范围内、岩石裂隙、溶洞、采空区、通风不良地段等部位的瓦斯浓度。隧道内瓦斯浓度限值及超限处理措施应符合表 5-16 的规定。

表 5-16　隧道内瓦斯浓度限值及超限处理措施

| 序号 | 地点 | 限值 | 超限处理措施 |
| --- | --- | --- | --- |
| 1 | 低瓦斯工区任意处 | 0.5% | 超限处 20 m 范围内立即停工，查明原因，加强通风、监测 |
| 2 | 局部瓦斯积聚（体积大于 0.5 m³） | 2.0% | 附近 20 m 停工，撤人，断电，进行处理，加强通风 |
| 3 | 开挖工作面风流中 | 1.0% | 停止电钻钻孔 |
| 4 | 煤层爆破后工作面风流 | 1.0% | 继续通风，人员不得进入 |
| 5 | 局部通风机及电器开关 20 m 范围内 | 0.5% | 停机并不得启动 |
| 6 | 钻孔排放瓦斯时回流中 | 1.5% | 撤人，停电，调整风量 |

续表

| 序号 | 地点 | 限值 | 超限处理措施 |
| --- | --- | --- | --- |
| 7 | 竣工后洞内任何处 | 0.5% | 查明渗漏点，向设计方反映，增加运营通风设备 |

7）通风设施应保持良好状态，并应配置一套备用通风装置，各工作面应独立通风。

8）风筒、风道、风门、风墙等设施应保持封闭，施工中应设专人维修和保养，不得频繁开启风门。

9）应配置两套电源供电，并应采用双电源线路，电源线不得分接隧道以外任何负荷。

10）应按规定设置灭火器、消防水池、消防沙等消防设施。

11）应采用湿式钻孔开挖，装药前、放炮前和放炮后，爆破工、班组长和瓦斯检测员应现场检查瓦斯浓度并参加爆破全过程。

12）爆破作业应使用煤矿许用炸药和煤矿许用瞬发电雷管或煤矿许用毫秒延期电雷管，并应使用防爆型发爆器起爆。

13）爆破母线应呈短路状态，并包覆绝缘层。

14）炮孔应使用炮泥填堵，填料应采用黏土或不燃性材料。

15）起爆网络应由工作面向起爆站依次连接。

16）揭煤地段施工宜采用微振动控制爆破掘进，并应根据煤层产状、厚度范围选定石门揭煤方法，爆破后应及时喷锚支护、封闭瓦斯，仰拱、二衬应及时施工，衬砌背后应及时压浆填充空隙。

17）铲装石渣前应浇湿石渣。

18）开挖完成后应及时喷锚支护、封闭围岩、堵塞岩面缝隙。

（9）瓦斯隧道严禁两个作业面之间串联通风。洞口 20 m 范围内严禁明火。严禁使用黑火药或冻结、半冻结的硝化甘油类炸药，同一工作面不得使用两种不同品种的炸药。

（10）高瓦斯工区和瓦斯突出工区电气设备与作业机械必须使用防爆型。

（11）冻土隧道施工应符合下列规定：

1）洞口段应根据季节温度的变化采取保温措施，换填、保温、防护排水等设施宜在春融前完成，季节性冻土段宜安排在非冻季节施工。施工前应查明冻土类别、含水率及分布规律、结构特征、厚度以及物理力学性质。

2）洞口应设置防寒保温门，洞口边、仰坡应"快开挖、快防护"。

3）开挖爆破后，应及时喷锚支护封闭围岩。

## 任务 5.6　交通安全设施

### 任务描述

交通工程施工通常紧跟在路面施工之后，与路面、防护、伸缩缝、房建、绿化等工程交叉作业。交通工程施工中存在一些不容忽视的安全问题，在施工中应加强安全管理。本任务主要讲述交通工程设施施工的一般规定、各类设施施工的安全要求等内容。

### 任务目标

1. 掌握交通安全设施的构成。
2. 掌握交通安全设施施工中常见的事故类型。
3. 掌握交通安全设施施工中主要事故隐患。
4. 掌握交通安全设施施工中安全技术要求。

### 任务工作页

| 课程名称 | 公路施工安全管理 | 任务名称 | 交通安全设施 | 班级 | | 姓名 | |
|---|---|---|---|---|---|---|---|
| | | | | 日期 | | 成绩 | |
| 一、任务布置<br>1.掌握交通安全设施的构成。<br>2.掌握交通安全设施施工中常见的事故类型。<br>3.掌握交通安全设施施工中主要事故隐患。<br>4.掌握交通安全设施施工中安全技术要求 ||||||||
| 二、任务实施<br>引导问题1：交通工程设施包括_____和_____。<br>引导问题2：交通安全设施施工中常见的事故类型有哪些？<br><br><br>引导问题3：交通安全设施施工中主要事故隐患有哪些？ ||||||||

## 评价反馈

### 学生自评

| 班级： | | 姓名： | | 学号： | |
|---|---|---|---|---|---|
| 任务5.6 | | 交通安全设施 | | | |
| 评价项目 | | 评价标准 | | 分值 | 得分 |
| 公路交通工程设施的组成 | | 掌握相关内容 | | 20 | |
| 交通工程设施施工常见事故类型 | | 掌握相关内容 | | 20 | |
| 交通安全设施施工主要技术要求 | | 掌握相关内容 | | 20 | |
| 工作态度 | | 态度端正，无无故缺勤、迟到、早退现象 | | 10 | |
| 工作质量 | | 能按时完成工作任务 | | 10 | |
| 职业素质 | | 认真严谨、实事求是，具有安全意识 | | 10 | |
| 创新意识 | | 能够通过任务拓展知识体系，乐于思考 | | 10 | |
| 合计 | | | | 100 | |

## 强化训练

试论述交通标志标线施工有哪些安全技术要求。

## 相关知识点

### 5.6.1 概述

**1. 公路交通工程设施组成**

按照公路行业现行技术标准，交通工程设施包括公路交通安全设施和机电工程两部分。

（1）公路交通安全设施。公路交通安全设施主要包括护栏、标志、标线、隔离栅、桥梁护网、防眩设施和轮廓标等。

（2）机电工程。机电工程主要是公路交通的监控设施、通信设施、收费设施、低压配电设施、照明设施和隧道机电设施等。

**2. 主要事故类型**

交通工程设施施工主要事故类型是高处坠落、物体打击、机械伤害、车辆伤害、触电等，施工安全问题主要有以下几个方面：

（1）高处作业。交通工程设施施工高处作业内容主要包括高边坡处路侧护栏打桩、路侧标志基础开挖浇筑、山上隔离栅基础施工、标志板安装、信号灯安装及隧道内设施安装。为防止高处坠落事故，需按照高处作业有关要求设置安全防护设施（安全带、安全网），操作人员穿防滑鞋。

（2）交通安全。主要安全隐患包括人货混装行驶、车辆设备状况差、无证驾驶、酒后驾驶、夜间雨天疲劳作业、对路况及施工环境不熟悉。针对交通安全问题，需加强入场安全教育，严格车辆使用运行管理，不冒险作业。

（3）机械设备和易燃、易爆物品安全问题。主要安全问题包括护栏打桩机倾覆或伤人、大型标志吊装时吊件伤人或吊车倾覆、汽车起重机或移动模架误触高压线、标线施工热熔釜操作及液化气使用、环氧树脂等化学用品使用、小型机械设备现场加油等。安全管理上需保证操作人员持证上岗或熟练操作，安全交底中注意强调危险品使用要求，不违章作业、违章指挥，为操作人员配备必要的防护用品。

（4）交叉作业。交通工程与其他工程存在交叉，特别是工期紧张的工程。因此需注意车辆设备按规定行驶停放、高边坡落石互相影响、标志基础和声屏障基础开挖后及时浇筑、隔离栅高处施工注意防落石。

（5）临时用电。标志、隔离栅、声屏障等基础浇筑及机电安装调试时需注意临时用电安全，必须严格按临时用电安全要求进行布线、施工。

### 5.6.2 一般规定

在交通工程设施施工过程中，应遵守如下规定：

（1）不中断交通施工作业应按现行《道路交通标志和标线》（GB 5768）和《公路养护安全作业规程》（JTG H30—2015）设置作业控制区。

（2）在通车道路上施工或夜间作业时，应采取限速、导流及渠化等措施，交通指挥人员和上路作业人员应按规定穿着安全反光标志服或反光背心。

（3）机电工程、收费站、服务区、园林绿化等施工应符合相关行业标准的要求。

### 5.6.3 交通安全设施

#### 1. 护栏施工

（1）运货车辆未停稳，不得装、卸货物，立柱堆放应采取防止滚落的措施。

（2）打、压立柱的桩机应安设牢固、平稳。桩机移动时应注意避让地面沟槽、地上架空线路等障碍物。

（3）缆索放线架和线盘应放置稳固，放线架应配有制动设施。

（4）缆索架设作业时，张拉人员应站在张紧器与钢丝绳连接处的侧后方，张拉时紧邻张拉跨中间立柱两侧不得站人。

（5）缆索调整完毕，应拧紧各中间立柱、中间端部立柱托架上的索夹螺栓。

（6）波形梁板安装后应及时固定。

（7）高边坡、陡崖、沿溪线的现浇混凝土护栏施工，作业人员应采取防坠落的措施。

（8）安装桥梁金属护栏时，作业人员和未完全固定的构件应采取预防坠落的措施。

### 2. 交通标志施工

（1）基坑位于现场通道或居民区附近时，应沿边缘设立防护栏杆或围挡，夜间应加设红色警示灯。

（2）标志安装应符合下列规定：

1）标志支撑结构的安装应在基础混凝土强度达到设计要求后进行。

2）起重作业应符合《公路工程施工安全技术规范》（JTG F90—2015）第5.6节"起重吊装"的有关规定。

3）安装门架标志时，标志垂直下方禁止站人，作业人员不得站在门架横梁上作业。

4）高处作业宜使用液压升降机和车载式高空平台作业车。

5）作业人员应戴安全帽，高处作业应系安全带；高处作业所用料具应放置稳妥，禁止抛掷。

6）在电力线附近吊装时，起重机必须接地良好，与电力线最小安全距离要满足电力行业有关规定。

### 3. 交通标线施工

（1）运输、存放标线涂料、溶剂应采取防火措施，周围严禁放置易燃品。

（2）热熔作业时，作业人员应穿着防护服，佩戴护目眼镜、防护手套和防有机气体口罩。

（3）热熔釜熔料时最大投料量不得超过缸体的4/5，热熔釜和漆料保温桶上方不得出现明火。

（4）喷涂水性涂料应采取防涂料飞溅的措施。

### 4. 隔离栅和桥梁护网施工

（1）隔离栅施工应符合下列规定：

1）隔离栅安装作业人员应佩戴防穿刺手套。

2）混凝土立柱和基础预制块件存放高度不得超过1.5 m，且应码放整齐，不得滚落卸载。

(2)桥梁护网安装时,作业人员和未完全固定的构件应采取预防坠落的措施。

(3)应根据相关规范及设计文件规定,对桥梁护网做防雷接地处理。

### 5. 防眩设施施工

(1)运输、存放塑料防眩板应采取防火措施。

(2)桥梁上下行空隙处安装防眩板应采取防坠落措施。

## 任务 5.7　特殊季节与特殊环境施工

### 任务描述

公路水运工程施工项目多数属于点多线长、露天和连续作业,施工中不可避免地面临着冬期、雨期、夜间、高温等特殊季节和特殊环境的施工任务。因此,施工单位应当根据不同施工阶段和周围环境及季节、气候的变化,在施工现场采取相应的安全措施,以避免或减少与之有关的疾病、人员伤害和财产损失。

### 任务目标

1. 掌握冬期、雨期等特殊季节施工的主要安全技术要求。
2. 掌握夜间、高温等特殊环境施工的主要安全技术要求。

### 任务工作页

| 课程名称 | 公路施工安全管理 | 任务名称 | 特殊季节与特殊环境施工 | 班级 | | 姓名 | |
|---|---|---|---|---|---|---|---|
| | | | | 日期 | | 成绩 | |

一、任务布置
1. 掌握冬期施工的特殊注意事项。
2. 掌握雨期施工的主要安全要求。
3. 掌握高温环境施工的特殊注意事项

二、任务实施
引导问题1:冬期施工有哪些安全隐患?有哪些特殊的注意事项?

续表

| 引导问题2：氧气瓶或乙炔瓶冻结后，可否使用明火加热解冻？ |
| --- |
| 引导问题3：雨期施工是否应注意防滑、防雷、防坍塌？ |
| 引导问题4：夏季对施工的特殊影响因素有哪些？ |

## 评价反馈

### 学生自评

| 班级： | | 姓名： | 学号： | |
| --- | --- | --- | --- | --- |
| 任务5.7 | | | 特殊季节与特殊环境施工 | |
| 评价项目 | 评价标准 | | 分值 | 得分 |
| 冬期施工 | 掌握对应的安全措施 | | 20 | |
| 雨期施工 | 掌握对应的安全措施 | | 20 | |
| 高温环境施工 | 掌握对应的安全措施 | | 20 | |
| 工作态度 | 态度端正，无无故缺勤、迟到、早退现象 | | 10 | |
| 工作质量 | 能按时完成工作任务 | | 10 | |
| 职业素质 | 认真严谨、实事求是，具有安全意识 | | 10 | |
| 创新意识 | 能够通过任务拓展知识体系，乐于思考 | | 10 | |
| | 合计 | | 100 | |

## 相关知识点

### 5.7.1 一般规定

（1）应根据施工所在地季节性变化规律、施工环境，结合施工特点，制定特殊季节、特殊环境防范措施，编制应急预案，并应储备应急物资、定期演练。

（2）应及时收集当地气象、水文等信息，并根据情况及时采取防范措施。

### 5.7.2 特殊季节施工

#### 1. 冬期施工

（1）冬期来临前，应检修、保养使用的船机、设备、机具及防护、消防、救生设施，并应采取防冻措施。

（2）冬期施工现场的道路、工作平台、斜坡道、脚手板、船舶甲板等均应采取防滑措施，及时清除冰雪。冬期施工现场应配备消防设施。

（3）办公、生活区严禁使用电炉、碘钨灯等取暖，煤炭炉取暖必须采取防火、防一氧化碳中毒的措施。

（4）雪天或滑道、电缆结冰的现场外用电梯应停用，梯笼应置于底层。

（5）冬期进行高处作业应采取可靠的防滑、防寒和防冻措施，并应及时清除水、冰、霜、雪。

（6）严禁明火烘烤或开水加热冻结的储气罐、氧气瓶、乙炔瓶、阀门、胶管。

（7）封冻河流上施工应制订专项施工方案，机械设备冰上作业应经论证。

（8）内河凌汛期，水上在建的建（构）筑物和工程船舶等应采取防撞措施，现场上游应布设破冰防线。

#### 2. 雨期施工

（1）雨期来临前，应检查、修复或完善现场避雷装置、接地装置、排水设施，围堰、堤坝等应采取加固和防坍塌措施，易冲刷部位应采取防冲或导流措施。

（2）现场的脚手架、跳板、桥梁、墩台等作业面应采取防滑措施。

（3）大风、大雨后，应检查支架、脚手架、起重设备、临时用电工程、临时房屋等设施的基础。

（4）雷雨时，不得从事露天作业。

#### 3. 台风季节施工

（1）在建工程、施工机械设备、临时设施、生活和办公用房应做防风加固，排水沟渠应通畅。

（2）应落实船舶避风锚地、拖轮和人员的转移地点。

#### 4. 汛期施工

（1）易发生洪水、泥石流、滑坡等灾害的施工现场应加强观测、预警，发现危险预兆应及时撤离作业人员和施工机械设备。

（2）库区及下游受排洪影响地区施工作业应及时掌握水位变化情况。

### 5.7.3 特殊环境施工

#### 1. 夜间施工

（1）夜间施工时，作业场所或工程船舶应设置照明设备，照度应满足施工要求。光束不得直接照射工程船舶、机械的操作和指挥人员。

（2）夜间施工时，作业现场的预留孔洞、上下道口及沟槽等危险部位应设置夜间警示标识和警示灯。

#### 2. 高温施工

（1）作业时间应避开高温时段。

（2）必须在高温条件下的施工作业应采取防暑降温措施。

（3）施工现场的易燃、易爆物品应采取防晒措施。

#### 3. 能见度不良施工

（1）能见度不良的施工现场不宜施工作业。

（2）能见度不良时水上作业场地应按规定启用声响警示设备和红光信号灯。

（3）船舶雾航必须按《国际海上避碰规则》和《中华人民共和国内河避碰规则》的有关规定执行。停航通告发布后，必须停止航行。

（4）航行中突遇浓雾应立即减速、测定船位，继续航行应符合《公路工程施工安全技术规范》（JTG F90—2015）第 12.8.3 条的规定。

#### 4. 沙漠地区施工

（1）风沙地区的临时生产、生活设施应满足防风、防沙要求，驻地附近应设置高于 15 m 的红色信号旗和信号灯。

（2）通行车辆技术性能应满足沙漠运行要求，司操人员应接受相应的培训。

（3）外出作业每组不得少于 3 人，并应配备通信设备。

（4）大风来临前，机械设备应按迎风面最小正对风向放置，高耸机械应采取固定、防风措施。

#### 5. 高海拔地区施工

高海拔地区地理特殊，自然环境恶劣，气候条件差，对机体功能影响很大，如不注意防范，可能会造成机体组织器官的损伤，导致急慢性高原病的发生。高原环境性低氧、强紫外线辐射、干燥是对人体有害的主要因素。

（1）海拔3 000 m以上地区施工作业应严格执行高海拔地区有关规定，制定相应的规章制度，并应采取有效的保障措施。

（2）应设立医疗机构和氧疗室，现场应配备供氧器。

（3）生活区、料库（场）、设备存放场应避开热融可能滑坍的冰锥、冻胀丘、高含冰量的冻土和湖塘等不良地段。

（4）高海拔地区施工驻地周边沼泽地带应设置警示标识。

（5）高海拔地区工作的人员应严格体检，不适合人员不得从事高海拔地区作业。呼吸、循环、神经、血液、消化系统等相应的生理功能不良或罹患疾病者，不宜到高原从事作业。避免患有心肺疾病、脊柱畸形、影响胸廓活动神经肌肉疾病和过于肥胖者进驻高原从事作业。

（6）有以下情况者应暂缓进驻高原作业：

1）患过呼吸道及肺部感染未治愈者；

2）阵发性心动过速，安静时心率仍在90次/分以上者；

3）情绪低落、高度紧张、恐惧心理未得很好调整者。

（7）尽可能防止较重的体力劳动，一些不可避免的、必需的体力劳动，间歇休息时间要长、次数要多，决不可硬拼。在初到高原数日内不宜从事中等劳动强度以上的作业，如挖运土方、开山运石等。

（8）合理安排施工和作息时间。

1）在高原施工作业时，应采用持续操作与短休息交替的办法，负荷重的体力劳动要增加休息次数，以免由于超负荷劳动发生不测。

2）除日常工作，严格限制大运动量活动，除特殊需要，不延长日作业时间，以节省体力，减轻体力消耗，保证施工效率。

3）作业时，体力负荷以自身体重1/4为宜，最大负重不应超过自身体重的1/3，持重的方式以肩、背、腰为宜，注意左右两侧负荷均衡平稳。

4）海拔4 000 m及以上地区野外作业每天不宜超过6 h，隧道内作业每天不宜超过4 h。

（9）定期身体检查和轮岗休假。轮岗是在高原从事体力劳动一段时间后，轮换到平原地区或较低海拔地区作业。每年在高原从事体力劳动期限控制在8个月之内，最长不超过1年就应轮换加以休整。

# 项目 6

## 生产安全事故应急救援

### 项目描述

由于自然或技术的局限等原因,对于不可能完全避免的重大事故或灾害,建立重大事故应急救援体系,实施及时有效的应急救援行动,是公路工程施工中抵御重大事故风险、控制灾害蔓延、降低危害后果的重要手段。本项目主要讲解安全应急救援相关内容,包括应急救援体系、应急预案的编制和应急预案的演练等。

### 学习目标

【知识目标】

1. 掌握事故应急救援的基本任务、工作依据。
2. 掌握事故应急救援体系的基本构成、响应程序。
3. 掌握事故应急预案的编制程序。
4. 掌握事故应急预案体系的构成和各部分的内容。
5. 掌握事故应急预案演练的相关要求。

【技能目标】

1. 会编制事故应急救援预案。
2. 能够辅助组织事故应急预案的演练。

【素质目标】

1. 树立安全意识,培养良好的职业道德。
2. 树立法律意识,在工作中做到知法、懂法、守法。
3. 树立实事求是、刚正不阿、认真严谨的工作作风。
4. 培养系统思维、科学精神。

# 任务 6.1　生产安全事故应急救援体系

## 任务描述

公路工程施工过程中存在着巨大能量和危险的有害物质，一旦发生重大事故，可能会造成惨重的人员伤亡、财产损失和环境破坏。企业建立应急救援体系，能够规范企业的生产安全事故应急救援行为，从容有效地应对重大生产安全事故，最大限度地减少事故中的人员伤亡、财产损失、环境损害和社会影响。本任务主要讲解事故应急救援体系的相关内容，包括事故应急救援的基本任务、相关法律法规、应急管理过程、应急救援体系的建立等。

## 任务目标

1. 掌握事故应急救援的基本任务。
2. 掌握事故应急救援的法律依据。
3. 掌握事故应急救援体系的基本知识。

## 任务工作页

| 课程名称 | 公路施工安全管理 | 任务名称 | 生产安全事故应急救援体系 | 班级 | | 姓名 | |
|---|---|---|---|---|---|---|---|
| | | | | 日期 | | 成绩 | |

| 一、任务布置 |
|---|
| 1.掌握事故应急救援的基本任务。<br>2.掌握事故应急救援的法律依据。<br>3.掌握事故应急救援体系的基本知识。 |
| 二、任务实施<br>引导问题1：简述事故应急救援的基本任务包括哪些内容。<br><br><br><br>引导问题2：生产安全事故应急管理的过程包括_____、_____、_____和_____。<br>引导问题3：《中华人民共和国突发事件应对法》将国家突发公共事件分为四类，分别是_____、_____、_____和_____。 |

续表

> 引导问题4：事故应急救援体系响应程序按过程可分为_____、_____、_____、_____和_____。
> 
> 引导问题5：事故应急响应级别可分为_____级，分别是_____、_____、_____。

## 评价反馈

**学生自评**

| 班级： | 姓名： | | 学号： | |
|---|---|---|---|---|
| 任务6.1 | 生产安全事故应急救援体系 | | | |
| 评价项目 | 评价标准 | | 分值 | 得分 |
| 事故应急救援基本任务 | 掌握事故应急救援基本任务的相关内容 | | 20 | |
| 事故应急救援法律、法规 | 掌握事故应急救援法律、法规的相关内容 | | 20 | |
| 事故应急救援体系 | 掌握事故应急救援体系的相关内容 | | 20 | |
| 工作态度 | 态度端正，无无故缺勤、迟到、早退现象 | | 10 | |
| 工作质量 | 能按时完成工作任务 | | 10 | |
| 职业素质 | 认真严谨、实事求是，具有安全意识 | | 10 | |
| 创新意识 | 能够通过任务拓展知识体系，乐于思考 | | 10 | |
| 合计 | | | 100 | |

## 强化训练

1. 试论述生产安全事故发生后，事故发生单位应采取哪些行动和措施。
2. 请检索相关资料，阐述我国国家突发公共事件专项应急预案有哪些。

## 相关知识点

### 6.1.1 事故应急救援的基本任务

事故应急救援的总目标是通过有效的应急救援行动，尽可能地降低事故的后果，包括人员伤亡、财产损失和环境破坏等。事故应急救援的基本任务包括以下几项。

（1）立即组织营救受害人员，组织撤离或者采取其他措施保护危害区域内的其他人员。抢救受害人员是应急救援的首要任务。在应急救援行动中，快速、有序、有效地实施现场急救与安全转送伤员，是降低事故伤亡率、减少事故损失的关键。由于重大事故往往发生突然、扩散迅速、涉及范围广、危害大，应及时指导和组织群众采取各种措施进行自身防护，必要时迅速撤离危险区或可能受到危害的区域。在撤离过程中，应积极组织群众开展自救和互救工作。

（2）迅速控制危险源，并对事故造成的危害进行监测，测定事故的危害区域、危害性质及危害程度。及时控制住造成事故的危险源是应急救援工作的重要任务。只有及时地控制住危险源，防止事故的继续扩展，才能有效地进行救援。特别是对发生在城市或人口稠密地区的化学事故，应尽快组织事故救援专业队伍、相关专家及事故单位技术人员一起及时控制事故继续扩展。

（3）尽快消除危害后果，做好现场恢复。针对事故对人体、动植物、土壤、空气等造成的现实危害和可能的危害，迅速采取封闭、隔离、洗消、监测等措施，防止对人的继续危害和对环境的污染。及时清理废墟和恢复基本设施，将事故现场恢复至相对稳定的状态。

（4）查清事故原因，评估危害程度。事故发生后应及时调查事故的发生原因和事故性质，评估出事故的危害范围和危险程度，查明人员伤亡情况，做好事故原因调查，并总结救援工作中的经验和教训。

### 6.1.2 事故应急救援的相关法律法规要求

《安全生产法》《突发事件应对法》《职业病防治法》《消防法》《危险化学品安全管理条例》《国务院关于特大安全事故行政责任追究的规定》《特种设备安全监察条例》《生产安全事故应急条例》等法律、法规，对编制生产安全事故应急救援预案以及对危险化学品、特大安全事故、重大危险源等的应急救援工作提出了相应的规定和要求。

《安全生产法》第二十一条规定："生产经营单位的主要负责人具有组织制定并实施本单位的生产安全事故应急救援预案的职责。"第四十条规定："生产经营单位对重大危险源应当登记建档，进行定期检测、评估、监控，并制定应急预案，告知从业人员和相关人员在紧急情况下应当采取的应急措施。"第八十条规定："县级以上地方各级人民政府应当组织有关部门制定本行政区域内生产安全事故应急救援预案，建立应急救援体系。"第八十一条规定："生产经营单位应当制定本单位生产安全事故应急救援预案，与所在地县级以上地方人民政府组织制定的生产安全事故应急救援预案相衔接，并定期组织演练。"

2006年1月8日，国务院发布了《国家突发公共事件总体应急预案》，明确了各类突发公共事件分级分类和预案框架体系，规定了国务院应对特别重大突发公共事件的组织体系、工作机制等内容，是指导预防和处置各类突发公共事件的规范性文件。《国家突发公共事件总体应急预案》将突发公共事件分为自然灾害、事故灾难、公共卫生事件、社会安全事件四类，按照各类突发公共事件的性质、严重程度、可控性和影响范围等因素，将突发公共事件分为四级，即Ⅰ级（特别重大）、Ⅱ级（重大）、Ⅲ级（较大）和Ⅳ级（一般）。特别重大或者重大突发公共事件发生后，省级人民政府、国务院有关部门要在 4 h 内向国务院报告，同时通报有关地区和部门。

《国家突发公共事件总体应急预案》发布后，国务院又相继发布了《国家安全生产事故灾难应急预案》《国家处置铁路行车事故应急预案》《国家处置民用航空器飞行事故应急预案》《国家海上搜救应急预案》《国家处置城市地铁事故灾难应急预案》《国家处置电网大面积停电事件应急预案》《国家核应急预案》和《国家通信保障应急预案》等事故灾难突发事件专项应急预案。

《国家安全生产事故灾难应急预案》适用于特别重大安全生产事故灾难、超出省级人民政府处置能力或者跨省级行政区、跨多个领域（行业和部门）的安全生产事故灾难，以及需要国务院安全生产委员会处置的安全生产事故灾难等。

### 6.1.3 事故应急管理过程

尽管重大事故的发生具有突发性和偶然性，但重大事故的应急管理不只限于事故发生的应急救援行动。应急管理是对重大事故的全过程管理，贯穿于事故发生前、中、后的各个过程。应急管理是一个动态的过程，包括预防、准备、响应和恢复四个阶段，构成重大事故应急管理的循环过程。

（1）预防。在应急管理中预防有两层含义：一是事故的预防工作，即通过安全管理和安全技术等手段，尽可能地防止事故的发生，实现本质安全；二是在假定事故必然发生的前提下，通过预先采取的预防措施，达到降低或减缓事故的影响或后果的目的，如加大建筑物的安全距离、减少危险物品的存量、设置防护墙等。从长远看，低成本、高效率的预防措施是防止事故发生或减少事故损失的关键。

（2）准备。应急准备是应急管理过程中一个极其关键的过程。它是针对可能发生的事故，为迅速有效地开展应急行动而预先所做的各种准备，包括应急体系的建立、有关部门和人员职责的落实、预案的编制、应急队伍的建设、应急设备（施）与物资的准备和维护、预案的演练、与外部应急力量的衔接等，其目标是保持重大事故应急救援所需的应急能力。

（3）响应。应急响应是在事故发生后立即采取的应急行动，包括事故的报警与通报、人员的紧急疏散、急救与医疗、消防和工程抢险措施、信息收集与应急决策、外部求援等。其目标是尽可能地抢救受害人员，保护可能受威胁的人群，尽可能控制并消除事故。

（4）恢复。恢复工作应在事故发生后立即进行。首先应使事故影响区域恢复到相对安全的基本状态，然后逐步恢复到正常状态。要求立即进行的恢复工作包括事故损失评估、原因调查、清理废墟等。在短期恢复工作中，应注意避免出现新的紧急情况。长期恢复包括厂区重建和受影响区域的重新规划和发展。在长期恢复工作中，应汲取事故和应急救援的经验教训，开展进一步的预防工作和减灾行动。

### 6.1.4 事故应急救援体系的建立

#### 1. 事故应急救援体系的基本构成

由于潜在的重大事故风险多种多样，因此，相应每一类事故灾难的应急救援措施可能千差万别，但其基本应急模式是一致的。构建应急救援体系，应贯彻顶层设计和系统论的思想，以事件为中心，以功能为基础，分析和明确应急救援工作的各项需求，在应急能力评估和应急资源统筹安排的基础上，科学地建立规范化、标准化的应急救援体系，保障各级应急救援体系的统一和协调。

一个完整的应急救援体系应由组织体制、运作机制、法制基础和应急保障系统四部分构成，如图6-1所示。

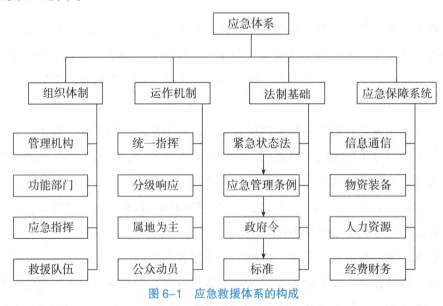

图6-1 应急救援体系的构成

（1）组织体制。应急救援体系组织体制建设中的管理机构是指维持应急日常管理的负责部门；功能部门包括与应急活动有关的各类组织机构，如消防机构、医疗机构等；应急指挥是在应急预案启动后,负责应急救援活动场外与场内指挥系统;而救援队伍由专业和志愿人员组成。

(2)运作机制。应急救援活动一般划分为应急准备、初级响应、扩大应急和应急恢复四个阶段,运作机制与这四个阶段的应急活动密切相关。运作机制主要由统一指挥、分级响应、属地为主和公众动员四个基本机制组成。

1)统一指挥是应急活动的最基本原则。应急指挥一般可分为集中指挥与现场指挥,或场外指挥与场内指挥等。无论采用哪一种指挥系统,都必须实行统一指挥的模式,无论应急救援活动涉及单位的行政级别高低还是隶属关系不同,都必须在应急指挥部的统一组织协调下行动,有令则行,有禁则止,统一号令,步调一致。

2)分级响应是指在初级响应到扩大应急的过程中实行的分级响应的机制。扩大或提高应急级别的主要依据是事故灾难的危害程度、影响范围和控制事态能力。影响范围和控制事态能力是"升级"的最基本条件。扩大应急救援主要是提高指挥级别、扩大应急范围等。

3)属地为主强调"第一反应"的思想和以现场应急、现场指挥为主的原则。

4)公众动员机制是应急机制的基础,也是整个应急体系的基础。

(3)法制基础。法制建设是应急体系的基础和保障,也是开展各项应急活动的依据。

(4)应急保障系统。信息通信要保证所有预警、报警、警报、报告、指挥等活动的信息交流快速、顺畅、准确,以及信息资源共享;物资装备不仅要保证有足够的资源,而且要实现快速、及时供应到位;人力资源包括专业队伍的加强、志愿人员以及其他有关人员的培训教育;经费财务应建立专项应急科目,如应急基金等,以保障应急管理运行和应急反应中各项活动的支出。其中,列于应急保障系统第一位的是信息通信,构筑集中管理的信息通信平台是应急体系最重要的基础建设。

### 2. 事故应急救援体系响应机制

重大事故应急救援体系应根据事故的性质、严重程度、事态发展趋势和控制能力实行分级响应机制,对不同的响应级别,相应地明确事故的通报范围、应急中心的启动程度、应急力量的出动、设备和物资的调集规模、疏散的范围、应急总指挥的职位等。典型的响应级别通常可分为三级。

(1)一级紧急情况:必须利用所有有关部门及一切资源的紧急情况,或者需要各个部门同外部机构联合处理的各种紧急情况,通常要宣布进入紧急状态。

(2)二级紧急情况:需要两个或更多部门响应的紧急情况。该事故的救援需要有关部门的协作,并且提供人员、设备或其他资源。该级响应需要成立现场指挥部来统一指挥现场的应急救援行动。

（3）三级紧急情况：能被一个部门正常可利用的资源处理的紧急情况。

### 3. 事故应急救援体系响应程序

事故应急救援系统的应急响应程序按过程可分为接警与响应级别确定、应急启动、救援行动、应急恢复和应急结束等过程。

（1）接警与响应级别确定。接到事故报警后，按照工作程序，对警情做出判断，初步确定相应的响应级别。如果事故不足以启动应急救援体系的最低响应级别，响应关闭。

（2）应急启动。应急响应级别确定后，按所确定的响应级别启动应急程序，如通知应急中心有关人员到位、开通信息与通信网络、通知调配救援所需的应急资源（包括应急队伍、应急物资、应急装备等）、成立现场指挥部等。

（3）救援行动。有关应急队伍进入事故现场后，迅速开展事故侦测、警戒、疏散、人员救助、工程抢险等有关应急救援工作，专家组为救援决策提供建议和技术支持。当事态超出响应级别无法得到有效控制时，向应急中心请求实施更高级别的应急响应。

（4）应急恢复。救援行动结束后，进入临时应急恢复阶段。该阶段主要包括现场清理、人员清点和撤离、警戒解除、善后处理和事故调查等。

（5）应急结束。执行应急关闭程序，由事故总指挥宣布应急结束。

## 任务 6.2　生产安全事故应急救援预案

### 任务描述

事故应急救援预案（简称事故应急预案）是针对可能发生的重大事故及其影响和后果的严重程度，为应急准备和应急响应的各个方面所预先做出的详细安排，是开展及时、有序和有效的事故应急救援工作的行动指南，在应急救援体系中起着关键作用。本任务主要讲解事故应急救援预案的编制和演练。

### 任务目标

1. 掌握事故应急预案的编制依据和程序。
2. 掌握事故应急预案体系及主要内容。
3. 掌握事故应急预案的演练要求。

## 任务工作页

| 课程名称 | 公路施工安全管理 | 任务名称 | 生产安全事故应急救援预案 | 班级 | | 姓名 | |
|---|---|---|---|---|---|---|---|
| | | | | 日期 | | 成绩 | |

一、任务布置
1.了解编制事故应急预案时应考虑的因素。
2.掌握事故应急预案体系类型和主要内容。
3.掌握对事故应急预案的演练要求

二、任务实施
引导问题1：生产经营单位应急预案可分为 ＿＿＿＿＿、＿＿＿＿＿和＿＿＿＿＿。
引导问题2：事故应急预案的演练形式可分为＿＿＿＿＿、＿＿＿＿＿和＿＿＿＿＿。
引导问题3：综合应急预案的内容主要有哪些？

## 评价反馈

### 学生自评

| 班级： | | 姓名： | | 学号： | |
|---|---|---|---|---|---|
| 任务6.2 | | 生产安全事故应急救援预案 | | | |
| 评价项目 | | 评价标准 | | 分值 | 得分 |
| 应急预案编制依据和程序 | | 掌握应急预案编制依据和程序的相关内容 | | 20 | |
| 应急预案的内容 | | 掌握应急预案的相关内容 | | 20 | |
| 应急预案的演练 | | 掌握应急预案演练的相关内容 | | 20 | |
| 工作态度 | | 态度端正，无无故缺勤、迟到、早退现象 | | 10 | |
| 工作质量 | | 能按时完成工作任务 | | 10 | |
| 职业素质 | | 认真严谨、实事求是，具有安全意识 | | 10 | |
| 创新意识 | | 能够通过任务拓展知识体系，乐于思考 | | 10 | |
| 合计 | | | | 100 | |

### 强化训练

依据《突发事件应对法》，我国的应急预案的分类有哪些？

### 相关知识点

#### 6.2.1 事故应急预案的编制依据

为确保编制的应急预案重点突出，能够充分反映主要的重大事故风险，并避免预案相互孤立、交叉和矛盾，将所有影响事故发生的因素考虑周全是至关重要的。策划编制重大事故应急预案时应充分考虑下列因素。

（1）适用的法律法规、部门规章、地方性法规和政府规章、技术标准及规范性文件。

（2）企业周边地质、地形、环境情况及气象、水文、交通资料。

（3）企业现场功能区划分、建（构）筑物平面布置及安全距离资料。

（4）企业工艺流程、工艺参数、作业条件、设备装置及风险评估资料。

（5）本企业历史事故与隐患、国内外同行业事故资料。

（6）属地政府及周边企业、单位应急预案。

#### 6.2.2 事故应急预案的编制程序

生产经营单位应当根据本单位建设工程的施工特点、范围，针对施工现场易发生重大事故的部位、环节进行监控，制定符合本单位实际的安全生产事故应急救援预案。生产经营单位应急预案编制程序包括成立应急预案编制工作组、资料收集、风险源辨识与风险评估、应急能力评估、应急预案编制、桌面推演、应急预案评审和批准实施8个步骤。

1. 成立应急预案编制工作组

生产经营单位结合本单位职能和分工，成立以单位有关负责人为组长，单位相关部门人员（如生产、技术、设备、安全、行政、人事、财务人员）参加的应急预案编制工作组，明确工作职责和任务分工，制订工作计划，组织开展应急预案编制工作。预案编制工作组中应邀请相关救援队伍及周边相关企业、单位或社区代表参加。

2. 资料收集

应急预案编制工作组可参考本书6.2.1节中策划编制应急预案应考虑的因素，收集与预案编制工作相关的法律法规、技术标准、国内外同行业事故等资料，以及本单位及周边区域已有应急资源等有关资料信息。

### 3. 风险源辨识与风险评估

核心内容是对可能发生的重大事故风险进行充分的辨识评估。开展生产安全事故风险评估，撰写评估报告［编制大纲参见《生产经营单位生产安全事故应急预案编制导则》（GB/T 29639—2020）附录 A］，其内容包括但不限于：

生产经营单位生产安全事故应急预案编制导则
GBT-29639-2020

（1）辨识生产经营单位存在的危险有害因素，确定可能发生的生产安全事故类别。

（2）分析各种事故类别发生的可能性、危害后果和影响范围。

（3）评估确定相应事故类别的风险等级。

### 4. 应急能力评估

全面调查和客观分析本单位以及周边单位和政府部门可请求援助的应急资源状况，开展应急能力评估，撰写应急资源调查报告［编制大纲参见《生产经营单位生产安全事故应急预案编制导则》（GB/T 29639—2020）附录 B］，其内容包括但不限于：

（1）本单位可调用的应急队伍、装备、物资、场所。

（2）针对生产过程及存在的风险可采取的监测、监控、报警手段。

（3）上级单位、当地政府及周边企业可提供的应急资源。

（4）可协调使用的医疗、消防、专业抢险救援机构及其他社会化应急救援力量。

### 5. 应急预案编制

依据生产经营单位风险评估及应急能力评估结果，确定本单位应急预案体系框架，并依据分工组织编制。应急预案编制应当遵循以人为本、依法依规、符合实际、注重实效的原则，以应急处置为核心，体现自救互救和先期处置的特点，做到职责明确、程序规范、措施科学，尽可能简明化、图表化、流程化。应急预案编制格式和要求参见《生产经营单位生产安全事故应急预案编制导则》（GB/T 29639—2020）附录 C。

应急预案编制工作包括但不限于：

（1）依据事故风险评估及应急资源调查结果，结合本单位组织管理体系、生产规模及处置特点，合理确立本单位应急预案体系。

（2）结合组织管理体系及部门业务职能划分，科学设定本单位应急组织机构及职责分工；依据事故可能的危害程度和区域范围，结合应急处置权限及能力，清晰界定本单位的响应分级标准，制定相应层级的应急处置措施。

（3）按照有关规定和要求，确定事故信息报告、响应分级与启动、指挥权移交、警戒疏散方面的内容，落实与相关部门和单位应急预案的衔接。

### 6. 桌面推演

按照应急预案明确的职责分工和应急响应程序，结合有关经验教训，相关部门及其人员可采取桌面演练的形式，模拟生产安全事故应对过程，逐步分析讨论并形成记录，检验应急预案的可行性，并进一步完善应急预案。

### 7. 应急预案评审

（1）评审形式。应急预案编制完成后，生产经营单位应按法律、法规有关规定组织评审或论证。参加应急预案评审的人员可包括有关安全生产及应急管理方面的、有现场处置经验的专家。应急预案论证可通过推演的方式开展。

（2）评审内容。应急预案评审内容主要包括风险评估和应急资源调查的全面性、应急预案体系设计的针对性、应急组织体系的合理性、应急响应程序和措施的科学性、应急保障措施的可行性、应急预案的衔接性。

（3）评审程序。应急预案评审程序包括下列步骤：

1）评审准备。成立应急预案评审工作组，落实参加评审的专家，将应急预案、编制说明、风险评估、应急资源调查报告及其他有关资料在评审前送达参加评审的单位或人员。

2）组织评审。评审采取会议审查形式，企业主要负责人参加会议，会议由参加评审的专家共同推选出的组长主持，按照议程组织评审；表决时，应有不少于出席会议专家人数的 2/3 同意方为通过；评审会议应形成评审意见（经评审组组长签字），附参加评审会议的专家签字表。表决的投票情况应以书面材料记录在案，并作为评审意见的附件。

3）修改完善。生产经营单位应认真分析研究，按照评审意见对应急预案进行修订和完善。评审表决不通过的，生产经营单位应修改完善后按评审程序重新组织专家评审，生产经营单位应写出根据专家评审意见的修改情况说明，并经专家组组长签字确认。

### 8. 批准实施

通过评审的应急预案，由生产经营单位主要负责人签发实施，并进行备案管理。

预案经发布后，应组织落实预案中的各项工作，如开展应急预案宣传、教育和培训，落实应急资源并定期检查，依法组织开展应急演练和训练，建立电子化的应急预案，对应急预案实施动态管理与更新，并不断完善。

## 6.2.3 事故应急预案的体系

生产经营单位应急预案分为综合应急预案、专项应急预案和现场处置方案，其相互关系如图 6-2 所示。生产经营单位应根据有关法律、法

生产安全事故应急预案管理办法

规和相关标准,结合本单位组织管理体系、生产规模和可能发生的事故特点,科学、合理地确立本单位的应急预案体系,并注意与其他类别应急预案相衔接。另外,生产经营单位事故应急预案体系中还应包括应急处置卡。

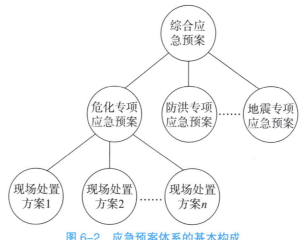

图 6-2　应急预案体系的基本构成

### 1. 综合应急预案

综合应急预案是生产经营单位为应对各种生产安全事故而制订的综合性工作方案,是本单位应对生产安全事故的总体工作程序、措施和应急预案体系的总纲。主要从总体上阐述事故的应急工作原则,包括生产经营单位的应急组织、机构及职责、应急预案体系、事故风险描述、预警及信息报告、应急响应、保障措施、应急预案管理等内容。

### 2. 专项应急预案

专项应急预案是生产经营单位为应对某一种或者多种类型生产安全事故,或者针对重要生产设施、重大危险源、重大活动防止生产安全事故而制订的专项性工作方案。专项应急预案主要包括事故风险分析、应急指挥机构及职责、处置程序、处置措施等内容。

### 3. 现场处置方案

现场处置方案是生产经营单位根据不同生产安全事故类型,针对具体场所、装置或者设施所制定的应急处置措施。现场处置方案重点规范事故风险描述、应急工作职责、应急处置措施和注意事项,应体现自救互救、信息报告和先期处置的特点。事故风险单一、危险性小的生产经营单位可只编制现场处置方案。

通过综合应急预案可以很清晰地了解应急的组织体系、运行机制及预案的文件体系;专项应急预案充分考虑了某种特定危险的特点,对应急的形式、组织机构、应急活动等进行更具体的阐述,具有较强的针对性;现场处置方案一般由生产经营单位依据本单位风险评估结果、岗位操作规程以及危险性控制措施，组织本单位现场作业人员及安全管理等专业人员共同编制，具有更强的针对性和对现场具体应急救援活动的指导性。

生产经营单位在编制应急预案的基础上，针对工作场所、岗位的特点，编制简明、实用、有效的应急处置卡。应急处置卡应当规定重点岗位、人员的应急处置程序和措施，以及相关联络人员和联系方式，便于从业人员携带。

### 6.2.4 事故应急预案的内容

综合应急预案、专项应急预案和现场处置方案的基本内容详见表6-1～表6-3。

表6-1 综合应急预案的基本内容

| 一级标题 | 二级标题 | 主要内容 |
| --- | --- | --- |
| 1.总则 | 1.1 适用范围 | 说明应急预案适用的范围 |
| | 1.2 响应分级 | 依据事故危害程度、影响范围和生产经营单位控制事态的能力，对事故应急响应进行分级，明确分级响应的基本原则。响应分级不必照搬事故分级 |
| 2.应急组织机构及职责 | | 明确应急组织形式（可用图示）及构成单位（部门）的应急处置职责。<br>应急组织机构可设置相应的工作小组，各小组具体构成、职责分工及行动任务以工作方案的形式作为附件 |
| 3.应急响应 | 3.1 信息报告 | （1）信息接报：明确应急值守电话、事故信息接收、内部通报程序、方式和责任人，向上级主管部门、上级单位报告事故信息的流程、内容、时限和责任人，以及向本单位以外的有关部门或单位通报事故信息的方法、程序和责任人。<br>（2）信息处置与研判：明确响应启动的程序和方式。根据事故性质、严重程度、影响范围和可控性，结合响应分级明确的条件，可由应急领导小组做出响应启动的决策并宣布，或者依据事故信息是否达到响应启动的条件自动启动；若未达到响应启动条件，应急领导小组可做出预警启动的决策，做好响应准备，实时跟踪事态发展；响应启动后，应注意跟踪事态发展，科学分析处置需求，及时调整响应级别，避免响应不足或过度响应 |
| | 3.2 预警 | （1）预警启动：明确预警信息发布渠道、方式和内容。<br>（2）响应准备：明确做出预警启动后应开展的响应准备工作，包括队伍、物资、装备、后勤及通信。<br>（3）预警解除：明确预警解除的基本条件、要求及责任人 |

续表

| 一级标题 | 二级标题 | 主要内容 |
|---|---|---|
| 3.应急响应 | 3.3 响应启动 | 确定响应级别，明确响应启动后的程序性工作，包括应急会议召开、信息上报、资源协调、信息公开、后勤及财力保障工作 |
| | 3.4 应急处置 | 明确事故现场的警戒疏散、人员搜救、医疗救治、现场监测、技术支持、工程抢险及环境保护方面的应急处置措施，并明确人员防护的要求 |
| | 3.5 应急支援 | 明确当事态无法控制情况下，向外部（救援）力量请求支援的程序及要求、联动程序及要求，以及外部（救援）力量到达后的指挥关系 |
| | 3.6 响应终止 | 明确响应终止的基本条件、要求和责任人 |
| 4.后期处置 | — | 明确污染物处理、生产秩序恢复、人员安置方面的内容 |
| 5.应急保障 | 5.1 通信与信息保障 | 明确应急保障的相关单位及人员通信联系方式和方法，以及备用方案和保障责任人 |
| | 5.2 应急队伍保障 | 明确相关的应急人力资源，包括专家、专（兼）职应急救援队伍及协议应急救援队伍 |
| | 5.3 物资装备保障 | 明确本单位的应急物资和装备的类型、数量、性能、存放位置、运输及使用条件、更新及补充时限、管理责任人及其联系方式，并建立台账 |
| | 5.4 其他保障 | 根据应急工作需求确定的其他相关保障措施（如能源保障、经费保障、交通运输保障、治安保障、技术保障、医疗保障及后勤保障） |

表 6-2 专项应急预案的内容

| 标题 | 主要内容 |
|---|---|
| 1.适用范围 | 说明专项应急预案适用的范围，以及与综合应急预案的关系 |
| 2.应急组织机构及职责 | 明确应急组织形式（可用图示）及构成单位（部门）的应急处置职责，应急组织机构以及各成员单位或人员的具体职责。应急组织机构可以设置相应的应急工作小组，各小组具体构成、职责分工及行动任务建议以工作方案的形式作为附件 |
| 3.响应启动 | 明确响应启动后的程序性工作，包括应急会议召开、信息上报、资源协调、信息公开、后勤及财力保障工作 |
| 4.处置措施 | 针对可能发生的事故风险、危害程度和影响范围，明确应急处置指导原则，制定相应的应急处置措施 |
| 5.应急保障 | 根据应急工作需求明确保障的内容 |

表 6-3 现场处置方案的内容

| 标题 | 内容 |
| --- | --- |
| 1.事故风险描述 | 简述事故风险评估的结果（可用列表的形式列在附件中） |
| 2.应急工作职责 | 明确应急组织分工和职责 |
| 3.应急处置 | 主要包括下列内容：<br>（1）应急处置程序：根据可能发生的事故及现场情况，明确事故报警、各项应急措施启动、应急救护人员的引导、事故扩大及同生产经营单位应急预案的衔接程序。<br>（2）现场应急处置措施：针对可能发生的事故从人员救护、工艺操作、事故控制、消防、现场恢复等方面制定明确的应急处置措施。<br>（3）明确报警负责人和报警电话以及上级管理部门、相关应急救援单位联络方式和联系人员，事故报告基本要求和内容 |
| 4.注意事项 | 包括人员防护和自救互救、装备使用、现场安全等方面的内容 |

附件主要内容见表 6-4。

表 6-4 附件主要内容

| 标题 | 内容 |
| --- | --- |
| 1.生产经营单位概况 | 简要描述本单位地址、从业人数、隶属关系、主要原材料、主要产品、产量，以及重点岗位、重点区域、周边重大危险源、重要设施、目标、场所和周边布局情况 |
| 2.风险评估的结果 | 简述本单位风险评估的结果 |
| 3.预案体系与衔接 | 简述本单位应急预案体系构成和分级情况，明确与地方政府及其有关部门、其他相关单位应急预案的衔接关系（可用图示） |
| 4.应急物资装备的名录或清单 | 列出应急预案涉及的主要物资和装备名称、型号、性能、数量、存放地点、运输和使用条件、管理责任人和联系电话等 |
| 5.有关应急部门、机构或人员的联系方式 | 列出应急工作中需要联系的部门、机构或人员及其多种联系方式 |
| 6.格式化文本 | 列出信息接报、预案启动、信息发布等格式化文本 |
| 7.关键的路线、标识和图纸 | 包括但不限于：<br>（1）警报系统分布及覆盖范围；<br>（2）重要防护目标、风险清单及分布图；<br>（3）应急指挥部（现场指挥部）位置及救援队伍行动路线；<br>（4）疏散路线、集结点、警戒范围、重要地点的标识； |

续表

| 标题 | 内容 |
|---|---|
| 7.关键的路线、标识和图纸 | （5）相关平面布置、应急资源分布的图纸；<br>（6）生产经营单位的地理位置图、周边关系图、附近交通图；<br>（7）事故风险可能导致的影响范围图；<br>（8）附近医院地理位置图及路线图 |
| 8.有关协议或者备忘录 | 列出与相关应急救援部门签订的应急救援协议或备忘录 |

### 6.2.5 事故应急预案的演练

演练的目的是检验预案是否安全、可行、合理、实用，其主要方式有桌面演练、功能演练和全面演练三种。

依据《生产安全事故应急条例》《生产安全事故应急预案管理办法》的规定，生产经营单位应当制订本单位的应急预案演练计划，根据本单位的事故风险特点，每年至少组织一次综合应急预案演练或者专项应急预案演练，每半年至少组织一次现场处置方案演练。

易燃易爆物品、危险化学品等危险物品的生产、经营、储存、运输单位，矿山、金属冶炼、城市轨道交通运营、建筑施工单位，以及宾馆、商场、娱乐场所、旅游景区等人员密集场所经营单位，应每半年至少组织一次生产安全事故应急预案演练，并将演练情况报送所在地县级以上地方人民政府负有安全生产监督管理职责的部门。

## 项目 7

# 生产安全事故报告与调查处理

### 项目描述

生产安全事故发生后,为迅速、准确、全面地掌握生产安全事故情况,规范生产安全事故的报告和调查处理,落实生产安全责任追究制度,防止和减少生产安全事故,根据《安全生产法》和有关法律的规定,2007 年,国务院颁布了《生产安全事故报告和调查处理条例》(中华人民共和国国务院令第 493 号),对生产经营活动中发生的造成人身伤亡或者直接经济损失的生产安全事故的报告和调查处理做出了明确规定。应急管理部门和生产经营单位都应据此建立健全并严格执行生产安全事故调查与处理制度,确保生产安全事故调查与处理能公开、公正、实事求是、有条不紊地进行。

### 学习目标

【知识目标】

1. 掌握生产安全事故报告的程序、时限和内容要求,补报的相关要求。
2. 掌握生产安全事故调查的级别、调查组的成员组成和职责。
3. 掌握生产安全事故调查报告的内容、提交时限要求。
4. 掌握生产安全事故处理的时限要求。

【技能目标】

1. 生产安全事故发生后,会进行事故报告。
2. 能够配合事故调查组进行事故调查。

【素质目标】

1. 树立安全意识,培养良好的职业道德。
2. 树立法律意识,在工作中做到知法、懂法、守法。
3. 树立实事求是、刚正不阿、认真严谨的工作作风。

## 任务 7.1 生产安全事故报告

### 任务描述

生产安全事故发生后,相关人员应按照相关法律法规和规章的规定,上报事故。本任务主要讲解事故报告的相关要求。

### 任务目标

1. 掌握生产安全事故报告程序和时限要求。
2. 掌握事故报告的内容。

### 任务工作页

| 课程名称 | 公路施工安全管理 | 任务名称 | 生产安全事故报告 | 班级 | | 姓名 | |
|---|---|---|---|---|---|---|---|
| | | | | 日期 | | 成绩 | |

一、任务布置
1.掌握生产安全事故发生后,事故单位需采取的措施。
2.掌握生产安全事故报告的时限要求。
3.掌握生产安全事故报告的内容。
4.掌握事故补报的规定

二、任务实施
引导问题1:生产安全事故发生后,事故发生单位负责人和安全管理人员应采取哪些措施?



引导问题2:生产安全事故发生后,现场有关人员应当_____报告现场安全生产负责人。事故发生单位事故报告时限为_____ 小时;政府职能部门事故报告时限为每级上报时间不得超过_____ 小时。

引导问题3:生产安全事故发生后,报告的内容应包括哪些?

续表

引导问题4：在事故报告中，常见的违法行为有 _____、_____、_____ 和 _____。

引导问题5：针对事故补报有何规定？

## 评价反馈

### 学生自评

| 班级： | 姓名： | | 学号： |
|---|---|---|---|
| 任务7.1 | 生产安全事故报告 | | |
| 评价项目 | 评价标准 | 分值 | 得分 |
| 事故报告主体和报告对象 | 掌握相关要求 | 20 | |
| 事故报告程序、时限与补报 | 掌握相关要求 | 20 | |
| 事故报告内容 | 掌握相关要求 | 20 | |
| 工作态度 | 态度端正，无无故缺勤、迟到、早退现象 | 10 | |
| 工作质量 | 能按时完成工作任务 | 10 | |
| 职业素质 | 认真严谨、实事求是，具有安全意识 | 10 | |
| 创新意识 | 能够通过任务拓展知识体系，乐于思考 | 10 | |
| 合计 | | 100 | |

## 强化训练

1. 生产安全事故发生后，事故发生单位应采取哪些措施？
2. 试论述生产安全事故等级划分的意义。
3. 简述事故谎报、瞒报、漏报、迟报的具体含义。

## 相关知识点

### 7.1.1 事故报告主体和报告对象

事故发生单位现场人员应立即向本单位负责人报告，紧急情况可直接报告政府有关职能部门。事故发生单位负责人向县级以上有关政府职能部门报告。

有关政府职能部门按照事故大小上报不同级别政府职能部门，同时报告本级人民政府，并通知同级公安等有关部门；紧急情况可越级上报。

有关地方人民政府向上一级人民政府报告。

### 7.1.2 事故报告程序

现场安全生产负责人接到报告后应立即报告单位安全管理部门和企业主要负责人，并立即启动事故相应应急预案，或者采取有效措施，组织抢救，防止事故扩大，减少人员伤亡和财产损失。单位负责人接到报告后，应当于1小时内向事故发生地县级以上人民政府应急管理部门和负有安全生产监督管理职责的有关部门报告。同时协助有关部门保护现场，维护现场秩序，妥善保管有关物证，配合有关部门收集证据。

政府部门报告程序：特别重大事故、重大事故逐级上报至国务院应急管理部门和负有安全生产监督管理职责的有关部门；较大事故逐级上报至省、自治区、直辖市人民政府应急管理部门和负有安全生产监督管理职责的有关部门；一般事故上报至设区的市级人民政府应急管理部门和负有安全生产监督管理职责的有关部门。

### 7.1.3 事故报告时限

事故发生后，现场有关人员应当立即报告现场安全生产负责人。事故发生单位事故报告时限为1小时；政府职能部门事故报告时限为每级上报时间不得超过2小时。

### 7.1.4 事故报告内容

（1）事故发生单位概况。

（2）事故发生的时间、地点以及事故现场情况。

（3）事故的简要经过。

（4）事故已经造成或者可能造成的伤亡人数（包括下落不明的人数）和初步估计的直接经济损失。

（5）已经采取的措施。

（6）其他应当报告的情况。

报告可采取电话、传真、电子邮件的形式先行报告事故概况，有新情况及时续报，但应在12小时内补齐书面材料。

### 7.1.5 事故补报

事故发生之日起 30 日内（道路交通、火灾事故 7 日内），伤亡人数发生变化，事故发生单位、应急管理部门和有关部门应及时补报。

### 7.1.6 事故报告原则

事故报告应当及时、准确、完整。任何单位和个人对事故不得迟报、漏报、谎报或者瞒报。

## 任务 7.2　生产安全事故调查与处理

**任务描述**

对已发生的生产安全事故进行调查是安全管理工作中非常重要的一个环节。生产安全事故调查的主要任务是查明事故发生的原因和性质，分清事故的责任，提出防范类似事故的措施；生产安全事故处理的主要任务是根据事故调查的结论，依照国家有关法律、法规，对事故相关责任人进行处理，落实防范类似事故重复发生的措施。

**任务目标**

1. 掌握事故调查的程序。
2. 掌握事故调查组的构成与职责。
3. 掌握事故调查报告相关内容。
4. 掌握事故处理的要求。

**任务工作页**

| 课程名称 | 公路施工安全管理 | 任务名称 | 生产安全事故调查与处理 | 班级 | | 姓名 | |
|---|---|---|---|---|---|---|---|
| | | | | 日期 | | 成绩 | |

一、任务布置
1. 掌握"四不放过"原则的含义。
2. 掌握生产安全事故调查的级别。
3. 掌握生产安全事故调查组的职责。
4. 掌握生产安全事故调查报告的内容及时限要求。

续表

## 二、任务实施

引导问题1：在事故处理时，应遵循"四不放过"原则，即_____不放过、_____不放过、_____不放过、_____不放过。

引导问题2：不同的事故等级，由不同级别的政府部门组织事故调查组进行调查，特别重大事故、重大事故、较大事故和一般事故，分别由_____、_____、_____、_____负责组织事故调查组。

引导问题3：事故调查组一般由哪些成员组成？

引导问题4：事故调查组有哪些职责？

引导问题5：事故调查组应当自事故发生之日起_____日内提交事故调查报告；特殊情况下，经负责事故调查的人民政府批准，提交事故调查报告的期限可以适当延长，但延长的期限最长不超过_____日。

引导问题6：负责事故调查的人民政府收到事故调查报告后，应及时做出批复。重大事故、较大事故、一般事故，负责事故调查的人民政府应当自收到事故调查报告之日起_____日内做出批复；特别重大事故，_____日内做出批复，特殊情况下，批复时间可以适当延长，但延长的时间最长不超过_____日。

# 评价反馈

## 学生自评

| 班级： | 姓名： | | 学号： |
| --- | --- | --- | --- |
| 任务7.2 | 生产安全事故调查与处理 | | |
| 评价项目 | 评价标准 | 分值 | 得分 |
| 事故调查组的级别、组成、职责 | 掌握事故调查组的级别、组成、职责的相关内容 | 20 | |
| 事故调查报告的内容、时限 | 掌握事故调查报告的内容、时限的相关内容 | 20 | |
| 事故处理的内容、时限 | 掌握事故处理的内容、时限的相关内容 | 20 | |
| 工作态度 | 态度端正，无无故缺勤、迟到、早退现象 | 10 | |

续表

| 工作质量 | 能按时完成工作任务 | 10 | |
|---|---|---|---|
| 职业素质 | 认真严谨、实事求是，具有安全意识 | 10 | |
| 创新意识 | 能够通过任务拓展知识体系，乐于思考 | 10 | |
| | 合计 | 100 | |

## 强化训练

### 案例分析

情景描述：

2008年某月，某城建集团有限责任公司在工程施工过程中发生一起起重伤害事故，导致一名工人死亡，直接经济损失达34.72万元。

施工现场进行吊卸多层木模板作业时，信号工甲某指挥时，未注意到吊物下方的丙某正在进行装卸作业，指挥塔式起重机司机起钩，造成被吊多层木模板侧滑，木模板直接击中丙某头部导致其死亡。事后调查发现，甲某刚刚入职三天，仅经过简单的口头培训后就上岗。甲某在对周围环境观察不仔细，对被吊物体是否平稳落实、吊物绳索是否被吊物卡压确认不清的情况下，与摘钩工乙某配合不当，导致多层模板侧滑。区安监局对公司主要负责人，给予上一年年收入30%的行政处罚，合计1.8万元。

问题一：按照《生产安全事故报告和调查处理条例》，事故等级如何划分？请写出具体的划分标准。本案例中的事故属于哪个等级事故？

问题二：事故发生后，事故单位主要负责人接到报告后，应该做什么（至少写出4条）？不得做什么（至少写出2条）？

问题三：依据事故等级，本次事故应由哪级人民政府组织调查？事故调查组的主要职责有哪些（至少写出5条）？

问题四：请写出本案中存在的违法、违章行为。

## 相关知识点

事故调查与处理应遵循"四不放过"原则，即事故原因没有查清不放过、事故责任者没有受到严肃处理不放过、广大群众没有受到教育不放过、防范措施没有落实不放过。四个方面互相联系、相辅相成，组成了预防事故再次发生的防范系统。

## 7.2.1 生产安全事故调查

特别重大事故由国务院或者国务院授权有关部门组织事故调查组进行调查。重大事故、较大事故、一般事故分别由事故发生地省级人民政府、设区的市级人民政府、县级人民政府负责调查。省级人民政府、设区的市级人民政府、县级人民政府可以直接组织事故调查组进行调查，也可以授权或者委托有关部门组织事故调查组进行调查。未造成人员伤亡的一般事故，县级人民政府也可以委托事故发生单位组织事故调查组进行调查。上级人民政府认为必要时，可以调查由下级人民政府负责调查的事故。

自事故发生之日起 30 日内（道路交通事故、火灾事故自发生之日起 7 日内），因事故伤亡人数变化导致事故等级发生变化，依照《生产安全事故报告和调查处理条例》规定应当由上级人民政府负责调查的，上级人民政府可以另行组织事故调查组进行调查。

特别重大事故以下等级事故，事故发生地与事故发生单位不在同一个县级以上行政区域的，由事故发生地人民政府负责调查，事故发生单位所在地人民政府应当派人参加。

（1）事故调查组。

事故调查组的组成应当遵循精简、效能的原则。

根据事故的具体情况，事故调查组由有关人民政府、应急管理部门、负有安全生产监督管理职责的有关部门、监察机关、公安机关以及工会派人组成，并应当邀请人民检察院派人参加。事故调查组可以聘请有关专家参与调查。

事故调查组履行下列职责：

1）查明事故发生的经过、原因、人员伤亡情况及直接经济损失。

2）认定事故的性质和事故责任。

3）提出对事故责任者的处理建议。

4）总结事故教训，提出防范和整改措施。

5）提交事故调查报告。

（2）事故调查的程序。

国家有关法规关于事故调查的基本程序（步骤）包括事故的通报、事故现场处理、事故图（表）的绘制、事故原因分析、事故责任分析、撰写事故调查报告等。

事故现场的保护对于事故调查取证、确定事故责任以及责任追究十分重要。为了抢险救灾，需要移动事故现场物件时，应做出标志，绘制现场简图，做出书面记录，妥善保护现场主要痕迹和物证。

（3）事故调查报告。

事故调查组应当自事故发生之日起 60 日内提交事故调查报告；特殊情况下，经负责事故调查的人民政府批准，提交事故调查报告的期限可以适当延长，但延长的期限最长不超过 60 日。事故调查中，事故调查报告是事故调查工作成果的集中体现。

事故调查报告应当包括下列内容：

1）事故发生单位概况。

2）事故发生经过和事故救援情况。

3）事故造成的人员伤亡和直接经济损失。

4）事故发生的原因和事故性质。

5）事故责任的认定以及对事故责任者的处理建议。

6）事故防范和整改措施。

事故调查报告应当附具有关证据材料。事故调查组成员应当在事故调查报告上签名。事故调查报告报送负责调查的人民政府后，事故调查工作即告结束。

事故调查的有关资料应当归档保存。

### 7.2.2 生产安全事故处理

负责事故调查的人民政府收到事故调查报告后，应及时做出批复。重大事故、较大事故、一般事故，负责事故调查的人民政府应当自收到事故调查报告之日起 15 日内做出批复；特别重大事故，30 日内做出批复，特殊情况下，批复时间可以适当延长，但延长的时间最长不超过 30 日。

事故发生单位和其主管部门按照人民政府的批复，落实事故处理。生产安全事故处理工作主要包括以下两个方面的内容。

（1）对事故责任者的处理。按照负责事故调查的人民政府的批复，有关机关依照法律、行政法规规定的权限和程序，对事故发生单位和有关人员进行处罚，对负有事故责任的国家工作人员进行处分；事故发生单位对本单位负有事故责任的人员进行处理；负有事故责任的人员涉嫌犯罪的，依法追究刑事责任。

（2）对防范措施的处理。事故发生单位应当认真吸取事故教训，根据负责事故调查的人民政府的批复，落实防范和整改措施的要求，防止事故再次发生。

防范和整改措施的落实情况应当接受工会和职工的监督。应急管理部门和负有安全生产监督管理职责的有关部门应当对事故发生单位落实防范和整改措施的情况进行监督和检查。

事故处理的情况由负责事故调查的人民政府或者其授权的有关部门、机构向社会公布（依法应当保密的除外），以教育和警示他人。

## 项目 8

# 职业健康安全管理与安全防护

### 项目描述

公路工程施工企业应根据国家和地方有关法律、法规要求,并结合企业施工生产实际和劳动者作业环境的特点,制定职业健康安全管理制度和安全防护用品管理制度。本项目主要讲解职业健康安全与安全防护的相关管理要求。

### 学习目标

【知识目标】

1. 掌握职业病的相关概念和分类。
2. 掌握常见的职业危害因素。
3. 掌握职业病的相关管理要求。
4. 掌握常见安全防护用品的结构和防护原理。

【技能目标】

1. 会识别作业场所中的职业危害因素。
2. 会针对职业危害制定有效的防护措施。
3. 会正确使用常见的安全防护用品。

【素质目标】

1. 树立安全意识,培养良好的职业道德。
2. 树立法律意识,在工作中做到知法、懂法、守法。
3. 树立实事求是、刚正不阿、认真严谨的工作作风。
4. 培养良好的沟通能力。

## 任务 8.1 职业健康安全管理

### 任务描述

根据 OHSAS 18001 职业安全卫生管理体系试行标准，职业健康安全是指影响作业场所内员工、临时工、合同工、外来人员和其他人员安全与健康的条件和因素。职业健康安全管理是研究并预防因工作导致的疾病，防止原有疾病的恶化。主要表现为工作中因环境及接触有害因素引起人体生理机能的变化。本任务主要讲解职业病的相关知识，包括职业病的概念与分类、职业危害评价、职业危害申报与职业病报告等内容。

### 任务目标

1. 掌握职业病的概念及分类。
2. 掌握公路工程领域常见的职业危害。
3. 掌握职业病申报的要求和内容。
4. 掌握职业病报告的内容。

### 任务工作页

| 课程名称 | 公路施工安全管理 | 任务名称 | 职业健康安全管理 | 班级 | | 姓名 | |
|---|---|---|---|---|---|---|---|
| | | | | 日期 | | 成绩 | |
| 一、任务布置<br>1.掌握职业病的概念及分类。<br>2.掌握公路工程领域常见的职业危害 ||||||||
| 二、任务实施<br>引导问题1：界定法定职业病的基本条件主要包括哪些内容？<br><br><br><br>引导问题2：试列举公路工程施工领域常见的职业危害。<br><br><br><br>引导问题3：公路施工企业在职业病防治和职业健康安全方面，应采取哪些管理措施？ ||||||||

## 评价反馈

### 学生自评

| 班级： | 姓名： | | 学号： | |
|---|---|---|---|---|
| 任务8.1 | 职业健康安全管理 | | | |
| 评价项目 | 评价标准 | | 分值 | 得分 |
| 职业病的概念与分类 | 掌握职业病的概念与法定职业病的分类 | | 20 | |
| 常见职业危害因素 | 掌握公路工程施工中常见的职业危害因素 | | 20 | |
| 职业危害管理要求 | 掌握职业危害评价、职业危害申报与职业病报告的要求 | | 20 | |
| 工作态度 | 态度端正，无无故缺勤、迟到、早退现象 | | 10 | |
| 工作质量 | 能按时完成工作任务 | | 10 | |
| 职业素质 | 认真严谨、实事求是，具有安全意识 | | 10 | |
| 创新意识 | 能够通过任务拓展知识体系，乐于思考 | | 10 | |
| 合计 | | | 100 | |

## 强化训练

试阐述职业病、法定职业病、职业危害因素的含义。

## 相关知识点

### 8.1.1 职业病的概念及其分类

**1. 职业病的概念**

职业病是指劳动者在职业活动中，接触粉尘、放射性物质和其他有毒有害物质等而引起的疾病。例如：在职业活动中接触粉尘可导致肺尘埃沉着病，接触工业毒物可导致职业中毒，接触工业噪声可导致噪声聋。

职业病基础知识

由国家主管部门公布的职业病目录所列的职业病称为法定职业病。

界定法定职业病的几个基本条件主要包括：①在职业活动中产生；②接触职业危害因素；③列入国家职业病范围；④与劳动用工行为相联系。

**2. 职业病的分类**

依据《职业病分类和目录》（2016年版），法定职业病共分为10大类、132种，分别是：①职业性尘肺病及其他呼吸系统疾病；②职业性皮肤病；③职业性眼病；④职业性耳鼻喉口腔疾病；⑤职业性化学中毒；⑥物理因素所致职业病；⑦职业性放射性疾病；⑧职业性传染病；⑨职业性肿瘤；⑩其他职业病。具体分类详见二维码。

### 8.1.2 职业危害评价

#### 1. 建设项目职业病危害评价的依据

常见职业危害因素

《职业病防治法》第十七条规定："新建、扩建、改建建设项目和技术改造、技术引进项目（以下统称建设项目）可能产生职业病危害的，建设单位在可行性论证阶段应当进行职业病危害预评价。"第十八条规定："建设项目的职业病防护设施所需费用应当纳入建设项目工程预算，并与主体工程同时设计，同时施工，同时投入生产和使用。建设项目的职业病防护设施设计应当符合国家职业卫生标准和卫生要求。建设项目在竣工验收前，建设单位应当进行职业病危害控制效果评价。"

#### 2. 职业危害作业分级评价

目前用于作业场所职业危害作业分级评价的主要标准有《职业性接触毒物危害程度分级》（GBZ/T 230—2010）、《有毒作业分级》（GB 12331—1990）、《低温作业分级》（GB/T 14440—1993）、《冷水作业分级》（GB/T 14439—1993）、《中华人民共和国劳动部噪声作业分级》（LD 80—1995）等。

### 8.1.3 职业危害申报与职业病报告

《职业病防治法》第十六条规定："国家建立职业病危害项目申报制度。用人单位工作场所存在职业病目录所列职业病的危害因素的，应当及时、如实向所在地卫生行政部门申报危害项目，接受监督。"

《职业病防治法》《职业病危害项目申报办法》规定了职业危害申报及职业病报告的具体要求。

#### 1. 职业病危害项目申报要求

职业病危害项目是指存在职业病危害因素的项目。职业病危害因素按照卫健委发布的《职业病危害因素分类目录》确定。具体内容详见二维码。

《职业病危害项目申报办法》规定，用人单位（煤矿除外）工作场所存在职业病目录所列职业病的危害因素的，应当及时、如实向所在地负有安全生产监督管理职责的部门申报危害项目，并接受其监督管理。

煤矿职业病危害项目申报办法另行规定。

用人单位有下列情形之一的，应当向原申报机关申报变更职业病危害项目内容：

（1）进行新建、改建、扩建、技术改造或者技术引进建设项目的，自建设项目竣工验收之日起30日内进行申报；

（2）因技术、工艺、设备或者材料等发生变化导致原申报的职业病危害因素及其相关内容发生重大变化的，自发生变化之日起15日内进行申报；

（3）用人单位工作场所、名称、法定代表人或者主要负责人发生变化的，自发生变化之日起15日内进行申报；

（4）经过职业病危害因素检测、评价，发现原申报内容发生变化的，自收到有关检测、评价结果之日起15日内进行申报。

此外，用人单位终止生产经营活动的，应当自生产经营活动终止之日起15日内向原申报机关报告并办理注销手续。

### 2. 职业病危害项目申报内容

用人单位申报职业病危害项目时，应当提交《职业病危害项目申报表》和下列文件、资料：

（1）用人单位的基本情况。

（2）工作场所职业病危害因素种类、分布情况以及接触人数。

（3）法律、法规和规章规定的其他文件、资料。

职业病危害项目申报同时采取电子数据和纸质文本两种方式，即用人单位应当首先通过"职业病危害项目申报系统"进行电子数据申报，同时将《职业病危害项目申报表》加盖公章并由本单位主要负责人签字后，连同上述文件、资料一并上报所在地设区的市级或县级负有安全生产监督管理职责的部门。

### 3. 职业病报告

《职业病防治法》第三十七条规定："发生或者可能发生急性职业病危害事故时，用人单位应当立即采取应急救援和控制措施，并及时报告所在地卫生行政部门和有关部门。卫生行政部门接到报告后，应当及时会同有关部门组织调查处理；必要时，可以采取临时控制措施。卫生行政部门应当组织做好医疗救治工作。"

第五十条规定："用人单位和医疗卫生机构发现职业病病人或者疑似职业病病人时，应当及时向所在地卫生行政部门报告。确诊为职业病的，用人单位还应当向所在地劳动保障行政部门报告。接到报告的部门应当依法作出处理。"

第五十一条规定："县级以上地方人民政府卫生行政部门负责本行政区域内的职业病统

计报告的管理工作，并按照规定上报。"

### 8.1.4 职业健康监护

职业健康监护是指劳动者上岗前、在岗期间、离岗时、应急的职业健康检查和职业健康监护档案管理。

《用人单位职业健康监护监督管理办法》规定用人单位应当建立、健全劳动者职业健康监护制度，依法落实职业健康监护工作。

对在岗期间的职业健康检查，用人单位应当按照《职业健康监护技术规范》（GBZ 188—2014）等国家职业卫生标准的规定和要求，确定接触职业病危害因素的劳动者的检查项目和检查周期。

出现下列情况之一的，用人单位应当立即组织有关劳动者进行应急职业健康检查：

（1）接触职业病危害因素的劳动者在作业过程中出现与所接触职业病危害因素相关的不适症状的；

（2）劳动者受到急性职业中毒伤害或者出现职业中毒症状的。

对准备脱离所从事的职业病危害作业或者岗位的劳动者，用人单位应当在劳动者离岗前30日内组织劳动者进行离岗时的职业健康检查（注：劳动者离岗前90日内的在岗期间的职业健康检查可以视为离岗时的职业健康检查）。

用人单位对未进行离岗时职业健康检查的劳动者，不得解除或者终止与其订立的劳动合同。用人单位应当及时将职业健康检查结果及职业健康检查机构的建议以书面形式如实告知劳动者。

用人单位应当根据职业健康检查报告，采取下列措施：

（1）对有职业禁忌的劳动者，调离或者暂时脱离原工作岗位。

（2）对健康损害可能与所从事的职业相关的劳动者，进行妥善安置。

（3）对需要复查的劳动者，按照职业健康检查机构要求的时间安排复查和医学观察。

（4）对疑似职业病病人，按照职业健康检查机构的建议安排其进行医学观察或者职业病诊断。

（5）对存在职业病危害的岗位，立即改善劳动条件，完善职业病防护设施，为劳动者配备符合国家标准的职业病危害防护用品。

职业健康监护中出现新发生职业病（职业中毒）或者两例以上疑似职业病（职业中毒）的，用人单位应当及时向所在地主管部门报告。

用人单位应当为劳动者个人建立职业健康监护档案，并按照有关规定妥善保存。

## 任务 8.2　安全防护

### 任务描述

公路工程施工中，为了有效预防高处坠落、物体打击及其他事故对人体的伤害，应正确配备并使用必要的安全防护用品。这些安全防护用品不仅包括被称为建筑业"三宝"的安全帽、安全带和安全网，还包括防护服、防护鞋、防护手套、防毒面罩、防护罩、护目镜、降噪耳塞等。

### 任务目标

1. 掌握安全帽、安全带的结构和作用。
2. 掌握安全帽、安全带的正确使用方法。
3. 熟悉常见个人防护用品的类型和基本使用方法。

### 任务工作页

| 课程名称 | 公路施工安全管理 | 任务名称 | 安全防护 | 班级 | | 姓名 | |
|---|---|---|---|---|---|---|---|
| | | | | 日期 | | 成绩 | |
| 一、任务布置 1.掌握安全帽的结构及其各部分构造的功能，并能正确佩戴安全帽。 2.掌握安全带的结构及其各部分构造的功能，并能正确使用安全带。 3.掌握身体各部位的其他个人防护用品的种类 ||||||||
| 二、任务实施 引导问题1：建筑业"三宝"分别为_____、_____、_____。 引导问题2：安全帽的结构主要有_____、_____、_____、_____和_____。 引导问题3：公路工程中使用的安全帽通常有哪些颜色？一般由哪类人员佩戴？


 引导问题4：尝试阐述安全帽使用中需注意的事项。 ||||||||

续表

| 引导问题5：安全带是如何分类的？其各自的使用场景有何不同？ |
| --- |
| 引导问题6：尝试阐述安全带使用中需注意的事项。 |

## 评价反馈

### 学生自评

| 班级： | 姓名： | 学号： |
| --- | --- | --- |
| 任务8.2 | 安全防护 | |
| 评价项目 | 评价标准 | 分值 | 得分 |
| 安全帽的结构和正确使用 | 掌握安全帽的结构，并能正确使用安全帽 | 20 | |
| 全身式安全带的结构和正确使用 | 掌握全身式安全带的结构，并能正确使用安全带 | 20 | |
| 其他个人防护用品的类型和正确使用 | 掌握其他个人防护用品的种类，并能正确使用 | 20 | |
| 工作态度 | 态度端正，无无故缺勤、迟到、早退现象 | 10 | |
| 工作质量 | 能按时完成工作任务 | 10 | |
| 职业素质 | 认真严谨、实事求是，具有安全意识 | 10 | |
| 创新意识 | 能够通过任务拓展知识体系，乐于思考 | 10 | |
| 合计 | | 100 | |

## 强化训练

1. 举例说明公路工程施工中常见的劳动防护用品种类。
2. 说明安全帽和安全带在使用中有哪些注意事项。

## 相关知识点

### 8.2.1 劳动防护用品分类

个体安全防护

依据《用人单位劳动防护用品管理规范》(安监总厅安健〔2018〕3号),劳动防护用品分为以下10大类:

(1)防御物理、化学和生物危险、有害因素对头部造成伤害的头部防护用品。头部防护用品:为防御头部不受外来物体打击和其他因素危害配备的个人防护装备,按照防护功能可分为一般防护帽、防尘帽、防水帽、安全帽、防寒帽、防静电帽、防温帽、防电磁辐射帽、防昆虫帽等。

(2)防御缺氧空气和空气污染物进入呼吸道的呼吸防护用品。呼吸防护用品:为防御有害气体、蒸气、粉尘、烟、雾由呼吸道吸入,直接向使用者供氧或清净空气,保证使用者在尘、毒污染环境或缺氧环境中正常呼吸的防护用具,如防尘口罩(面具)、防毒口罩(面具)、空气呼吸器等。

(3)防御物理和化学危险、有害因素对眼面部造成伤害的眼面部防护用品。眼面部防护用品:预防烟雾、尘粒、金属火花和飞屑、热、电磁辐射、激光、飞溅物等伤害眼睛或面部的个人防护用品,如焊接护目镜和面罩、炉窑护目镜和面罩及冲击眼护具等。

(4)防御噪声危害及防水、防寒等的耳部防护用品。耳部防护用品:能够防止过量的声能侵入外耳道,使人耳避免噪声的过度刺激,减少听力损失,预防由噪声对人身引起的不良影响的个体防护用品,如耳塞、耳罩、防噪声头盔等,有些耳部防护用品还可以起到防水、防寒的作用。

(5)防御物理、化学和生物危险、有害因素对手部造成伤害的手部防护用品。手部防护用品:保护手和手臂,供作业者劳动时戴用的劳动防护手套,按照防护功能可分为一般防护手套、防水手套、防寒手套、防毒手套、防静电手套、防高温手套、防射线手套、耐酸碱手套、防油手套、防振手套、防切割手套、绝缘手套等。

(6)防御物理和化学危险、有害因素对足部造成伤害的足部防护用品。足部防护用品:防止生产过程中有害物质和能量损伤劳动者足部的护具。按照防护功能可分为防刺穿鞋、防尘硅鞋、防水鞋、防寒鞋、防静电鞋、防高温鞋、耐酸碱鞋、防滑鞋、电绝缘鞋、防振鞋、防砸鞋(防足趾鞋)等。

(7)防御物理、化学和生物危险、有害因素对躯干造成伤害的躯干防护用品。躯干防护用品：主要包括各类防护服，按照防护功能可分为一般防护服、防水工作服、防寒工作服、防砸背心、防毒工作服、阻燃防护服、防静电工作服、防高温工作服、防电磁辐射工作服、耐酸碱工作服、防油工作服、水上救生衣、防昆虫工作服、防风沙工作服等。

（8）防御物理、化学和生物危险、有害因素损伤皮肤或引起皮肤疾病的护肤用品。护肤用品：指用于防止皮肤（主要是面、手等外露部分）遭受化学、物理等因素危害的用品，如防毒、防腐、防射线、防油漆的护肤品等。

（9）防止高处作业劳动者坠落或者高处落物伤害的坠落防护用品。坠落防护用品：坠落防护用品主要用于高处作业时防止作业人员高处坠落事故造的伤害，主要有安全带、安全帽、安全网、安全自锁器、速差自控器、水平安全绳、防滑鞋等。

（10）其他防御危险、有害因素的劳动防护用品。

## 8.2.2　防护用品的正确使用

建筑业"三宝"

（1）公路工程施工企业应为从业人员配备合格的安全防护用品和用具，并定期更换。

（2）应当安排用于配备劳动防护用品的专项经费。企业不得以货币或者其他物品替代，应当按规定配备的劳动防护用品。

（3）应当建立健全劳动防护用品的采购、验收、保管、发放、使用、报废等管理制度。

（4）不得采购和使用无安全标志的特种劳动防护用品；购买的特种劳动防护用品必须经本单位的安全生产技术部门或者管理人员检查验收。

（5）安全防护用品必须符合相关国家标准和行业标准，不得超期使用。安全防护用品必须具有产品合格证、生产许可证和安全鉴定证"三证"。

（6）从业人员在施工作业区域内，必须按照安全生产管理制度和劳动防护用品使用规则，正确佩戴和使用安全防护用品和用具；未按规定佩戴和使用安全防护用品的，不得上岗作业。

### 1. 安全帽

安全帽是对人体头部受坠落物及其他特定因素引起的伤害起保护作用的帽子。按生产作业场所划分，其可分为一般作业用安全帽和特殊作业用安全帽。另外，还有具有附加功能的安全帽，如有电报警安全帽、防噪声安全帽、电焊面罩和安全帽等。

（1）安全帽的结构。安全帽主要包括帽壳和帽衬组件。帽壳根据材质不同，性能也不同。帽衬组件包括帽箍、顶衬、后箍、下颏带等，如图8-1所示。

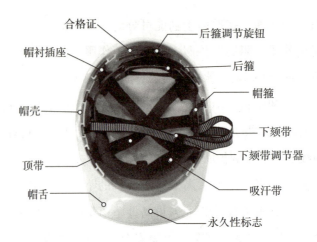

图 8-1 安全帽的结构

（2）安全帽的使用。

1）安全帽的正确佩戴。

第一步，检查合格证、使用说明、使用期限及外观有无明显划痕。

第二步，调节安全帽的尺寸至适合自己头围大小。

第三步，扣好戴正安全帽。

第四步，调节帽衬后方的旋转按钮，调节帽衬的松紧度至适合自己的头部大小。

第五步，调节下颏带至适合自己的面部尺寸。

2）安全帽的使用要求。

①安全帽应有以下永久性标志：制造厂名称、商标、型号、制造日期、生产合格证和检验证明、生产许可证编号、"LA"安全标志。

②安全帽应在有效期内使用。每年进行一次定期检查，发现异常现象不得佩戴。

③严禁接触火源，严禁任意涂刷油漆或用有机溶剂清洗。

④严禁在其上钻孔、敲击或抛掷，严禁在安全帽内再佩戴其他帽子。

⑤严禁当凳子坐，严禁有损坏时继续使用。

**2. 安全带**

安全带是防止高处作业人员发生坠落或发生坠落后将作业人员安全悬挂的个体防护装备。目前的国家标准是《坠落防护 安全带》（GB 6095—2021）和《坠落防护 安全带系统性能测试方法》（GB/T 6096—2020）。

（1）安全带的分类。

按照使用条件不同，安全带可分为围杆作业安全带、区域限制安全带、坠落悬挂安全带。

围杆作业安全带是通过围绕在固定构造物上的绳或带将人体绑定在固定构造物附近，使作业人员的双手可以进行其他操作的安全带，如图 8-2 所示。

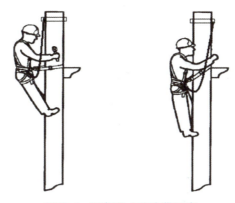

图 8-2　围杆作业安全带示意

区域限制安全带是用以限制作业人员的活动范围，避免其到达可能发生坠落区域的安全带，如图 8-3 所示。

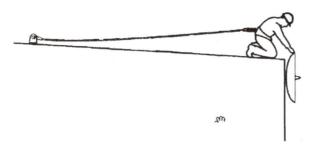

图 8-3　区域限制安全带示意

坠落悬挂安全带是高处作业或登高人员发生坠落时，将作业人员安全悬挂的安全带，如图 8-4 所示。

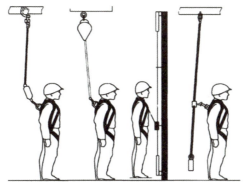

图 8-4　坠落悬挂安全带示意

安全带可分为全身式安全带和双肩式安全带，其中全身式安全带构造如图 8-5 所示。

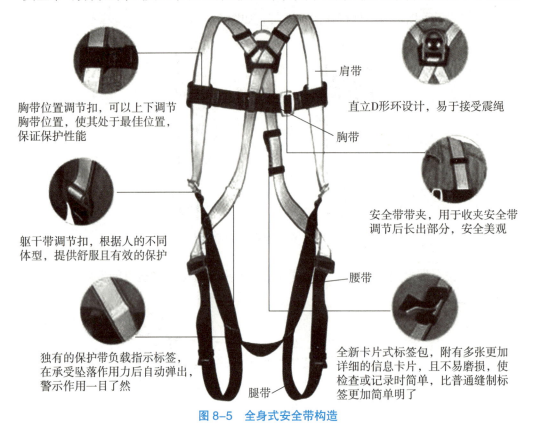

图 8-5　全身式安全带构造

（2）安全带的使用方法。

1）安全带的有效期一般为 3~5 年，发现异常应提前报废。使用频繁的绳子，应经常进行外观检查，发现异常时，应立即更换或报废。

2）每条安全带应有以下永久性标志：制造厂名称、商标、型号、制造日期、生产合格证和检验证明、生产许可证编号、"LA"安全标志。

3）2 m 以上的悬空作业，必须使用安全带。使用中，应可靠地挂在牢固的地方，高挂低用，且应防止摆动，避免明火和刺割。在无法直接挂设安全带的地方，应挂设能供安全带钩挂的安全母索、安全栏杆等。

4）安全带严禁擅自接长使用，使用 3 m 及以上的长绳时必须增加缓冲器。

### 3. 安全网

安全网是预防坠落伤害的一种劳动防护用具，其适用范围极广，大多用于各种高处作业。

（1）安全网的构造。安全网由网体、边绳、系绳和筋绳构成。网体由网绳编结而成，具有菱形或方形的网目。网体四周边缘上的网绳，称为边绳。把安全网固定在支撑物上的绳，称为系绳。凡用于增加安全网强度的绳，统称为筋绳。

（2）安全网的分类。公路工程施工中使用的安全网主要有平网（P）、立网（L）、密目式安全网（ML）三种。

（3）安全网的使用。

1）安全网内不得存留建筑垃圾，网下不能堆积物品，网身不能出现严重变形和磨损，防止受化学品与酸、碱、烟雾的污染及电焊火花的烧灼等。

2）支撑架不得出现严重变形和磨损，其连接部位不得有松脱现象。网与网之间及网与支撑架之间的连接点也不允许出现松脱。所有绑拉的绳都不能使其受严重的磨损或有变形。

3）网内的坠落物要经常清理，保持网体洁净，还要避免大量焊接或其他火星落入网内，并避免高温或蒸气环境。当网体受到化学品的污染或网绳嵌入粗砂粒或其他可能引起磨损的异物时，应及时进行清洗，洗后使其自然干燥。

4）安全网在搬运中不可使用铁钩或带尖刺的工具，以防损伤网绳。网体要存放在仓库或专用场所，并将其分类、分批存放在架子上，不允许随意乱堆。对仓库要求具备通风遮光、隔热、防潮、避免化学物品的侵蚀等条件。在存放过程中，要对网体做定期检验，发现问题立即处理，以确保安全。

**4. 其他个人防护用品的使用要求**

（1）防护服。

1）现场作业人员应按照工种要求配置棉质工作服，特殊作业人员应配置特殊作业防护服。

2）焊工工作服宜为帆布等材质的阻燃服。

3）为防止潜水时体温流失过快，水下作业人员必须穿着潜水服。潜水服按潜水方式分为轻装潜水服和重装潜水服两种。

（2）防护鞋。

1）作业人员应根据现场情况正确穿着防护鞋，电工、电焊工必须穿着电绝缘鞋。

2）绝缘鞋必须在规定的电压范围内使用，每半年进行一次预防性试验。

（3）防护手套。

1）从事电工、电焊作业以及接触强酸、强碱材料的作业人员应使用防护手套。

2）防水、耐酸碱手套使用前应仔细检查，不得破损。

（4）防护用具。

1）从事金属切割、混凝土及岩石打凿的作业人员必须使用护目镜。

2）电焊作业人员必须配备焊接防护面罩，气焊作业人员应配备焊接防护眼镜。

3）防灰尘、烟雾、轻微毒性或刺激性较弱的有毒气体的防护镜必须密封、遮边、无通风孔，与面部接触严密，镜架应耐酸、耐碱。

4）混凝土作业人员、沥青作业人员、隧道钻孔清渣作业人员必须佩戴防尘口罩或防尘面罩。

# 参考文献

[1] 中国公路建设行业协会.公路工程施工企业主要负责人和安全生产管理人员培训教材[M].北京：人民交通出版社，2017.

[2] 李钰.建筑施工安全[M].3版.北京：中国建筑工业出版社，2019.

[3] 刘景良.安全管理[M].4版.北京：化学工业出版社，2021.

[4] 中华人民共和国交通运输部.JTG F90—2015 公路工程施工安全技术规范[S].北京：人民交通出版社，2015.

[5] 交通运输部工程质量监督局.公路水运工程施工安全标准化指南[M].北京：人民交通出版社，2013.

[6] 中华人民共和国建设部.JGJ 46—2005 施工现场临时用电安全技术规范[S].北京：中国建筑工业出版社，2005.

[7] 张国志，刘浪.公路工程安全管理[M].北京：人民交通出版社，2007.

[8] 教育部高等学校安全工程学科教学指导委员会.建设工程安全管理[M].北京：中国劳动社会保障出版社，2013.

[9] 中国建筑业协会.建设工程安全生产法律法规[M].北京：中国建筑工业出版社，2019.

[10] 中华人民共和国住房和城乡建设部.JGJ 59—2011 建筑施工安全检查标准[S].北京：中国建筑工业出版社，2012.

[11] 国家市场监督管理总局，国家标准化管理委员会.GB/T 29639—2020 生产经营单位生产安全事故应急预案编制导则[S].北京：中国标准出版社，2020.